LE PSY ET LE POLITIQUE

Claude Coquelle

Le psy et le politique

Être soi, être citoyen

MARDAGA

© 2002 Pierre Mardaga éditeur
Hayen, 11 - B-4140 Sprimont (Belgique)
D. 2002-0024-27

Introduction

Dans le passé de notre civilisation, pendant une longue période qui va du cœur de l'antiquité à la fin du moyen âge, un jeune homme de bonne famille qui s'interrogeait sur ce qu'il devait faire de sa vie se voyait proposer deux voies possibles. Soit la vie active, *vita activa*, qui le conduisait à s'intéresser aux affaires de la cité, à s'impliquer dans les luttes et les décisions collectives, à assumer le rôle de magistrat ou de chef de guerre. Soit la vie contemplative, *vita contemplativa*, caractérisée au contraire par « le retrait de la vie active, une soigneuse abstention vis-à-vis des vaines luttes et exaltations, en vue de la contemplation et de la méditation philosophique »[1]. D'un côté, la priorité à la vie du groupe, aux conditions de sa survie et de son bon fonctionnement, de l'autre, une recherche proprement personnelle, centrée sur la quête de la vérité ou de la « tranquillité de l'âme »[2].

De nos jours, il est rare que les différentes voies proposées aux jeunes gens fassent l'objet d'une formalisation aussi stricte. Mais si nous tentions l'exercice, pourrions-nous retrouver trace des deux vénérables voies antiques ?

À l'évidence, le paysage s'est beaucoup transformé. Le changement peut-être le plus important ne concerne pas la définition des différentes voies ouvertes, mais en étend profondément l'enjeu : c'est un processus de *démocratisation* de l'interrogation éthique. Je l'ai mentionné au passage : autrefois, la question ne se posait que pour les hommes riches, et encore pas pour tous, seulement si les impératifs familiaux, économiques ou dynastiques n'en décidaient pas d'avance à leur place. Les femmes, les gens de basse extraction n'avaient pas à choisir que faire de leur vie, ils n'avaient qu'à se soumettre à leur destin tout tracé ou aux décisions des plus puissants. Aujourd'hui, c'est chacun, au moins en principe, qui peut et doit construire sa propre voie, en choisissant parmi celles qui lui sont proposées. Chacune de celles-ci apparaît ainsi transformée, de ne plus concerner seulement l'élite, mais tout un chacun.

Quand à la gamme des voies offertes, elle a surtout été marquée par l'irruption d'une troisième : la *vie ordinaire*, celle qui consiste pour chacun à s'occuper simplement de ses affaires privées, de son activité économique, de sa famille, de ses soucis et de ses plaisirs. Proposer une telle vie comme voie d'accomplissement personnel, rien de plus étranger à la mentalité ancienne : vivre ainsi au ras du quotidien, si l'on peut dire, avec des ambitions limitées à la paix et à la prospérité, c'était bon pour les gens de peu, les gens sans grandeur et sans réelle valeur, les gens de labeur, paysans et boutiquiers. Un homme de bien se devait de se consacrer à des préoccupations plus hautes. Aujourd'hui, comme chacun peut le constater, c'est cette vie ordinaire qui occupe la majorité de nos semblables, à tel point que l'expression même de *vie active* a fini par devenir simplement synonyme de vie professionnelle, et que la forme de *contemplation* la plus pratiquée est celle que chacun peut expérimenter, pour peu qu'il ait eu de la chance, à la vue de sa belle demeure, de ses beaux enfants, ou de sa télévision. Cette légitimation de la vie ordinaire représente un des événements majeurs de notre histoire culturelle et, comme l'a montré Taylor[3], elle a sans aucun doute constitué une étape décisive de la construction de la modernité et du projet démocratique lui-même : une vie pouvait être digne en étant petite, les petits pouvaient être des hommes respectables.

Qu'est devenue, dans tout cela, l'ancienne «voie active»? On la retrouve, pratiquement telle quelle, et exemplaire du processus de démocratisation dont nous avons parlé, puisque ce sont maintenant tous les citoyens, c'est-à-dire tous les hommes et toutes les femmes, qui sont invités à prendre leur part des affaires publiques, à désigner leurs magistrats ou à le devenir eux-mêmes, à intervenir directement dans les débats publics, à s'organiser collectivement pour l'infléchir, etc. Seule, peut-être, la composante guerrière de cette voie a changé de statut : c'est une autre valeur de la démocratie que de réserver le recours à la force aux situations extrêmes où aucune alternative ne semble possible. Le maniement de la force sera ainsi plutôt laissé à des professionnels soigneusement contrôlés par le pouvoir civil, et le citoyen sera de moins en moins sollicité pour porter les armes. Pour le reste, chacun de nous a encore la possibilité et, dans une certaine mesure, le devoir de prendre sa part de l'exercice du pouvoir souverain. Mais encore faut-il composer avec la concurrence de la nouvelle «voie active», celle de la vie ordinaire. On sait qu'en la matière, notre culture est marquée par une profonde ambivalence : l'engagement politique est à la fois toujours glorieux, en ce qu'il manifeste une capacité de l'individu à prendre ses distances avec sa vie propre pour prendre en compte des enjeux plus larges, dans l'espace et dans le temps; et toujours un peu suspect, parce qu'on se demande toujours quelle peut bien être la motivation d'une telle prise de distance, qui se présente comme désintéressement et altruisme. Nous avons tellement intégré la règle selon laquelle le seul acte réellement compréhensible est celui qui nous apporte un avantage propre[4] que quiconque prétend s'en affranchir suscite notre incrédulité et notre soupçon.

Le destin de la voie contemplative est plus complexe. Son histoire a été marquée par une dissociation entre ses deux composantes originelles : d'une part, l'idée de recherche intérieure, de quête de l'essentiel par opposition à la futilité des vicissitudes du monde, quête de vérité et de sagesse personnelle ; de l'autre, l'idée même de contemplation. De cette seconde idée, dominante dans la synthèse initiale au point de donner son nom à cette second *voie*, il ne reste aujourd'hui pratiquement rien. La notion de contemplation était indissociable d'une relation au monde que nous avons perdue : un monde qui se donnait comme essentiellement inaccessible à notre action, sur lequel nous ne pouvions avoir prise en aucune manière sinon, justement, par le regard contemplatif, qu'il s'agisse, pour les anciens, de découvrir l'ordre remarquable du cosmos ou, plus tard, pour les chrétiens, d'y reconnaître l'infinie grandeur de Dieu. L'homme moderne est celui qui n'a plus cette vision du monde, qui ne veut plus contempler mais agir, transformer, qui a pris conscience de sa capacité de création et entend lui donner tout son épanouissement.

Plus guère de contemplation aujourd'hui, donc. Mais de recherche intérieure, si, à l'évidence. Le support ancien de cette recherche, et notamment la vision religieuse, a massivement reflué, mais il semble bien que la quête continue, sous des formes beaucoup plus diversifiées. Comme s'il existait, au cœur de notre constitution anthropologique, une béance et une attente toujours ouverte, probablement impossible à combler, mais qui n'en constitue pas moins un puissant moteur d'action. Marcel Gauchet[5] le désigne comme *rapport à l'invisible*, ce qui a au moins le mérite d'être indéterminé, et il en décrit les principales formes à l'époque moderne : la religion, bien sûr toujours, fût-ce sous des formes profondément différentes des religions anciennes proprement dites ; les religions laïques, c'est-à-dire des systèmes de croyances fortement structurés, affranchis de la référence à Dieu mais porteurs des mêmes visées et des mêmes attentes, parmi lesquelles nous retrouverons certaines des grandes aventures politiques des deux derniers siècles ; l'art, avec son profond changement de statut à l'époque moderne, passant d'une fonction mondaine à une position extra-mondaine, particulièrement bien illustrée par les enthousiasmes romantiques ; et puis, pour Gauchet, la psychanalyse, avec sa passion de traquer, au cœur du sujet, une part d'invisible au moins aussi fascinante et déroutante que ce que d'autres cherchent dans le ciel, dans l'histoire ou dans les œuvres.

Ces différentes voies nouvelles de la recherche intérieure ont chacune leur histoire, et l'avenir de chacune est problématique. Les consolations néo-religieuses s'avèrent bien souvent décevantes, les grandes idéologies politiques semblent devoir être enterrées avec ce XXe siècle qu'elles ont si dramatiquement marqué, l'art d'aujourd'hui peine à trouver un réel ancrage dans notre intimité et dans notre chair, la psychanalyse est remise en cause toutes parts. C'est pourtant cette dernière voie qui paraît la plus active et la plus prometteuse, pour peu que l'on admette que la psychanalyse n'était que la première d'une série de pratiques qui, sous des formes diverses, ont en commun de proposer aux hommes d'aller à la recherche de ce qui, en eux, leur échappe.

Ainsi, si l'on laisse de côté la vie ordinaire, dont la victoire écrasante est un fait qu'il nous faut accepter, à la fois parce qu'elle est porteuse d'effets bénéfiques certains et parce qu'elle est irrémédiable, mais si nous voulons aussi, dans notre vie, « sortir de l'ordinaire », nous nous trouvons toujours face à deux voies : celle du *politique*, forme moderne de la vie active, et celle du «*psy*», une des modalités possibles de la vie contemplative ; d'un côté, l'engagement dans la vie de la Cité, de l'autre, la recherche intérieure personnelle. Le but de cet essai est d'explorer les relations entre ces deux voies : sont-elles antagonistes, le développement de l'une ne pouvant se faire qu'au détriment de l'autre (plus je fais de la politique, moins je travaille sur moi, plus je travaille sur moi, moins je m'occupe du politique) ? Sont-elles, au contraire, au moins partiellement synergiques, c'est-à-dire qu'un progrès de l'une favorise un progrès dans l'autre ? Ou encore sont-elles simplement indépendantes, compatibles mais indifférentes ?

La première partie sera consacrée à l'examen de l'hypothèse antagoniste. Nous commencerons (chap. 1) par entendre les très nombreuses critiques des politiques aux psy, auxquels ils reprochent, par leur pratique de la psychothérapie ou du développement personnel, de nuire au progrès politique, soit en dévalorisant les enjeux politiques au profit d'une intériorité artificiellement coupée du contexte social, soit en se faisant complices de différents mécanismes oppressifs et aliénants. À ces reproches, les psy répliqueront (chap. 2) en montrant combien, réciproquement, certaines formes de l'engagement politique sont elles-mêmes aliénantes si on les rapporte aux critères les plus communément admis du développement humain. Je prendrai alors la parole (chap. 3) pour proposer une solution de conciliation, qu'on pourrait qualifier de « synergique sous condition » : la voie politique et la voie psychologique peuvent être profondément convergentes et s'enrichir mutuellement, à condition que l'une et l'autre intègrent un certain nombre de questions et de précautions. La troisième partie, qui constitue l'essentiel de ce livre, sera précisément consacrée à une revue de ces précautions, à partir d'un certain nombre de concepts ou notions qui se situent à l'articulation du monde politique et du monde psy : *la morale*, ou la question du bien et du mal, pour soi et pour la Cité (chap. 8); *l'autonomie*, ou la capacité à se gouverner soi-même (chap. 9); *l'émotion*, comme composante essentielle tant du développement collectif que du développement de soi (chap. 10); *la raison*, ou la rationalité comme outil central de l'action politique mais aussi du développement personnel (chap. 11). Mais avant de passer en revue ces thèmes, il nous faudra prendre le temps de nous interroger systématiquement sur la nature même du travail psychologique : qu'est-ce que le «développement personnel» ou qu'est-ce que la «psychothérapie»? (chap. 7). Enfin, entre la première partie, qui expose le problème, et la troisième, qui propose des pistes de réponses, il m'a semblé nécessaire de consacrer quelques chapitres intercalaires à la question de l'engagement politique en tant que tel : à l'étendue et à la variété de ses formes (chap. 4), aux nombreux facteurs qui le rendent si difficile et improbable (chap. 5) et, néanmoins, à tout ce qui en fait la valeur (chap. 6).

Avant de nous engager dans cette exploration, peut-être serait-il bon de revenir sur les deux champs ou les deux voies dont il va être question. Pour les désigner, dans ce qui précède comme dans le titre de cet ouvrage, j'ai adopté des désignations familières, imprécises par définition et par fonction : «le politique» et «le psy», c'est, pour l'instant, ce que chacun voudra entendre par là. C'est évidemment un choix de commodité, qui m'évite d'alourdir trop tôt mon propos avec des dénominations plus exigeantes, qui pourraient en elles-mêmes comporter de nombreux pièges si l'on tente de les fixer prématurément. Ces dénominations ont aussi l'avantage d'être porteuses d'une ambiguïté commode, puisqu'on ne sait pas si elles désignent les acteurs ou leur activité (les psychologues ou la psychothérapie, les agents politiques ou la politique elle-même). Le moment venu, je consacrerai un chapitre à une exploration et à une définition plus stricte du politique (chap. 4) et du psy[6] (chap. 7). Cependant, dès cette introduction, je voudrais apporter quelques précisions.

En ce qui concerne le politique, je n'ai pas pu échapper à un choix terminologique qu'on aura peut-être déjà remarqué : je parle *du* politique et non *de la* politique. Usuellement, cette dernière expression désigne la politique instituée, le jeu qui conduit, par l'intermédiaire du suffrage, à désigner un certain nombre de représentants pour exercer les fonctions publiques, et l'ensemble des mécanismes qui permettent à la fois le processus de désignation (notamment l'activité des partis, les campagnes électorales, etc.) et l'exercice des fonctions électives (l'articulation entre les différents pouvoirs, les moyens au service de chacun). Par opposition, *le* politique désigne un univers plus large : toutes les actions menées par les citoyens pour influer sur l'évolution de la Cité, que cela s'inscrive ou non dans les formes de *la* politique. Au premier abord, mon choix est très clair : comme on le verra[7], c'est bien à la définition extensive du politique que je me référerai constamment : dorénavant, quand j'emploierai, et ce sera forcément souvent, l'expression *engagement politique*, cela ne concernera pas seulement, ni même principalement, l'engagement dans un parti politique, mais toutes les manières dont un citoyen peut entreprendre d'être activement partie prenante de la vie collective dans sa Cité[8].

Je ne peux laisser passer ce point sans précaution tant, dans notre univers, la distinction descriptive entre *le* et *la* politique se double d'une opposition des valeurs : le monde *du* politique serait celui de l'authenticité, de la société civile mobilisée autour de vraies valeurs et de vrais enjeux, recourant à ces moyens légitimes au service de projets respectables ; et, par opposition, le monde *de la* politique serait celui de l'artifice, d'un univers clos coupé du reste du monde social, suspect dans ses motifs comme dans ses méthodes, accusé de vivre non pas au service mais aux dépens de l'intérêt général. D'un côté, le sympathique militant associatif, de l'autre, le politicien incompétent et corrompu : la vision est trop manichéenne et trop commode pour ne pas devoir être interrogée.

Je souhaite donc préciser dès à présent qu'à mes yeux, *la* politique est une composante nécessaire et essentielle *du* politique, et surtout que la relation entre les deux, loin de prendre nécessairement la forme assez peu satisfaisante que nous pouvons observer actuellement chez nous, est précisément un des enjeux de l'engagement politique, et notamment de son déclin ou de sa reprise d'essor. Les dérives de la politique professionnelle et de la politique spectacle sont une des conséquences directes du désintérêt des citoyens pour le/la politique et rejeter vertueusement « les politiciens et leur clique » pour se consacrer soi-même à des soucis tellement plus nobles et propres est la meilleure manière de laisser les choses s'aggraver encore.

Pour ce qui est du « monde psy », il s'agit d'un univers encore plus hétérogène. On aura compris que je ne m'intéresse ici ni à la psychologie « à la première personne » (la psychologique quotidienne[9] à partir de laquelle nous régulons en permanence nos relations avec les autres), ni à celle « à la troisième personne » (qui se propose de construire une science objective du comportement[10]), mais à la psychologie « à la deuxième personne », celle qui consiste, pour des professionnels qualifiés, à accompagner des clients dans une démarche personnelle de recherche et de changement, ce qu'on nomme aussi souvent la psychologie clinique et que l'expression familière « la psy » désigne aussi sans ambiguïté. Mais ce monde-là est encore très vaste, et je ne pourrais pas en traiter tous les territoires avec la même attention.

On y rencontrera souvent, inévitablement, la psychanalyse. Dans l'histoire de la psychologie clinique, la découverte freudienne constitue un point de passage obligé, où converge toute l'histoire précédente, notamment de la psychiatrie, et d'où découle tout ce qui viendra ensuite. La théorie psychanalytique a profondément pénétré notre culture, tout le monde a entendu parler de ses principales notions et, quand on veut donner la parole à la psy dans les médias, c'est « évidemment » un psychanalyste que l'on sollicitera.

Ce n'est pourtant pas la seule sorte de psy à laquelle je ferai référence, et je dois m'en expliquer. Il y a d'abord une question de fait et de représentativité de mon propos : même si beaucoup de ceux qui engagent un travail sur eux-mêmes s'adressent à un psychanalyste, tous ne le font pas, et certains vont voir des praticiens relevant d'autres courants ou méthodes. S'interroger sur la manière dont, aujourd'hui et dans notre société, la pratique politique et la pratique psy peuvent interagir ne peut donc pas laisser sous silence ces pratiques alternatives. D'autant que cela nous permettra d'étendre le champ pris en considération hors de la psychothérapie stricto-sensu, vers les pratiques dites de développement personnel, voire de formation aux relations humaines et à la communication.

Il y a une autre raison pour ne pas se contenter d'une référence unique à la psychanalyse comme représentant du champ psy. C'est que celle-ci, dans sa construction théorique comme dans ses modalités techniques, est particulièrement rétive à la question politique. À suivre Castel[11], c'est comme si tout avait été fait pour qu'aucune interrogation politique ne puisse réellement pénétrer dans son univers. Il y a bien eu au cours de l'histoire quelques tentatives (freudo-marxismes, sociopsychanalyse ou rapprochement entre psychanalyse lacanienne et marxisme althusserien) mais aucune, quels que soient ses mérites, n'a réussi à changer cet état de fait.

Or, à côté de la psychanalyse mais toujours dans le monde psy, nous trouvons un ensemble de courants, correspondant à ce qu'on a parfois nommé les « nouvelles thérapies » ou encore les « thérapies humanistes », qui semblent pouvoir offrir un accueil plus favorable à une interrogation politique intégrée à la pratique psy. Ils relèvent largement de la psychologie humaniste nord-américaine, suite à l'apport de Carl Rogers avec sa thérapie centrée sur le client, et se répartissent aujourd'hui en quelques courants aux visions et aux pratiques assez convergentes : Analyse Transactionnelle, Gestalt thérapie, thérapies psychocorporelles, psychothérapie intégrative. Ici, nous pourrons trouver des interrogations sur la pratique thérapeutique qui renvoient assez directement à des problématiques politiques, par exemple des références à l'autonomie, à l'articulation émotion/raison, à un travail sur l'estime de soi comme condition de l'action, etc. Le simple fait que les techniques thérapeutiques utilisées ou utilisables soient ici beaucoup plus variées (par exemple avec le recours à des techniques corporelles ou au travail en groupe) est évidemment plus favorable à une interrogation sur les implications de ces pratiques que lorsque les interrogations techniques se limitent, comme c'est souvent le cas en psychanalyse, à un souci de fidélité à l'invention freudienne initiale.

Il est assez rare qu'on trouve des ouvrages qui traitent ensemble et sur un pied d'égalité, comme ce sera le cas ici, la psychanalyse d'une part et les thérapies humanistes d'autre part. Généralement, les deux mondes s'ignorent et, s'ils abordent l'existence de l'autre, c'est seulement pour en souligner les défauts. Ce qui rend l'exercice assez délicat et risqué, c'est que la relation entre les deux n'est pas que de différence entre les théories et les pratiques, mais est aussi une relation sociale de domination. Dans notre société, la psychanalyse occupe une position dominante vis-à-vis des nouvelles thérapies. Cela est vrai des clients : la psychanalyse recrute dans les couches supérieures de la société, alors que les thérapies nouvelles attirent plutôt les membres des nouvelles classes moyennes. Cela est vrai des professionnels : les psychothérapeutes humanistes sont généralement moins dotés en diplômes et en prestige, ce sont plus souvent des «boursiers» d'origine sociale modeste, alors que les psychanalystes sont plus volontiers des «héritiers» et peuvent occuper des postes socialement prestigieux (médecins, universitaires, auteurs). Cela est vrai enfin de la littérature : les livres et les revues de psychanalyse sont nombreux, sophistiqués, et paraissent chez les éditeurs les plus prestigieux; la littérature de la psychologie humaniste est bien maigre en comparaison et doit se contenter d'éditeurs quasi-spécialisés[12].

C'est dire que placer sur le même plan, comme je vais le faire dans ce qui va suivre, la psychanalyse et les nouvelles thérapies a quelque chose d'un peu incongru, presque de l'ordre de la faute de goût, comme en commet celui qui ne sait pas respecter l'ordre des hiérarchies et les bienséances qui lui sont attachées, un peu comme une étude d'esthétique qui placerait côte à côte «la grande peinture» et la bande dessinée, ou un musicologue qui traiterait ensemble de la musique savante et de la pop-music. Je ne m'y aventure pas sans une certaine appréhension.

Un dernier mot sur deux des continents de la planète psy que je n'aborderai pratiquement pas ici, pour des raisons différentes. D'une part, je ne parlerai pas ou très peu de la psychiatrie et des politiques publiques de santé mentale. Il y a évidemment là aussi, pourtant, des enjeux politiques qui ont d'ailleurs été souvent soulignés et analysés. Mais ils sont d'un type différent de ceux auxquels je souhaite m'arrêter. Ce qui m'intéresse, c'est la démarche active de celui qui souhaite «faire un travail sur lui», et pour lequel se pose la question de l'articulation entre cette voie d'accomplissement et une autre, celle de l'engagement politique. Or, le client de la psychiatrie publique se trouve rarement dans une telle position : provenant souvent d'une position sociale dominée, il se trouve précipité, par des difficultés de vie intenses et par des processus sociaux qui lui échappent en grande partie, dans un travail psychologique qu'il n'a pas souhaité et dont il n'attend généralement pas grand chose, sinon d'en sortir (ce qui est évidemment déjà pas mal). D'autre part, je parlerai très peu des techniques psychologiques qui se présentent «simplement» comme des moyens efficaces de changement, et en particulier les thérapies cognitives et comportementales. Je n'ai d'avis tranché ni sur l'efficacité réelle de ces approches, ni sur les questions éthiques qu'elles soulèvent inévitablement, mais il me paraît indubitable qu'elles tournent totalement le dos à la psy comme forme moderne de la *vita contemplativa*[13].

Toujours à propos du volet psy de cet ouvrage, une dernière précision : la question des relations entre le politique et les différentes disciplines psy peut être posée à de multiples niveaux. Par exemple, on peut examiner le discours psy sur le politique, la manière dont les questions politiques sont abordées (ou pas) par les différents auteurs (de nombreux travaux ont ainsi été consacrés à la pensée politique de Freud). Dans un esprit assez proche, on peut aussi s'interroger sur les présupposés politiques du discours psy : même quand il ne fait pas explicitement référence à des enjeux politiques, il se pourrait qu'il les soulève à son insu ou au nôtre (par exemple, les féministes ont souvent, et à juste raison, dénoncé les présupposés sexistes de nombreuses théories psy). On peut aussi, symétriquement, étudier la politique de la psy, c'est-à-dire la manière dont les décisions politiques déterminent les formes prises par la psy dans la société (on pense bien sûr en premier à la politique psychiatrique, mais les enjeux de la formation des travailleurs sociaux, pour ne prendre qu'un seul autre exemple, sont également loin d'être négligeables). Nous traiterons assez peu de ces questions structurelles. Ce qui m'intéresse, c'est la *pratique* de la psy, ce qui se passe dans une séance de psychanalyse, de psychothérapie ou dans un groupe de développement personnel. Ce qui se passe et les effets que cela pourra avoir sur les clients, notamment du point de vue de leur engagement politique ou de leur citoyenneté. Idéalement, il faudrait pour cela pouvoir analyser en détail les attitudes des thérapeutes ainsi que celles, qui leur répondent, des clients. Mais on manque presque totalement de données en la matière[14]. Nous nous fonderons donc surtout sur une analyse des *dispositifs* psy : les conditions matérielles et financières, les règles explicites ou implicites du travail, le discours d'accompagnement immédiat de la pratique, les principes d'intervention du psy.

Cet ouvrage vise donc un double public. D'une part, les « amateurs de politique » qui se demandent, aujourd'hui sans doute de manière plus ouverte qu'autrefois, en quoi ils pourraient être concernés par la psy. D'autre part, les « amateurs de psy » qui souhaitent s'interroger sur les implications politiques de leur pratique, de professionnel ou de client. Évidemment, je cours le risque flagrant de ne satisfaire ni les uns, ni les autres. J'ai des amis très chers dans les deux groupes, et je pourrai pour ma part m'estimer satisfait si, ayant lu ce qui suit, ils peuvent enfin se comprendre un peu mieux les uns les autres. Et peut-être finalement en venir à croire, avec moi, que si « un peu de travail personnel éloigne du politique, beaucoup y ramène »[15].

NOTES

[1] C'est Aristote, dans *La Politique, III* qui développe cette opposition, qui a été longuement commentée par Anna Arendt, au début de *La condition de l'homme moderne*. Hirschman la discute rapidement dans Bonheur privé, action publique, p. 19 *sq*.
[2] Titre d'un célèbre texte de Sénèque.
[3] Charles Taylor, *Les sources du moi*, p. 273-300.
[4] Voir l'ensemble des travaux du MAUSS (Mouvement Anti-Utilitariste en Sciences Sociales), et notamment les textes d'Alain Caillé, notamment *L'axiomatique de l'intérêt*, in *Splendeurs et misères des sciences sociales*, p. 99-147.
[5] *Essai de psychologie contemporaine*, II, p. 201.
[6] Dans tout ce qui suit, je continuerai donc à employer cette expression, et sans guillemets (étant donnée la fréquence des occurences, cette solution aurait été trop lourde). Je n'oublie pas qu'elle ne fait pas partie de la langue française et je présente mes excuses au

lecteur pour cette incorrection, mais elle m'est nécessaire pour pouvoir désigner brièvement un ensemble de discours et de pratiques très hétérogènes que je souhaite traiter comme un tout, et pour lequel je ne dispose d'aucune dénomination appropriée : psychologie est trop vaste, psychothérapie est trop étroit, etc. Je crains pourtant que l'adoption d'un tel sobriquet ne soit perçue comme dévalorisante à l'égard de ce qu'elles désigne, et notamment des personnes concernées qui exercent les fonctions de psychologues, psychothérapeutes, psychanalystes, psychiatres, animateurs de développement personnel, formateurs en relations humaines, etc : je tiens donc à affirmer clairement que telle n'est pas mon intention. Enfin, j'ai du faire un choix grammatical : psy devait il prendre un s au pluriel ? Dans la mesure où il s'agissait d'un mot tronqué de sa partie finale, j'ai pensé au contraire qu'il devait rester invariable.
[7] Voir chap. 4.
[8] Par contre, je ne traiterai pratiquement pas de la question particulière de l'engagement politique des artistes ou des intellectuels lorsqu'ils utilisent leur notoriété et leur accès privilégié aux médias pour soutenir une cause qui leur tient à cœur.
[9] Jean-Léon Beauvois, *La psychologie quotidienne*, Jacques-Philippe Leyens, *Sommes-nous tous des psychologues ?*
[10] Je fais ici référence à un célèbre texte de Paul Fraisse, *Il y a trois psychologies*, publié en 1973.
[11] *Le psychanalysme*. Voir plus loin, chap. 1.
[12] Dans la lignée des études de Pierre Bourdieu sur les pratiques culturelles, on pourrait dire que les nouvelles thérapies sont à la psychanalyse ce que la photo est aux arts plastiques légitimes, ou le jazz à la musique classique. Voir *Un art moyen* ou *La distinction*.
[13] J'y reviendrai rapidement au chap. 7.
[14] La plupart des compte-rendus disponibles sont produits par les psy eux-mêmes dans le cadre d'études de cas où ils poursuivent leur propre objectif, sans guère de rapport avec le nôtre. Il en va de même des récits subjectifs produits par les clients, souvent sous une forme littéraire. On dispose de quelques enquêtes externes, menées par exemple par des sociologues ou psychosociologues, souvent sous forme d'observation participante. Mais ces travaux sont rares, pas toujours de très bonne qualité, et très peu complémentaires les uns des autres. Citons, par exemple : E. Perrin, *Cultes du corps*, M. Lacroix, *Le développement personnel*, R. Gentis, *Leçons du corps*.
[15] Je paraphrase bien entendu ici, et avec plaisir, la célèbre affirmation de Jaurès selon laquelle «un peu d'internationalisme éloigne de la patrie, beaucoup y ramène».

PREMIÈRE PARTIE

LA DISPUTE

Chapitre 1
Critique

Comment va notre monde ? Comme ci, comme ça... À entendre les descriptions et les commentaires des uns et des autres, on ne peut que méditer une fois de plus sur les bouteilles à moitié pleines ou à moitié vides : là où les uns évoqueront une dynamique de progrès apparemment invincible, avec toujours plus de liberté, d'égalité, de respect de la dignité, de santé, de culture, de paix, de confort de vie, etc., les autres mettront en garde contre les illusions du progrès et décriront à l'envi des aspects beaucoup moins réjouissants du passé proche, du présent et de l'avenir probable. Et les deux, sans doute, ont raison, tant il est vrai que finalement, si une bouteille peut être à la fois vide et pleine, une société peut bien être à la fois en progrès et en crise. Et sans doute vaut-il mieux ne pas choisir et demeurer capables, à la fois, de nous réjouir de ce que notre monde a de réussi, et de nous soucier de ce qui reste à améliorer, ou des dangers qui nous menacent.

Car si notre monde ne va pas si mal que cela, il a quand même quelques soucis à se faire : les inégalités sociales tendent à s'accroître, au sein de chaque société et entre elles, la violence physique et symbolique règne et semble devoir toujours s'amplifier, entre les groupes et entre les individus, une charge mentale et une souffrance psychique omniprésentes pèsent tant sur les privés d'emploi que sur ceux qui travaillent, et les équilibres biologiques de la planète sont gravement menacés, au risque de mettre en péril les générations à venir. Que, par ailleurs, le progrès social soit réel sur de nombreux plans ne saurait nous empêcher de regarder en face ces réalités-là.

Ces maux résultent de l'action de l'homme : c'est lui qui, en adoptant tel mode de vie, telles règles politiques ou économiques, en privilégiant telles valeurs plutôt que telles autres, a produit ces problèmes. Bien entendu, ce n'était pas ce qu'il voulait : des mécanismes imprévisibles, dits parfois pervers[1] pour souligner le contraste entre la positivité des intentions et la négativité des effets, sont intervenus pour détourner l'action de son but. On tirera parfois argument de l'existence de ces effets pervers pour en conclure qu'il vaudrait mieux que l'homme renonce à agir volontairement sur son univers et qu'il s'abstienne et laisse jouer les mécanismes naturels². Mais c'est une illusion, et c'est avec la prise de conscience de cette illusion qu'on entre dans le politique : décider de ne pas agir, c'est déjà décider, et cette décision-là, comme toutes les autres, peut être porteuse d'effets non attendus et non souhaitables. Il faut choisir, et sans pouvoir savoir à coup sûr quel est le meilleur choix : voilà la première définition du politique³.

L'homme d'aujourd'hui, donc, ne peut ignorer les menaces qui pèsent sur son avenir, et ne peut se dérober aux choix des actions les mieux à même de l'en prémunir. *Ne devrait pas pouvoir* se dérober, aurai-je dû dire car, précisément, beaucoup se dérobent. Les facteurs favorables à cette dérobade sont nombreux et bénéficient de supports sociaux puissants. Parmi ceux-ci, le monde de la psy : alors que le monde a tant besoin qu'on s'occupe de lui, on nous dit ici : «Occupez-vous de vous-mêmes, prenez soin de vous, c'est cela qui est important».

NÉGLIGENCE

Que penser, politiquement, de ceux qui vont ainsi décider de consacrer l'essentiel de leur vie, de leur recherche du bien, à un «travail sur soi», à une psychothérapie, une démarche de développement personnel ou à une formation aux relations humaines ?

On peut commencer par leur adresser un certain nombre de reproches moraux, remarquer que leur attitude n'est ni juste ni bonne, que la vie qu'ils mènent ne saurait être louée, parce qu'ils vivent dans la méconnaissance et la négligence. Leur comportement, pourra-t-on dire, est un peu *léger* : ils se passionnent pour leurs problèmes individuels en ignorant l'existence d'enjeux bien plus massifs. Cette légèreté est doublement blâmable : il y a une part d'*égoïsme*, puisqu'ils se préoccupent uniquement de leur bien-être personnel, en négligeant les conséquences que leur attitude pourrait avoir sur les autres, notamment ceux qui sont moins bien lotis dans le monde d'aujourd'hui, ainsi que les générations futures qui hériteront du monde que nous aurons fait, ou laissé faire ; mais il y a aussi une part d'*imprudence*, puisqu'ils négligent le fait que leur bonheur ne dépend pas seulement de facteurs personnels mais aussi de facteurs sociaux et politiques (à quoi bon prendre soin de mon corps, par exemple, si ma santé est menacée par la dégradation d'un environnement auquel je ne peux pas échapper).

La manière même dont se déroule le travail psy, et les attitudes qu'il induit chez ses clients, semblent réellement faites pour produire de tels effets de négligence. On a ainsi souvent pointé le spectaculaire égocentrisme de la plupart de ceux qui sont «en psy» : ils consacrent des sommes parfois stupéfiantes à cette démarche (une cure de psychanalyse dans les règles coûte au moins le montant d'un SMIC, un stage de développement personnel de quelques jours dépassera souvent le montant mensuel du RMI); le temps, denrée si rare aujourd'hui, semble pouvoir être dépensé sans compter quand c'est pour les séances ou pour les activités annexes; l'esprit lui-même semble comme possédé : ces personnes semblent ne plus pouvoir parler d'autre chose, ne plus pouvoir penser à autre chose, et ne plus pouvoir lire tout ce qui se passe autour d'elles qu'à travers ce prisme.

Dans le cas de certaines démarches de développement personnel, cette dérive sera clairement encouragée par un discours hédoniste qui fait de la recherche de la satisfaction immédiate pour soi, et de l'indifférence à celle des autres, un véritable principe directeur : *moi d'abord*[4] semble être le maître mot. Ce qu'exprime particulièrement clairement la célèbre «prière» de Fritz Perls, l'un des fondateurs de la Gestalt Thérapie :

> «Je poursuis ma voie et tu suis la tienne.
> Je ne suis pas en ce monde pour répondre à tes attentes
> Et tu n'es pas en ce monde pour répondre aux miennes.
> Tu es toi et je suis moi...
> Et si, par chance, nous nous rencontrons,
> Alors, c'est merveilleux!
> ... Sinon, nous n'y pouvons rien!»

On a parfois rapproché cette vision hédoniste centrée sur soi et sur le court terme de l'esprit libertaire de 68[5] : de fait, de nombreux discours psy, surtout dans le domaine du développement personnel, pourraient faire leurs certains des slogans les plus célèbres de la commune étudiante : «assez d'actes des paroles», «jouissez sans entraves», «faites de vos désirs des réalités»! Mais on est par ailleurs bien loin de l'hédonisme flamboyant de mai : la voie qui est ici proposée est beaucoup plus quiète, elle valorise avant tout la paix et la tranquillité, au mieux la création artistique sans prétention et la discussion intime entre amis, et elle reste tout à fait compatible avec l'ordre social, la vie de famille et la bonne marche des affaires.

Et puis, bien sûr, le travail psy a sa face sombre : on n'y va pas (que) pour s'amuser mais aussi pour rencontrer certaines souffrances, parfois très douloureuses. Mais au lieu d'apprendre à mettre en lien ces souffrances avec le contexte social ou historique qui les a rendues possibles ou qui les exacerbe, ou de les replacer dans le tragique de la condition humaine, on va les prendre comme des maux accidentels, des maladies de l'âme. On va apprendre à développer ce «rapport à soi comme malade», que Foucault avait déjà décrit dans la philosophie latine[6] et apprendre à pratiquer les régimes appropriés.

C'est donc à nouveau ici le spectre de la médiocrité qui rôde autour de nous : des vies bien tranquilles, où les tourments se limitent à l'intérieur de l'âme, où l'on pratique intensément le «souci de soi», en tenant soigneusement à distance le souci des autres, le souci du bien, le souci du collectif.

Or, on le sait, l'emprise de la psy sur la société s'étend : grâce à la diversification de ses formes tant par le contenu du travail proposé que par les formes d'organisation (à la thérapie classique se sont adjoints les parcours dans le cadre de la formation professionnelle, les stages d'été, etc.), grâce à sa présence toujours accrue dans les moyens de communication (qu'on jette un coup d'œil aux couvertures des magazines ou aux programmes de télévision), elle dispose de plus en plus des moyens d'imposer largement sa vision de la vie humaine. Le temps n'est peut-être pas si loin où sera réalisé le cauchemar de Tocqueville : «Je veux imaginer sous quels traits nouveaux le despotisme pourrait se produire dans le monde ; je vois une foule innombrable d'hommes semblables et égaux, qui tournent sans repos sur eux-mêmes pour se procurer de petits et vulgaires plaisirs, dont ils remplissent leur âme. Chacun d'eux retiré à l'écart est comme étranger à la destinée de tous les autres ; ses enfants et ses amis particuliers forment pour lui toute l'espèce humaine»[7].

AVEUGLEMENT

Mais on ne peut s'en tenir à une critique purement morale, stigmatiser les petites misères que la pratique de la psy couvre ou encourage. Il faut aller plus loin dans l'analyse de cette pratique pour en comprendre plus complètement les effets d'aliénation politique. Le premier de ces effets est assez clair : la psy se propose de traiter des difficultés de la vie humaine, or elle néglige, et même elle tient à l'écart, et même elle rend impossible de penser certains des paramètres essentiels de cette vie. Autrement dit, la pratique de la psy est porteuse d'un effet de *méconnaissance*, et singulièrement de méconnaissance du politique.

Pour en juger, on pourrait être tenté de se tourner simplement vers les discours de la psy elle-même : on verrait bien dans quelle mesure elle aborde ou non les questions politiques, et comment. Mais ce n'est pas si simple.

D'abord en raison de ce que nous trouverons dans ces discours. C'est-à-dire, pour commencer, bien peu de choses : il faudra lire beaucoup de pages de psy avant de trouver la moindre mention de questions politiques. Et l'on constatera notamment que, quand les psy discutent entre eux, par exemple pour comparer les valeurs de leurs approches respectives, que ce soit entre grands courants (psychanalyse vs thérapies humanistes) ou au sein de chacun d'eux, ils ne font pratiquement jamais intervenir les critères politiques. L'affaire n'est-elle pas entendue ? N'avons-nous pas ainsi établi l'aveuglement de la psy au politique ?

Pas vraiment, car, pour la plupart des psy, cette absence de référence au politique relève tout simplement de la *neutralité* de leur travail : s'ils ne parlent pas de politique, c'est qu'ils parlent d'autre chose, du monde du psychisme qui est *indépendant* de celui du politique. Si les gens viennent nous voir, expliqueront-ils, c'est parce qu'ils souffrent de problèmes psychiques, pas de problèmes politiques, c'est pourquoi nous répondons à leur demande sans y mêler des considérations extérieures, pas plus politiques que religieuses ou quoi que ce soit d'autre.

Or, ce que nous voulons ici reprocher à la psy, c'est précisément de n'être *pas* neutre, d'être porteuse, quoiqu'elle en dise ou qu'elle croie, d'un effet politique déterminé, qui est précisément l'exclusion du politique.

Cependant, il arrive pourtant que les psy évoquent la portée politique de leur pratique, même si c'est de manière très vague. Et c'est le plus souvent, on n'en sera pas surpris, pour se délivrer des certificats de progressisme. Il ne manquera pas de psychanalystes pour admettre tout bonnement que « la psychanalyse est révolutionnaire par définition »[8]. Et, du côté des nouvelles thérapies, on sait que les grands auteurs n'ont jamais été très éloignés d'une vision messianique de leur travail : de Moreno luttant contre la domination de l'homme par la machine[9], à Rogers décrivant à l'envi la société optimale à laquelle pourrait conduire la généralisation des attitudes non directives, en passant par Steiner et la douce utopie d'une société délivrée de l'« économie des caresses »[10]. Éventuellement, le discours pourra se faire plus précis pour utiliser les grilles psy dans le décodage de problèmes politiques en tous genres (le seul problème politique n'étant pratiquement jamais abordé étant celui... de la portée politique de la psy).

Mais qu'est-ce que cela prouve ? Nous n'avons aucune raison de prendre à la lettre les déclarations d'intention ou les bribes de théories psychosociales que nous pouvons glaner ici ou là, pas davantage que nous ne l'avons fait pour les déclarations de neutralité. Ce qui nous importe, c'est l'effet réel des pratiques psy, et pour cela il nous faut partir non des discours mais de ces pratiques elles-mêmes.

Nous verrons alors comment la pratique psy fonctionne comme une sorte de filtre qui conduit celui qui y participe à valoriser systématiquement certains aspects de son existence et à en négliger d'autres, et ceci non pas en raison de l'imposition d'une norme explicite (le psy, comme chacun sait, invite à peu près toujours son client à parler de ce qui le préoccupe, sans censure) mais par la forme même que va prendre le travail. On pourrait ainsi généraliser à l'ensemble de ces pratiques ce que Castel disait de la psychanalyse : « L'expérience analytique a d'emblée partie liée avec certaines valeurs, types d'existence ou de pratiques : l'intimité, l'intériorité, le rêve, le désir, l'imagination, la vie privée, etc. Corrélativement, elle est conduite à sous-estimer ou à mettre entre parenthèses l'efficace d'autres valeurs, pratiques ou styles de vie : le travail, la vie publique, la communauté, la violence sociale, la guerre, l'exploitation, etc. »[11]

Mais pour bien comprendre ces mécanismes et leurs enjeux, il nous faut distinguer les différentes formes de travail psy. Je me contenterai de distinguer deux cas : celui de la cure psychanalytique classique, d'une part, et les groupes de développement personnel d'inspiration humaniste, de l'autre.

En ce qui concerne la psychanalyse, nous disposons d'un travail remarquable, bien qu'un peu daté, celui de Robert Castel en 1973. Castel se situe, comme tant de sociologues de l'époque, dans une lecture marxiste : la perspective politiquement souhaitable et scientifiquement probable est le renversement du capitalisme par les luttes des classes exploitées, mais cet événement est retardé par des mécanismes conservateurs qui font obstacle aux prises de conscience et à l'efficacité des luttes. Parmi ces mécanismes conservateurs figure le monde de la psy comme outil de contrôle social et d'oppression, auquel Castel consacrera plusieurs ouvrages. Mais autant la tâche de dénonciation est relativement aisée quand on se préoccupe de la fonction répressive de l'asile[12], des techniques nord-américaines de contrôle des comportements déviants[13] ou de la montée des thérapies comportementales, cognitives ou neurophysiologiques[14], autant la question de la psychanalyse est difficile, principalement en raison de l'image généralement positive dont elle bénéficie dans les milieux progressistes. Pour la plupart, s'il arrive que la psychanalyse soit utilisée comme outil de contrôle social, c'est par un phénomène de récupération d'une démarche qui, en elle-même, est politiquement neutre, voire « révolutionnaire par définition ».

Castel, lui, n'y va pas par quatre chemins : « En tant que telle, la psychanalyse occulte *toujours* les problèmes sociopolitiques. Cette méconnaissance obstinée n'est pas le fruit du hasard »[15]. Son travail va se décomposer en deux parties : une critique intrinsèque de l'effet de méconnaissance dont est porteuse en elle-même la pratique de la cure analytique, puis une analyse de la manière dont cet effet se déploie et se renforce lorsque la psychanalyse est mise au service des institutions, notamment éducatives ou rééducatives. Je ne reprendrai ici que la première catégorie d'arguments, que Castel structure autour de deux idées principales.

D'une part, il montre que le processus même de la cure, c'est-à-dire l'articulation du flux de paroles de l'analysant avec les interprétations de l'analyste, débouche sur un effet de *neutralisation* de tout ce qui, dans le discours du premier, pourrait renvoyer à des réalités sociopolitiques. Tout, en effet, n'existe ici que comme discours, et le discours n'existe que comme manifestation de l'inconscient. Les règles de la cure « invalident le sens immédiat des événements pour s'attacher à leur retentissement dans l'économie inconsciente »[16] et tout ce qui sera évoqué sera recodé en termes de représentations subjectives et de fantasmes. Certes, note Castel, cette neutralisation peut être une source d'attrait (« mieux vaut encore souvent avoir affaire à ses propres démons qu'à ceux qui rôdent à l'extérieur »[17]) : l'effet de méconnaissance est compensé par un effet, illusoire, de réassurance.

Un exemple, particulièrement clair et souvent commenté, est celui du rapport à l'argent. On sait que la psychanalyse affirme que celui-ci prend, dans la vie inconsciente, une valeur symbolique renvoyant essentiellement aux relations anales, et aussi que cela conduit les psychanalystes à imposer à leurs clients des règles très strictes quant aux modalités de paiement de l'acte (refus de la prise en charge par un tiers, voire de toute négociation du prix, paiement à la fin de chaque séance et en espèces). Fort bien. N'empêche que, comme le rappelle Sabine Prokhoris, l'argent est *aussi* de l'argent[18], que c'est pour l'obtenir que l'analyste travaille, et qu'il représente pour le client un enjeu on ne peut plus concret, social et politique. Mais ces aspects ne pourront *pas* être abordés dans la relation analytique : toute tentative du client pour les aborder sera interprétée comme un évitement du sens symbolique. Il en ira de même de tous les conflits qui pourraient naître dans la relation analytique, notamment à propos de la qualité du service fourni ou des conditions pratiques de la cure : ils seront automatiquement *recodés* en termes de transfert et de contre-transfert.

D'autre part, le dispositif analytique est lui-même un dispositif social, né comme tel (au profit d'une vision exclusivement centrée sur le transfert) mais d'autant plus porteur d'effets. Ce dispositif social comporte une double face apparemment contradictoire. D'un côté, il s'agit d'une relation endogamique, en ce sens que les deux parties prenantes sont «du même bord» socialement; ce que résume le *YARVIS syndrom* des Américains : pour suivre une analyse, il faut être Jeune (Young), Anglo-américain protestant (c'est-à-dire membre du groupe culturel dominant), Riche, Verbal (être coutumier d'un rapport libre et ludique au langage, par opposition au rapport plus pratique des classes populaires), Intelligent et Sophistiqué (notamment sur le plan culturel). Ce que l'analyste, bien entendu, sera aussi (quoique pas nécessairement jeune, ce qui n'est pas négligeable, on y reviendra). On est donc ici *entre soi*, et on ne voit pas ce que viendraient faire ici des références à des enjeux sociopolitiques, notamment aux relations de classe. Même quand le client ressent la présence de tels paramètres, par exemple en lien avec sa propre origine familiale populaire, il lui sera pratiquement impossible de les aborder : «Comment voulez-vous que je lui parle de ça, de mes origines sociales sur un divan de cuir dans une pièce avec des tableaux de maître aux murs? Comment pourrait-il comprendre d'où je viens?»[19]

Mais, par ailleurs, la relation analytique est d'emblée une relation totalement inégalitaire, non réciproque : l'un est invité à parler continûment sans tenter d'exercer un contrôle volontaire sur son discours, l'autre intervient quand il le juge bon, assez rarement et toujours brièvement, et en introduisant volontiers dans son propos une composante énigmatique; le premier est allongé, et tourne le dos au second qui, lui, est assis et le regarde; c'est l'analyste qui fixe unilatéralement les règles et l'autre ne peut pratiquement jamais les négocier; quand le client parle de son analyse, c'est avec ses mots à lui, des mots ordinaires que tout le monde pourrait comprendre, alors que quand l'analyste parle de son client, c'est dans un langage ésotérique, en grande partie impénétrable, y compris par celui dont il est pourtant question. Souvent, enfin, et même si ce n'est pas essentiel, cette asymétrie radicale est renforcée par ce qui subsiste de différence sociale entre les deux : l'analyste est plus âgé, plus riche, plus cultivé, plus diplômé.

Cela conduit, poursuit Castel, à douter de la soi-disant neutralité de l'analyste : en réalité, «une position socialement dominante transmuée en relation faussement contractuelle»[20], faux contrat qui masque un effet de réification : le client devient *la chose* de l'analyste : «Par sa seule présence, l'invisible et silencieux témoin de son discours transforme dans la bouche même du patient la parole en *objet* par la simple raison qu'il ne saurait y avoir, entre ce dos tourné et cet homme assis, invisible, insaisissable, aucune réciprocité »[21].

Double effet de réduction, donc, et découlant directement de la forme du travail analytique : réduction du contenu des discours à des expériences purement subjectives, simples manifestations de l'inconscient, toute référence à des faits ou enjeux réels, et notamment sociopolitiques, devenant impossible ; et réduction de la personne en analyse au statut *d'objet* du regard et de l'écoute analytique, statut évidemment peu compatible avec l'affirmation d'une responsabilité de citoyen.

Ces deux critiques de la psychanalyse, les tenants des thérapies humanistes les reprennent volontiers à leur compte : ils reprochent à leurs devanciers d'une part de s'enfermer dans un cadre interprétatif trop étroit privilégiant abusivement les références à l'inconscient primaire et à la sexualité, d'autre part d'instaurer une relation thérapeutique trop étroite, trop froide, trop asymétrique, voire, le mot est parfois employé, antidémocratique. Et ils s'efforceront de ne pas reproduire, dans leur propre pratique, les mêmes travers : l'écoute devra être ouverte et respectueuse du cadre de référence du client, la relation devra être autant que possible égalitaire.

De la première préoccupation, la meilleure illustration est l'écoute centrée sur le client, dite en France « non directive », développée par Carl Rogers dans les années 50-60, mais dont les principes fondent la pratique de la quasi-totalité des thérapeutes humanistes. Pour Rogers, le thérapeute n'a pas à avoir quelque hypothèse que ce soit sur ce que lui dit son client, ni sur ce qui est important ou non, ni sur ce que cela signifie et que l'intéressé pourrait ignorer : c'est le client qui sait ce qui est important pour lui, et le thérapeute doit simplement manifester son écoute et son intérêt en reformulant fidèlement ce qu'il entend, et en partageant à l'occasion ses propres ressentis. On voit qu'une telle pratique, *a priori*, ne pourrait être soupçonnée de reproduire le travail de neutralisation du sociopolitique que nous reprochions à la psychanalyse : si c'est *de cela* que parle le client, le thérapeute l'acceptera comme le reste et l'invitera, par son écoute, à aller plus loin, dans la direction qu'il voudra.

Quant à la seconde préoccupation, elle se traduit, dans toutes les pratiques de thérapie humaniste, par l'abandon du dispositif du divan et par l'instauration d'une relation de face-à-face, plus symétrique et plus chaleureuse. Cette dernière précision peut surprendre : en quoi une relation thérapeutique chaleureuse serait-elle meilleure, d'un point de vue politique ? C'est que, à l'évidence, la relation thérapeutique crée inévitablement une relation de pouvoir asymétrique (l'un est en difficulté, et demandeur de l'aide que l'autre lui apporte) qui sera encore renforcée ensuite par les inévitables mécanismes transférentiels. Adopter une attitude froide et distante, l'abstinence chère aux analystes, ne peut que venir confirmer cette asymétrie et reproduire la réduction du client au statut d'objet soumis. Au contraire, une attitude ouverte, sympathique, laissant sa place aux rires partagés, aux gestes d'affection ou à la convivialité permettra de rééquilibrer partiellement la relation, et de redonner au client la confiance dans sa capacité à être pleinement actif dans sa recherche.

C'est sans doute l'Analyse Transactionnelle qui a poussé le plus loin ce souci d'instaurer une relation thérapeutique plus égalitaire. D'une part en affirmant comme principe central celui de la négociation des contrats, et en posant la distinction salutaire entre «contrat d'affaire» (les modalités pratiques de déroulement du travail, y compris la rémunération du thérapeute, mais aussi l'évaluation préalable de ses compétences) et contrat thérapeutique proprement dit. D'autre part et surtout en mettant à la disposition du client un langage simple, facilement appropriable, qui lui permettra de décrire les difficultés auxquelles il est confronté et donc de ne pas être tenu à l'écart du discours clinique que le thérapeute tiendra sur lui.

On aboutit ainsi à des formes de travail très éloignées de la cure analytique, notamment avec les groupes de développement personnel ou de formation aux relations humaines : ici, on ne parle même plus de thérapie, parce qu'on se refuse à penser que certains sont malades et d'autres non ; tout le monde est à la recherche de son propre développement, à sa manière, et le rôle de tous, thérapeute et autres participants, est simplement d'accompagner chacun dans le chemin qu'il se choisit. Apparemment, nous nous sommes affranchis des risques d'aveuglement propres à l'analyse : pas de thèmes privilégiés a priori par la théorie, pas de relation excessivement inégalitaire. Le sociopolitique devrait pouvoir trouver ici toute sa place.

Malheureusement, il n'en est rien. Comme la moindre observation pourrait le confirmer, le sociopolitique est largement absent de ces groupes, tellement absent qu'on ne peut éviter de penser que, à nouveau, c'est parce qu'il en est activement exclu. Et l'on rencontrera des condamnations non moins sévères que celles de Castel envers la psychanalyse, à propos de ces «pratiques de développement personnel qui consistent à conforter les demandes narcissiques et à maintenir les personnes dans l'illusion que la sortie du malaise va de pair avec leur dégagement de toute implication dans la construction sociale »[22].

En effet, on va dans ces groupes, soi-disant, pour se préparer à mieux vivre sa vie. Mais il y est à nouveau bien rarement question des paramètres *réels* de la vie. Dans ces stages, on travaille sur sa vie personnelle, sur les relations avec ses parents et avec ses enfants, sur ses fantasmes et ses complexes personnels, ses croyances, ses relations intimes. Mais il n'y est pratiquement jamais question des différences *réelles* de richesse, de culture, de pouvoir. Jamais question non plus des structures, de l'histoire, des événements collectifs, des choix politiques, qui font pourtant tout autant partie de la vie personnelle et la déterminent d'autant plus que l'on est aveugle à leur importance. Certes, ici, cette exclusion du sociopolitique ne fonctionne pas par recodage dans les termes d'une théorie dominante, mais essentiellement par l'effet d'une norme interne aux groupes, que, sans même que le thérapeute ait à intervenir, les plus anciens participants se chargent bien volontiers de transmettre aux nouveaux arrivants, une sorte de règle de savoir-vivre qui fait le partage entre ce dont il est bien vu de parler et ce qui doit être pudiquement tu. Et sans doute retrouve-t-on aussi ici l'effet d'attrait dont nous avons déjà parlé : il y a une jouissance à parler de l'intime et du psychologique qu'on ne retrouve pas si l'on commence à aborder le social et le politique.

Cet effet de normalisation va, ici encore, être renforcé par les conditions sociales de la pratique psy. Dans la composition des groupes, on va retrouver un mécanisme d'endogamie sociale : on y retrouvera essentiellement des personnes de 30 à 45 ans, appartenant aux nouvelles classes moyennes (essentiellement les professions de la santé, de l'éducation, de l'animation). Et l'on y trouvera une écrasante majorité de femmes. Il va sans dire qu'il sera difficile de rencontrer les problèmes politiques majeurs dans ce monde clos où ne pénètrent que bien peu les hommes, et pratiquement pas du tout les ouvriers, les immigrés, les paysans, mais aussi les cadres supérieurs ou les patrons, les jeunes et les vieux. Que signifie travailler sur les « relations humaines » si ces hommes-là sont absents et ignorés ?

Enfin, il faut dire un mot de la manière dont les choses se passent au sein même de ces groupes. Alors que les partisans de ces pratiques présentent volontiers les groupes comme des modèles de mini-société idéale, une société qui serait enfin favorable à l'épanouissement des personnes, on y rencontre pourtant un modèle de fonctionnement peu attirant pour qui partage un tant soit peu les idéaux démocratiques : un animateur qui exerce un pouvoir considérable mais totalement dénié, une pression de conformité du groupe sur les individus d'autant moins perçue qu'elle se fait sous couvert de la plus grande gentillesse, un évitement systématique des conflits de fond (conflits d'intérêt, idéologiques, philosophiques...) au profit d'un consensus superficiel et volontariste, d'une valorisation artificielle des sentiments positifs[23].

Ici encore, on n'a pas de mal à imaginer combien le bénéfice immédiat pour les participants est très sensible et très attirant : c'est si bon de prendre un bain d'amour ! Mais l'expérience n'a qu'un temps : le stage fini, il faudra bien repartir dans le monde tel qu'il est, et auquel on est livré totalement démuni.

Karl Marx, on s'en souvient, reprochait à la religion d'être l'opium du peuple. Comme la drogue, elle apportait selon lui une consolation artificielle aux groupes victimes d'oppression, ce qui permettait de les détourner de la révolte. Eh bien, à la lumière des constats qui précèdent, il n'est pas exagéré de dire que le développement personnel et la psychothérapie sont comme *l'ecstasy des classes moyennes*. Car, pour ces catégories sociales, la vie n'est pas facile. En raison de leur position dans la société, elles sont confrontées à tout un ensemble de problèmes d'identité sociale, de vécu des relations de pouvoir, de choix personnels, de conditions sociales de travail. Elles participent, elles aussi, de la misère du monde[24] et parfois cela conduit ces personnes à d'intenses souffrances personnelles, faites de dévalorisation de soi, de solitude, de dépression. Alors, pour quelques dizaines d'heures, la petite pilule de stage viendra adoucir le quotidien et faire miroiter le rêve de sérénité. Pour quelques heures seulement.

ASSUJETTISSEMENT

On pourrait s'en tenir là, et considérer que les deux premiers chefs d'accusation sont déjà suffisants pour nous amener à condamner la psy pour sa contribution au processus de dépolitisation contemporain : elle encourage des comportements irresponsables, égocentriques et médiocres ; elle propose aux personnes en difficulté dans leur vie des solutions illusoires parce que incapables d'intégrer les paramètres pourtant essentiels de la vie réelle que sont les paramètres sociopolitiques.

Mais il y a plus grave. Les reproches que nous avons jusqu'ici adressés à la psy portent uniquement sur des *défauts* : en pointant sa mollesse morale d'abord, son aveuglement ensuite, nous avons désigné ce qui lui manque, de l'exigence et de la lucidité. Mais la psy peut aussi être critiquée pour sa contribution « positive » à l'effacement du politique, non pour ce qu'elle ne parvient pas à saisir mais pour les mécanismes néfastes qu'elle crée ou contribue à entretenir.

Je pense ici à deux approches critiques, extrêmement différentes par leur style et leur source, mais qui convergent pour faire de la psy un outil essentiel d'assujettissement des individus à l'ordre social, c'est-à-dire du processus qui transforme les acteurs politiques (autrement dit les citoyens) en *sujets*, au triple sens *grammatical* (celui qui parle et est posé comme la source du discours), *philosophique* (la soi-disant source de l'autonomie de l'action) et surtout *politique* (celui qui est assujetti au pouvoir qui le domine).

La première relève de la recherche en psychologie sociale expérimentale et porte sur le *locus of control* et la *norme d'internalité*[25]. Imaginons que j'aie à expliquer un événement humain quel qu'il soit : un comportement (untel a fait ceci) ou un événement extérieur (il est arrivé telle chose à untel). Dans les deux cas, je vais pouvoir articuler deux sortes d'explications : des causes *externes* (si untel a agi ainsi, c'est parce qu'il était dans telle circonstance ; s'il lui est arrivé telle chose, c'est parce qu'est survenu tel processus dans son environnement) et des causes *internes* (s'il a agi ainsi, c'est parce qu'il avait telle personnalité ou telle croyance ; s'il lui est arrivé cette chose, c'est parce qu'il s'y est pris de telle manière). Par exemple, si je me mets en colère, c'est peut-être parce que quelqu'un m'a énervé, ou c'est peut-être parce que je suis d'un tempérament colérique. Si je suis chômeur, c'est peut-être parce que la branche professionnelle qui est la mienne est marquée par une récession, ou c'est peut-être parce que je suis démotivé ou que je manque de capacité d'adaptation. C'est ce choix entre causes internes et externes que désigne la question du *locus of control*, ou du *lieu de contrôle* : est-il intérieur à moi ou extérieur ? De quoi dépend ce qui m'arrive, de moi-même (mes comportements dépendent de mon caractère, les événements qui surviennent dépendent de mes actes), ou de l'environnement (mes comportements sont provoqués par le contexte, les événements interviennent sans que j'y puisse rien) ?

Les travaux expérimentaux ont montré l'intervention très forte et très difficile à contrecarrer d'un biais d'*internalité*, c'est-à-dire que nous avons systématiquement tendance à surestimer les explications internes et à sous-estimer les explications externes : nous expliquons les comportements par la personnalité ou les pensées, même quand une explication par le contexte serait possible et suffisante ; et nous expliquons les événements extérieurs par les actes de celui à qui ils arrivent, même quand une explication par des processus indépendants serait également possible et convaincante. C'est comme si nous avions une cécité sélective qui nous interdit de voir les explications externes et nous contraint à ne voir que ce qui reste, les explications internes. Et on observe que ce biais est aussi fort lorsque nous nous interrogeons sur nous-mêmes que quand il s'agit des autres.

Parler de *biais* d'internalité, c'est encore en donner une définition neutre, c'est seulement constater la présence d'une erreur systématique dans notre appréciation des faits. Mais Beauvois va plus loin en interrogeant les enjeux politiques de cette erreur, c'est ce qui le conduit à parler non plus d'un biais, mais d'une *norme*, c'est-à-dire d'une fonction sociale. Interrogeons-nous en effet sur les conséquences de ce biais ou de cette norme pour les sujets concernés. Le résultat sera évidemment très différent suivant que les faits qu'on se propose d'expliquer sont positifs (c'est-à-dire jugés socialement bons) ou négatifs. Si j'accomplis des actes socialement approuvés, ou s'il m'arrive des événements socialement valorisés, j'ai évidemment tout à gagner à en faire une lecture interne : c'est à moi que revient le mérite de mes actes, c'est moi qui ai mérité les événements agréables qui m'arrivent. Et bien sûr, réciproquement, si j'agis «mal» ou s'il m'arrive des malheurs, j'ai plutôt intérêt à renvoyer les deux faits à des causes externes à moi-même. On pourrait donc imaginer que, tout simplement, nous privilégions la lecture interne dans le premier cas et externe dans le second, et ni l'une ni l'autre lorsque nous ne sommes pas concernés ou lorsque les faits à expliquer sont neutres. Mais il n'en est pas ainsi, car la *norme* d'internalité impose à tout le monde une lecture préférentiellement interne de tous les événements, quels qu'ils soient et quelle que soit ma position vis-à-vis d'eux (spectateur ou acteur).

Dès lors, la ligne de partage ne passera pas, pour chacun, entre les faits heureux ou malheureux, elle passera entre des groupes sociaux différents, selon deux lignes de clivage différentes. D'une part, on peut opposer ceux à qui il arrive fréquemment des faits négatifs (des comportements socialement désapprouvés, des événements malheureux) à ceux qui vivent plutôt ou plus souvent des expériences positives. Les premiers auront bien entendu beaucoup plus à souffrir de la norme d'internalité puisqu'elle leur attribuera la responsabilité de leurs difficultés, alors que les seconds n'auront qu'à s'en réjouir, puisqu'elle leur renverra le mérite de leur bonheur. D'autre part, on peut opposer ceux qui ont réellement une prise sur ce qui leur arrive, parce qu'ils disposent de moyens de pouvoir sur eux-mêmes (notamment par le biais de l'éducation) et sur leur environnement (parce qu'ils sont riches ou qu'ils ont des relations) et ceux qui sont plus souvent en position de subir. Ici encore, la norme d'internalité sera bonne et douce à entendre et à vivre pour les premiers, douloureuse et injuste pour les seconds. Et, bien entendu, comme par un fait exprès, ces deux lignes de clivage se recouvrent presque parfaitement : ce sont les mêmes, socialement dominants, qui vivent à la fois le plus souvent des événements positifs, qui montrent des comportements valorisés (puisque ce sont eux qui définissent ce qu'est un bon comportement) et qui disposent d'importants moyens de pouvoir ; et inversement, les dominés auront « tout faux », puisqu'ils subissent des événements malheureux, ne présentent pas les « bons » comportements, et manquent de prise sur tout cela. Et pourtant, même si, en général, ils partagent moins que les dominants la norme d'internalité, ils y sont cependant soumis, évidemment pour leur malheur.

On voit que la norme d'internalité est porteuse d'un double effet de renforcement de la domination sociale : subjectivement, parce qu'elle ajoute aux souffrances liées aux conditions de vie difficiles et à la privation de pouvoir un effet de culpabilisation qui renvoie les personnes en difficulté à la propre responsabilité de leur malheur (et, symétriquement, elle complète le bonheur des dominants par un certificat de bonne conscience : s'ils sont privilégiés, c'est parce qu'ils l'ont mérité) ; et objectivement, parce qu'elle détourne l'attention des possibilités d'action sur les structures de la vie sociale externes aux individus et qui sont pourtant déterminantes pour leur vie. Si quelqu'un est malheureux, c'est à lui, dira-t-on de chercher comment il pourrait cesser de « faire son malheur lui-même »[26].

Et c'est là, bien sûr, que nous retrouvons la psy. Il est en effet évident que celle-ci, toutes catégories confondues, est un des principaux vecteurs de diffusion et de renforcement de la norme d'internalité. Que ce soit par le biais de sa pratique directe de la thérapie, par la diffusion de son discours dans les médias et la culture ambiante, ou encore par son influence sur les pratiques éducatives ou managériales, elle semble essentiellement répéter partout les mêmes messages : ce qui vous arrive dépend de vos actes, et vos actes s'expliquent par ce que vous avez à l'intérieur de vous. D'une certaine manière, une analyse, une psychothérapie ou un stage de développement personnel, c'est une sorte de cours intensif d'internalité : tout ce qui est apporté par le client est examiné d'un point de vue unilatéral, comme une occasion d'illustrer et de renforcer encore et toujours la même croyance dans la prééminence de l'intérieur sur l'extérieur. Il suffit d'ailleurs de discuter avec un participant à l'une de ces activités pour pouvoir constater combien l'inculcation est efficace : il va de soi, pour eux, et parfois contre toute évidence que «le hasard, ça n'existe pas», que si telle chose leur est arrivée, c'est forcément qu'il y avait quelque chose en eux qui l'appelait, ou que, s'ils se sentent irrités ou attristés par un autre, c'est que quelque chose, à l'intérieur, a été «accroché», quelque chose qui renvoie sans doute à leur passé[27].

Il ne fait pas de doute qu'une telle inculcation peut avoir des effets positifs à court terme pour les individus. Elle peut me conduire à prendre conscience de ce qui, dans des comportements qui me paraissaient simplement provoqués par l'autre, peut relever de ma propre sensibilité et donc de ma responsabilité. Elle peut aussi permettre de redonner confiance et de redynamiser celui qui, ayant accumulé trop de difficultés, a fini par baisser les bras et glisser dans la résignation et la passivité. Elle peut aussi jouer avec les mécanismes mêmes de la domination sociale : puisque l'internalité est un des apanages des dominants, peut-être faut-il, pour pouvoir un tant soit peu sortir de la situation dominée, s'approprier cet instrument, et savoir le retourner contre ceux qui, actuellement, l'utilisent seulement à leur propre profit (c'est par exemple une condition de réussite à l'école).

Mais l'effet idéologique de détournement du politique est tout aussi indubitable : à force d'inviter les individus à se centrer sur eux-mêmes, sur l'intérieur d'eux-mêmes, pour y chercher la clef des vicissitudes de leur vie ou de leurs comportements, on les dissuade objectivement de se tourner vers la Cité pour y rechercher d'autres clefs, celles qui relèvent précisément de l'action politique, c'est-à-dire de l'intervention sur les conditions externes, sociales, d'épanouissement de la vie humaine.

Ces recherches psychosociologiques sur la norme d'internalité et son inculcation par la psy peuvent être rapprochées de travaux d'un style pourtant très différents : ceux de Michel Foucault sur ce qu'il a nommé les dispositifs de parole. Nous pouvons partir du petit volume introductif à son *histoire de la sexualité* et qui porte le titre joliment ambigu de *La volonté de savoir*[28]. Ce livre paraît en 1976, mais Foucault va y prendre totalement le contre-pied du slogan déjà cité : «Assez d'actes, des paroles!». Ce mot d'ordre, derrière sa simplicité et sa tonalité sympathique, cache toute une théorie des relations entre le discours et l'action. Les actes, c'est l'univers du prévisible, du triste, de l'étroit, du pragmatique, tout ce que les étudiants en révolte voulaient rejeter. La parole, au contraire, c'est la liberté, l'utopie, le rêve. Substituer la parole à l'acte, c'est libérer les bons génies de la créativité et de l'authenticité. Le pouvoir, au sens de pouvoir dominant, oppressif, ne peut être que du côté de la *censure*, de l'empêchement de la parole. C'est à ce titre qu'on se hasardait à dire, à la même époque, que « la psychanalyse est révolutionnaire par nature » : puisqu'elle propose à l'analysant la pratique d'une parole totalement libre, affranchie de toute censure, elle est par nature libératrice.

Rien n'est moins sûr, pour Foucault : là où l'on voit la libération de la parole et par la parole, il décrira une *obligation de parler*, un ensemble de dispositifs institutionnels de parole qui visent à extorquer des discours sur soi, à soumettre les hommes d'autant plus efficacement aux pouvoirs dominants qu'ils se seront eux-mêmes enferrés, croyant partir à la recherche d'eux-mêmes, mais ne parvenant qu'à s'enserrer toujours plus étroitement dans la toile d'araignée du pouvoir. Il fera l'histoire de ces dispositifs, mettant au premier plan l'aveu comme composante du processus judiciaire et la confession comme pièce essentielle du contrôle pastoral, et la démultiplication de ces « discours de soi » avec la pratique des écrits intimes ou autobiographiques, le traitement moral instauré par la psychiatrie moderne à l'aube du XIXe siècle, et bien entendu la psychanalyse, dont la ressemblance avec la confession a été depuis longtemps pointée. Aujourd'hui, il ajouterait sans doute les nombreux ateliers d'écriture et autres stages d'histoire de vie en groupe généreusement proposés aux publics en difficulté.

Toujours, à chaque époque et dans tous les milieux, la même exhortation à l'examen de conscience : si tu veux savoir la vérité, regarde en toi-même et en ton passé, mais ne garde pas pour toi ce que tu y verras, viens le remettre à cet homme qui est en face de toi, cet homme qui, lui, sait mieux que toi ce que cela signifie, et peut-être pourra t'en faire profiter un peu. Mais le dispositif de cette remise de la parole sur soi n'est pas neutre. Il comporte ses cadres, ses grilles, ses normes, que je ne pourrai pas remettre en question puisque je me situerai entièrement à l'intérieur. Ainsi, tout en croyant me construire librement comme sujet grammatical et philosophique, je me soumettrai à l'assujettissement politique.

NORMALISATION

Ce n'est pas tout. Car le message diffusé par les pratiques psy ne se réduit pas à la déresponsabilisation et à l'aveuglement, ni même à un processus général d'assujettissement qui conduit à faire porter par le sujet le poids de sa propre soumission. Il consiste aussi à transmettre des *modèles normatifs*, à inculquer certaines manières d'être, de vivre sa propre existence, dont les participants n'auraient peut-être pas eu eux-mêmes l'idée ou dont il pourrait leur arriver de douter. Je pense ici plus particulièrement aux pratiques de développement personnel ou de formation psychosociologique. Contrairement à la psychothérapie proprement dite, elles s'inscrivent habituellement dans des contextes de formation permanente ou professionnelle, et elles méritent pour une fois ce qualificatif : c'est bien de *mise en forme* qu'il s'agit. Après quelques stages, le participant aura acquis, bon gré mal gré, certaines visions du monde, certains réflexes, certains de ces « savoir être » dont on dit qu'ils constituent une part de plus en plus importante des enjeux de la formation et des itinéraires professionnels. Et, comme par hasard, il sera devenu mieux adapté aux attentes de l'économie libérale.

Au centre de ce modèle se trouve la notion d'*autonomie*. Chaque individu est invité à devenir le patron de sa propre entreprise personnelle. Il doit savoir dresser précisément le bilan de sa situation présente, gérer et faire fructifier ses ressources personnelles, déterminer des stratégies de vie et les concrétiser en projets d'investissements, savoir guetter et saisir les opportunités de l'environnement pour prendre la bonne décision au bon moment. Et cette attitude, il doit savoir l'avoir dans tous les domaines et à tous les instants : non seulement en tant que salarié et consommateur, mais aussi en matière de conjugalité, de sexualité, d'amitié, d'éducation de ses propres enfants, de santé ou de vie quotidienne. Plus question de demander à qui que ce soit de décider à sa place, plus question de suivre des voies tracées d'avance, il faut être conscient et savoir décider soi-même. Et plus question ensuite de se plaindre de quoi que ce soit : sa vie, on la construit soi-même et l'on ne peut s'en prendre qu'à soi-même si elle n'est pas réussie.

D'où la deuxième idée-clef du modèle, celle de *contrat* : entre les hommes, ce serait la seule modalité de relation satisfaisante. Deux êtres autonomes se rencontrent, échangent des informations, puis conviennent d'une certaine transaction (ici encore, ce peut être aussi bien un rapport sexuel, un mariage ou une consultation médicale qu'un contrat de vente ou un contrat de travail). Une fois le contrat signé, il est appliqué et quand il arrive à échéance ou est dénoncé par l'une des parties dans les formes prévues par le contrat lui-même, plus rien ne lie les protagonistes ; chacun repart sur son chemin. Ils ont choisi librement cette transaction et, si le contrat a été respecté, ils ne peuvent qu'être satisfaits.

C'est là, assurément, un modèle de la vie humaine à première vue assez attirant : des êtres libres et conscients se rencontrent sans contrainte et ne se lient que pour des échanges acceptés de part et d'autre et qui ne laissent aucun reste.

Le problème, c'est que nous savons, tout le monde sait très bien, que cela est fictif, que *le monde et les hommes ne sont pas comme cela*. La vie des individus, les échanges entre eux se déroulent toujours dans un contexte social marqué par des institutions puissantes, par des phénomènes de pouvoir et de domination qui font que l'autonomie est toujours conditionnée et les contrats toujours inégaux. Et quand un contrat est formellement terminé, il laisse des traces dans l'histoire de la personne, des traces qui peuvent être douloureuses, même quand les règles formelles ont été respectées (après un divorce ou un licenciement en bonne et due forme, par exemple). Je peux croire que je suis autonome, mais c'est parce que je suis aveugle aux forces qui pèsent sur moi. Je peux croire que je contracte librement, mais c'est parce que je ne veux pas voir combien l'un des deux contractants a prise sur l'autre et combien ce contrat m'engage au-delà de sa durée propre et de ses clauses explicites.

Le modèle de vie humaine développé par le développement personnel est donc *mensonger*. Et pourtant, il rencontre un succès indéniable. Pourquoi ? Sans doute parce qu'il est *requis*, requis par l'évolution sociale et notamment par le système économique, par le capitalisme libéral contemporain. Qu'est-ce en effet aujourd'hui que le fonctionnement d'une entreprise de pointe ? Fini le fonctionnement militaire des fabriques d'antan. On a maintenant besoin de salariés... autonomes, capables de mobilité concrète et psychologique permanente, décidés à conduire eux-mêmes leur vie professionnelle, capables de faire eux-mêmes les choix qu'on attend d'eux et d'en assumer pleinement les conséquences. Et le contrat de travail ne doit plus être cette relation fortement asymétrique telle qu'elle a été codifiée par notre droit du travail, avec un fort accent mis sur la protection du salarié : ce doit être un véritable contrat, dont le contenu ne dépend que de l'accord des deux parties et qui peut être librement renégocié à la demande de l'une des deux parties. Bien entendu, on fait abstraction du fait que l'une des parties est un individu qui a besoin de travailler pour vivre et l'autre une firme qui dispose d'un pouvoir colossal. Écoutons simplement Pierre Grelier, le directeur des ressources humaines d'Apple France : « Le développement de l'entreprise passe par l'épanouissement de l'individu. Mais il *faut* qu'il s'épanouisse ».

Bref : l'individu que fabriquent les stages de développement personnel est, nous l'avons vu au début de ce chapitre, un bien mauvais citoyen. Mais c'est un très bon travailleur et un très bon consommateur. Et le pire est peut-être que l'emprise de ce modèle ne se limite pas au champ spécifique d'intervention de la psy : son discours diffuse partout dans la société, et c'est de plus en plus tôt, à l'école et dans la famille, que les enfants sont soumis à ce modèle et sommés de s'y conformer[29].

NOTES

[1] Raymond Boudon, *Effets pervers et ordre social*.
[2] A.O. Hirschman, *Deux siècles de rhétorique réactionnaire*.
[3] Barber, *Démocratie forte*, p. 139 sq.
[4] Titre donné par le journal l'*Express* à un dossier sur le développement personnel, le 22 février 2001.
[5] Le Goff, *Mai 68, l'héritage impossible*.
[6] M. Foucault, *Le souci de soi*, p. 74.
[7] Tocqueville, *De la démocratie en Amérique*, II.
[8] Chasselet-Smirgel, *Introduction à la sexualité féminine*, cité par Castel, *Le psychanalysme*, p. 26. Voir aussi p. 79-100.
[9] Ce que nous connaissons sous le titre français *Les fondements de la sociométrie* s'intitulait originellement : *Who shall survive (man or machine)?*
[10] C. Steiner, *Le conte chaud et doux des Chaudoudoux*.
[11] *Le psychanalysme*, p. 209.
[12] Castel, *L'ordre psychiatrique*.
[13] Castel *et al.*, *La société psychiatrique avancée*.
[14] Castel, *La gestion des risques*.
[15] *Le psychanalysme*, p. 13-14.
[16] *Id.*, p. 41.
[17] *Id.*, p. 43.
[18] *Le sexe prescrit*, p. 113. Elle fait ainsi un parallèle avec l'affirmation de Freud selon laquelle un cigare, quel que soit la signification symbolique qu'on peut lui prêter, est *aussi* un *cigare*.
[19] V. de Gaulejac, *L'histoire en héritage*, p. 198.
[20] *Le psychanalysme*, p. 49.
[21] Sartre, *Les temps modernes*, n° 274, avril 1967, cité par Castel, p. 125.
[22] Annie-Charlotte Giust, *La réplique du sujet*, in *L'aventure psychosociologique*, p. 319.
[23] E. Perrein, *Cultes du corps*, p. 161.
[24] P. Bourdieu, *La misère du monde*.
[25] Voir notamment les travaux de Beauvois, *Psychologie quotidienne* et *Traité de la servitude libérale*. Voir aussi Leyens, *Sommes-nous tous des psychologues?*
[26] Watzlawick, *Faites vous-même votre malheur*.
[27] On ne sera pas non plus surpris d'apprendre que, quand on soumet les personnes à un test permettant de mesurer leur propension au biais d'internalité, ce sont les psychologues cliniciens qui arrivent nettement en tête. Voir Leyens, *Sommes-nous tous des psychologues?*, p. 110-139.
[28] Foucault, *La volonté de savoir*.
[29] Le Goff, *La barbarie douce*.

Chapitre 2
Défense

Les psy se voient ainsi reprocher une quadruple faute politique : encourager à la déresponsabilisation des citoyens vis-à-vis d'enjeux collectifs et historiques pourtant essentiels, prétendre traiter de la vie et des relations humaines en masquant des paramètres majeurs de cette vie, faire porter aux individus la responsabilité d'un destin qui leur échappe pourtant en grande partie, et fabriquer un individu sur mesure, adapté par avance à la société marchande.

À cela, que vont-ils répondre ? À vrai dire, le plus souvent, pas grand-chose, car pour la large majorité des psy, ces reproches n'existent pas, soit qu'ils ne les aient jamais entendus, soit qu'ils n'aient pas jugé utile de s'y arrêter. Lorsque des analystes politiques critiquent la psy, ils prêchent en grande partie, semble-t-il, dans le désert. À ma connaissance, aucune des œuvres critiques que nous avons évoquées au chapitre précédent n'a donné lieu à un débat réel dans le monde de la psy, qui a continué son chemin tranquillement. Parfois, le désintérêt pour la question est explicitement justifié, en renvoyant à de très classiques réflexions sur la vanité du monde ou les miroirs aux alouettes du pouvoir[1].

On note certes, par-ci par-là, quelques réactions intéressées : certains psy profiteront de ces interpellations pour interroger leur propre pratique ; nous les retrouverons au fil des pages de la troisième partie, ils sont bien peu nombreux. On observe aussi, bien entendu, et plus souvent, des réponses contradictoires. Certaines relèvent du débat d'argumentation légitime et souhaitable : on pointe des approximations, des omissions et surtout des exagérations et des généralisations ; on discute certains raisonnements ou certains jugements ; on nuance certaines conclusions. D'autres réactions sont moins loyales, qui crient au procès d'intention et à la malveillance, voire qui retournent contre les critiques les armes de la psy (c'est ainsi que Foucault, pour avoir critiqué la psychanalyse, s'est vite trouvé renvoyé aux turpitudes de sa « personnalité perverse »[2]...).

Mais la seule ligne de réponse qui puisse former un discours relativement systématique et construit est celle qui prend la forme d'une contre-attaque : « Vous nous accusez, disent les psy aux politiques, de faire obstacle à la citoyenneté et d'empêcher cette belle chose qu'est l'engagement politique ? Mais regardez-vous vous-mêmes ! Trouvez-vous que ce que vous nous proposez en matière d'engagement soit particulièrement attirant ? Croyez-vous que nos clients, qui sont à la recherche d'une vie qu'ils pourraient considérer comme belle, pleine, heureuse, ou simplement acceptable, pourraient être attirés par le mode de vie que vous leur proposez ? À moins que vous ne considériez la quête de la réalisation personnelle comme illégitime, et que vous ne vouliez nous convaincre de mener une vie d'austérité, de sacrifice, d'abnégation ? Mais vous vous trompez d'époque ! Quelles que soient vos bonnes intentions, vous n'attirerez pas les mouches citoyennes avec du vinaigre militant ! Plutôt que de nous reprocher de détruire une citoyenneté traditionnelle dont de toute façon plus personne ne veut, vous feriez mieux d'en inventer une nouvelle, compatible avec les aspirations des hommes et des femmes d'aujourd'hui. Alors, sans aucun doute, nous pourrons vous aider, car nous sommes convaincus que ceux qui seront passés par chez nous, les personnalités réellement autonomes, formeront de bien meilleurs acteurs de cette citoyenneté renouvelée que vos vieux militants dinosaures dont l'extinction ne fera pleurer personne. »

On le voit, la charge ne manque pas de tonus, et elle mérite qu'on en examine attentivement et systématiquement les arguments.

LA CITOYENNETÉ ATTRAPE TOUT

Cela doit commencer par une interrogation critique sur le discours contemporain sur la citoyenneté. Tout le monde a pu l'observer, en une dizaine d'années, ce mot est devenu le lieu commun le plus éculé du discours politique, éducatif, social, socioculturel, administratif, managérial ou médiatique. À tel point que certains, et je ne suis pas loin d'en être, ressentent une pointe d'irritation à chaque fois qu'ils l'entendent prononcer. Faut-il alors le jeter aux orties, ou le laisser en joujou à ceux que ça amuse, sans plus s'en préoccuper ? Ce serait battre en retraite un peu vite et abandonner sans combattre un terrain où peuvent se décider des enjeux importants.

Cherchons donc à fixer un peu le sens de ce mot. Nous commencerons par laisser de côté deux sens possibles, tout à fait avérés dans l'usage, mais qui sont hors de notre propos : d'une part, la citoyenneté comme statut (je suis citoyen si je suis reconnu comme tel, par les institutions ou par les autres), qui est évidemment importante mais périphérique par rapport à notre sujet ; d'autre part, la citoyenneté comme conformité aux règles sociales (je suis citoyen si j'applique les règles de civilité, si je ne jette pas mes papiers par terre, si je respecte les lois, si je trie mes déchets, etc.), ce qui revient à transformer ce beau mot, symbole d'un des défis politiques les plus fous que l'homme se soit donné, en un simple outil de contrôle social.

Non : ce qui nous intéresse, c'est le citoyen actif (celui qui se distingue par ce qu'il *fait*, non par ce qu'il *est*) et c'est le citoyen politique, celui qui s'inscrit comme partie prenante et pensante dans la vie démocratique. Le citoyen, dirons-nous donc, c'est l'acteur politique que chacun, dans une démocratie, est invité à être. L'évolution historique de nos démocraties a abouti à imposer très peu de contraintes en la matière : tout ce qu'on demande au citoyen, c'est de payer l'impôt et, naguère, d'accomplir son service militaire. L'engagement citoyen, quand il va au-delà, relève donc du choix volontaire.

Comme je m'efforcerai de le montrer plus loin[3], ce choix peut prendre des formes très diverses. Pourtant, une de ces formes a été particulièrement répandue dans toutes les sociétés occidentales ou occidentalisées tout au long du XIXe et du XXe siècle : c'est celle du militantisme. Comme on l'a vu, c'est cette figure que les psy prennent pour cible de leur contre-attaque : selon eux, le militantisme est une forme de vie aujourd'hui inacceptable, qui ne répond ni aux aspirations des personnes, ni aux exigences des formes contemporaines de vie politique.

LE MILITANT, FIGURE DE L'ARCHAÏQUE

Formellement, on peut définir de la manière suivante le militant : il appartient pendant une durée relativement longue à une organisation qui se propose de favoriser certains buts de transformation de la société (ou d'empêchement de certaines transformations). Pour cela, il se met au service de cette organisation, qui lui apportera une formation adéquate, puis lui demandera d'accomplir certaines tâches, dans un cadre qui sera également déterminé par l'organisation.

A priori, comme on le voit, pas de quoi fouetter un chat. Pourtant, historiquement, les militantismes ont pris une forme qui peut paraître aujourd'hui effectivement discutable.

Notons pour commencer que cette forme fut, il n'y a pas si longtemps, très répandue : il y avait des militants syndicalistes et des militants politiques, des socialistes, des communistes, des fascistes, des militants catholiques et des militants laïques, des internationalistes et des régionalistes, des réformistes et des révolutionnaires, des violents et des non-violents, etc.

Au-delà de leur caractérisation formelle, qui sont, au fond, ces militants, quelle sorte d'hommes sont-ils ? Quelle est, pourrait-on dire, leur personnalité de base[4] ? En première approximation, on pourrait dire qu'ils relèvent d'un croisement entre trois espèces voisines : le prêtre, le militaire et le bureaucrate. Du prêtre, ils ont reçu en héritage l'idée de mission : étant convaincus de détenir une vérité décisive et libératoire pour les autres, ils doivent s'efforcer de toutes leurs forces de la diffuser ; du militaire, ils ont reçu la détermination et la discipline dans l'action, et parfois une certaine rudesse ou une sorte d'insensibilité inter-humaine ; et enfin du bureaucrate, le goût pour les procédures et la hiérarchie. Bien entendu, on le sait, ces trois espèces sont déjà fortement apparentées : les bureaucraties administratives ou entrepreneuriales ont été largement construites sur le modèle militaire, et le prêtre est lui-même intégré à une bureaucratie qui n'a rien à envier aux autres. Enfin, sa fonction comporte une dimension combative dont témoigne l'étymologie : le mot même de militant vient bien de l'armée, mais a été initialement employé pour désigner les «soldats du Christ», travaillant à diffuser sa parole. Son pedigree étant ainsi établi, penchons nous sur ses mœurs : à quoi ressemble donc la vie du militant[5] ?

C'est d'abord celle d'un individu *fondu dans le collectif*, dans l'organisation à laquelle il a *adhéré* (et le mot lui-même en dit long sur la liberté qui lui reste ensuite). À partir de là, sa vie personnelle ne doit plus compter : son temps appartient au Parti, au Syndicat, à l'Association ou à l'Amicale. Ses soirées, ses week-end, ses vacances parfois, sa famille, sa vie professionnelle, tout va être sacrifié aux multiples activités pour lesquelles il sera sollicité : réunions, manifestations, production, impression et vente de journaux, collages d'affiches, diffusions de tracts, préparations d'enveloppes, tenues de bureaux de votes, piquets de grève, représentations de l'organisation dans des instances extérieures, actions d'agitation, de provocation, éventuellement coups de poings et actions illégales, etc. La plupart de ces tâches, bien entendu, sont peu attrayantes et leur utilité peut ne pas être probante, mais leur accomplissement est une condition nécessaire à l'intégration du militant dans l'organisation. Non seulement son temps y passera, mais aussi ses idées personnelles : à partir du moment où l'organisation a décidé, le militant doit penser comme elle, «avaler les couleuvres» et diffuser cette pensée partout en toute occasion.

Tout est mis en place pour garantir l'efficacité de cette abnégation : recrutement précoce, formation interne garantissant une pensée commune, langage particulier (la fameuse «langue de bois»), fêtes et cérémonies, rituels et uniformes. Les organisations ont même le plus souvent leurs mythes et leurs saints, parfois leurs martyrs. Éventuellement, le militant fera petit à petit son chemin dans l'organisation, il accédera à des responsabilités, essentiellement sur des critères de conformité aux normes internes, de fiabilité et de fidélité. Et plus il progressera dans la hiérarchie, plus sa vie entière dépendra de sa place dans l'organisation, plus il attachera de prix au respect des formes, à la discipline, à l'unité. Premier point, donc : le militant n'existe pas comme individu à part entière, il n'est qu'un organe de l'action collective qui le dépasse. D'une certaine manière, c'est un être pré-moderne, qui est dans la relation à son organisation comme le primitif à sa tribu, l'Indien à sa caste, l'aristocrate à son clan ou le Kamikaze à son empereur ; nous sommes encore dans un monde holiste[6], pré individualiste : c'est le groupe qui est premier, l'individu n'existe que par lui. Cette absorption de l'individu dans l'organisation ou dans la cause peut aboutir à des formes extrêmes d'abnégation et d'auto-sacrifice, qui seront volontiers données en exemple aux générations suivantes, à l'image des martyrs chrétiens, tel, par exemple, ce militant associatif roubaisien des années 70 qui, pour protester contre la politique municipale, s'était lui-même tranché une phalange et l'avait envoyée au maire.

Second parallèle avec le missionnaire ou le militaire, c'est une vie dominée par une vision guerrière du monde : une vie de militant, c'est une vie de combattant, un combattant parfois fanatique. Un double combat, d'ailleurs. D'une part, bien sûr, contre l'ennemi, un ennemi total, qu'on perçoit volontiers comme satanique : l'athéisme pour les catholiques, la religion pour les laïques, le juif pour les fascistes, le capitalisme pour les communistes, l'État pour les poujadistes ou les anarchistes, l'Amérique pour les islamistes, etc. De cet ennemi, rien de bon ne pourrait venir : il est intrinsèquement mauvais. On doit éviter tout contact avec lui, ne rien faire qui pourrait lui être favorable, et ne travailler qu'à une chose : sa défaite et sa disparition, aussi rapidement que possible. Le deuxième combat s'adresse aux masses indécises, celles qui, faute d'une conscience juste, n'ont pas encore pris conscience du danger venant de l'ennemi et de la nécessité de combattre pour s'en défendre et faire progresser la cause. Théoriquement, ces masses sont amies, elles sont «objectivement» alliées. Mais, pratiquement, c'est bien un nouveau combat que le militant va devoir mener pour les faire sortir de l'ignorance et de l'erreur. Et pour cela, puisque la cause est juste, on n'hésitera pas à recourir à des moyens éminemment discutables au regard de la morale la plus élémentaire : intrusion dans la vie privée, culpabilisation, simplification et falsification des discours, diffusion de rumeurs, création artificielle de situations de crise, durcissement volontaire des conflits, etc. Seuls ceux qui n'ont pas réellement une conscience vraie des enjeux peuvent trouver à redire à de tels procédés : la fin justifie les moyens.

Cette vision guerrière peut avoir des conséquences dramatiques sur la capacité des militants à raisonner et à communiquer : dans la plus pure tradition des politiques d'information en temps de guerre, les seules pensées acceptables, les seuls messages entendables sont ceux qui soutiennent le juste combat. Cela peut conduire ainsi un intellectuel comme Sartre à affirmer explicitement qu'il est légitime de manipuler les informations à destination de la classe ouvrière afin de ne pas « désespérer Billancourt ». Ou encore à déclarer tout bonnement : « un anticommuniste est un chien. Je n'en démords pas, et je n'en démordrai jamais. »

Dernier parallèle entre le militant et le prêtre : leurs actions sont dominées par une vision *eschatologique* de l'histoire. Comme le croyant vit dans la perspective de la fin du monde, du jugement dernier, de la résurrection, les militants attendent et appellent de leurs vœux le jour où viendra enfin le Grand Changement, la fin de la misère et l'avènement de la société bonne. Cette vision, au moins dans le domaine politique, est lourde d'effets néfastes : elle repose sur une opposition en *tout ou rien* entre ce monde-ci, qui ne peut être que de misère, et le monde futur, qui ne peut être que totalement parfait. Tant qu'on est dans ce monde-ci, rien n'a vraiment de valeur s'il ne contribue à l'avènement du nouveau monde, aucun intérêt ne peut être attribué à des améliorations de détail qui risqueraient même de détourner de l'essentiel. Par contre, comme le monde futur est parfait, tout ce qui peut en accélérer sa venue est justifié. Et comme la perspective du grand changement est toujours repoussée à plus tard...

Relevons pour terminer que tout cela est essentiellement une affaire *d'hommes*. Pendant que Monsieur va à ses réunions et à ses manifestations, Madame reste sagement à la maison, et les relations très traditionnelles au sein de leur couple font sévèrement contraste avec les prétentions à « changer la vie » au-dehors. On compte bien quelques femmes dans certaines organisations bien spécifiques : solidarité catholique ou populaire, association familiales et de consommateurs, parents d'élèves, etc. À partir d'une telle division du travail militant, on ne risque pas d'aboutir à une remise en cause du sexisme dans la société[7].

Voilà ce qu'est le militant : un être dépendant, totalement soumis au collectif, à sa discipline et à sa langue de bois, qui ne voit dans le monde que des ennemis à éliminer et des ignorants à convertir, tout cela dans l'attente d'un événement miraculeux toujours repoussé et en laissant les femmes à l'écart du pouvoir réel. Bien entendu, il s'agit là d'un portrait robot dont les traits ont été volontairement grossis, et qui serait à nuancer suivant les époques, les organisations et les trajectoires personnelles. Mais le problème est bien incontournable : ce militantisme qui prétend préparer le monde de demain semble s'inscrire dans un univers culturel qui relève du monde passé, par sa structuration holiste des relations individu-groupe, par sa vision mythique de l'histoire, par sa conception agonistique des relations entre les hommes, et par l'exclusion des femmes de la vie publique.

PATHOLOGIE DE L'ENGAGEMENT POLITIQUE

Il est possible d'aller encore plus loin, en tentant de caractériser l'univers militant, en termes non plus historiques mais cliniques. Certes, nous écarterons la facilité qui consiste à accoler aux personnalités militantes les catégories psychopathologiques proprement dites, comme a fait Miller avec la «perversion» de Foucault : c'est un jeu où les psy sont assurés de gagner à tous les coups, mais dont ils ne sortent pas grandis.

Mais il est difficile d'écarter l'idée que l'engagement militant, au moins dans certains cas, pourrait relever d'une tentative de l'individu d'exprimer ou au contraire de nier (et le plus souvent les deux à la fois) des complexes psychologiques relevant de son histoire personnelle.

Les traits du militantisme que nous avons relevés ne sont pas que des survivances du passé, ils peuvent aussi être reformulés en termes de défenses psychologiques. Par exemple, la fusion dans le groupe, la soumission à la hiérarchie et aux procédures bureaucratiques, peuvent venir à point pour soutenir un individu qui se sent désemparé devant l'exercice de son autonomie individuelle, par exemple parce qu'il s'est insuffisamment différencié, ou parce qu'il manque de confiance en lui. Dans un univers où sont de plus en plus sollicitées les capacités de l'individu à se gouverner lui-même, les organisations militantes peuvent fonctionner comme des sortes de niches écologiques[8] où ceux qui ne se sentent pas prêts à faire face à ces exigences, ceux qui n'arrivent pas à supporter leur liberté[9], peuvent trouver refuge.

De même, la vision manichéenne du monde social et politique, avec les tout à fait bons d'un côté, les tout à fait méchants de l'autre, peut être rapprochée de la défense classique par *clivage du transfert* : plutôt que de devoir assumer ses ambivalences, notamment envers ses parents, qu'ils aiment et haïssent à la fois, les sujets attribuent tout l'amour à certaines figures (le christ ou le pape pour les catholiques, le premier secrétaire du parti, ou encore le dirigeant de telle ou telle patrie phare pour les communistes), et toute la haine aux ennemis politiques. L'action politique elle-même peut être un lieu opportun pour libérer des pulsions violentes[10] qui, dans le monde social normal, peuvent être perçues comme trop dangereuses. L'attente eschatologique peut avoir, comme d'ailleurs en religion, une fonction défensive semblable : puisque le monde est imparfait, je m'en accommoderai en croyant que les malheurs actuels ont un sens, mais que cette situation est provisoire et que ce monde-là devra un jour laisser la place à un univers enfin parfait, exempt de contradictions, d'ambivalences et de douleurs.

À la limite, on peut en venir à dessiner un véritable type de personnalité, proche de ce que Rokeach a nommé la «personnalité dogmatique»[11]. Partant des travaux d'Adorno sur la personnalité autoritaire ou anti-démocratique, il a relevé que la description qu'en avaient donnée ces auteurs était biaisée par leur souci de décrire avant tout les personnalités autoritaires «de droite», celles qui étaient attirées par les idées fascistes, racistes et antisémites. Rokeach a élargi l'analyse à une forme de structuration de la personnalité plus neutre à l'égard de l'échelle droite/gauche. Cette personnalité dogmatique se caractérise, selon lui, par les traits suivants : rejet catégorique des croyances non acceptées (on ne discute pas), séparation totale entre le système des croyances acceptées et le système des croyances non acceptées (aucun «entre deux» possible), faible différenciation du système rejeté (on ne rentre pas dans le détail), position centrale des croyances relatives à l'autorité et à l'anxiété, relation au temps faiblement ancrée dans le présent, mais centrée sur le passé (âge d'or) et l'avenir (utopie).

Parfois, l'engagement dans le militantisme peut venir soulager des tensions qui relèvent non pas du développement psychologique strictement individuel, mais des vicissitudes de la trajectoire sociale. Je pense notamment aux situations de *névrose de classe*. Vincent de Gaulejac a ainsi nommé la situation des personnes issues des milieux populaires qui, généralement suite à une trajectoire scolaire réussie, finissaient par occuper une position sociale plus élevée, notamment sur le plan culturel[12]. Vis-à-vis de leurs parents, ces personnes se trouvent dans une situation très difficile : d'une part, elles ont réalisé une réussite sociale qui s'inscrivait le plus souvent dans un désir parental, mais, d'autre part, elles se sont éloignées de l'univers de leur famille, elles peuvent même avoir le sentiment d'avoir trahi, d'être passées «dans l'autre camp».

Cette tension pourra être d'autant plus forte que, d'une part, elle viendra s'intriquer dans les enjeux proprement psychoaffectifs (notamment le complexe d'Œdipe), et que, d'autre part, elle sera renforcée par la présence d'enjeux semblables dans l'histoire des générations précédentes. Gaulejac a entre autres choses bien montré comment l'engagement militant pouvait représenter une tentative de se sortir de cette contradiction, comme si l'enfant disait à ses parents : «Oui, j'ai réussi et je me suis éloigné de vous, mais regardez comme, maintenant, je me sers du pouvoir social que j'ai acquis, non pour reproduire la domination sociale dont vous avez souffert mais pour la combattre». Certains des traits de l'engagement militant peuvent alors recevoir un éclairage particulièrement suggestif : la dimension auto-sacrificielle, sacerdotale, de cet engagement, comme si le militant voulait se punir de sa réussite sociale; le refus de toute compromission avec l'ennemi et l'idéalisation de la «classe populaire» pour laquelle on se bat (bien qu'on puisse en être très loin par la culture ou le mode de vie); le refus de jouir et de se réjouir en quelque manière de la situation présente, tant que subsistera dans ce monde la moindre part d'injustice.

Il ne s'agit pas, notons le bien, de condamner le militantisme au nom des motivations «impures» qui y conduisent parfois : après tout, il n'est pas rare que nous fassions de bonnes choses pour de «mauvaises» raisons, et ça ne les rend pas moins bonnes. Le problème, c'est que la nature *spécifique* de ces motivations personnelles a une influence sur la *forme* que prendra l'engagement politique, pour aboutir parfois à un point où cette forme (la fonction défensive) deviendra plus importante que le fond (le projet de faire progresser la société) et risquera de conduire à des effets contraires.

Pour terminer ces réflexions, notons que si des motivations «pathologiques» peuvent conduire au militantisme, celui-ci risque de venir en retour renforcer les structures psychiques de départ, engageant ainsi un cercle vicieux : ce ne sont pas seulement les défenses qui expliquent le militantisme mais aussi celui-ci qui durcit les défenses, et donc empêche la remise en cause des formes d'engagement, qui vont pouvoir se déployer de plus belle, et ainsi de suite. Cela peut aboutir, après quelques années de militantisme, à une dépendance totale des individus à l'égard de leur organisation : ils ont tellement bien trouvé en elle la réponse à leurs besoins défensifs, et ils ont tellement misé sur l'efficacité et la stabilité de ce soutien, abandonné les autres supports qu'auraient pu leur apporter une vie affective ou d'autres activités, qu'il leur devient pratiquement impossible d'en sortir, sauf au prix de graves crises personnelles (qui peuvent, parfois, les conduire précisément chez le psy).

Mais il peut arriver que l'expérience même de l'engagement militant soit en elle-même, quelles que soient les motivations de départ, une source de rigidité. Je pense ici plus particulièrement à ce que les psychologues sociaux ont nommé, justement, l'effet d'*engagement*[13]. Ils montrent qu'à partir du moment où j'ai posé un acte en étant convaincu qu'il était libre, qu'il relevait de ma propre volonté (et que ceci soit vrai ou pas), je me sens poussé à justifier cet acte par des pensées ou croyances correspondantes (c'est le mécanisme de rationalisation) et donc à confirmer cet acte en en accomplissant d'autres, qui vont dans le même sens. Imaginons un militant qui, pendant quelques années, a largement sacrifié sa vie à son organisation : il a abondamment rationalisé cet engagement en affirmant (et en s'affirmant à lui-même) une foi inébranlable dans les croyances qui peuvent le justifier. Imaginons maintenant qu'à un moment donné, malgré tout, ce militant *doute* de son choix, et envisage de le remettre en cause. Quel sens va-t-il pouvoir donner au fait que, volontairement et depuis tout ce temps, il a mis son existence au service d'une cause qui lui apparaîtrait soudain sans valeur, voire négative ? C'est une perspective assurément pénible à supporter, dont il pourra s'écarter en renforçant, au contraire, son engagement, rendant encore plus difficile les éventuelles remises en cause ultérieures. C'est à nouveau un cercle vicieux qui s'engagera, un véritable mécanisme d'auto-enfermement[14].

D'AUTRES VALEURS, POUR UNE AUTRE CITOYENNETÉ

Ainsi, quand on fait observer aux psy les contradictions entre les valeurs qu'ils promeuvent dans leur pratique et l'engagement militant, certains l'admettent volontiers, mais sans culpabilité aucune. Cela ne signifie pas, selon eux, qu'ils s'opposent nécessairement au développement de la citoyenneté, mais que celle-ci ne doit plus et ne peux plus prendre la forme militante classique, tant celle-ci est porteuse de valeurs humaines négatives.

Ils vont au contraire défendre une vision du monde social et politique s'opposant point par point à celle du militant. Tout d'abord, ils réaffirment les valeurs de liberté et d'autonomie individuelle. Alors que, on l'a vu au chapitre précédent, la critique politique de la psy prétend réduire cette recherche à une sorte de complot de la « mondialisation capitaliste », ils montrent que c'est au contraire le fil conducteur, depuis 25 siècles, du progrès humain. La démocratie athénienne, la religion chrétienne dans ce qu'elle a de meilleur, les revendications d'autonomie des villes et des nations, la philosophie des lumières, les combats républicains, tout cela, disent-ils, converge vers ce projet : libérer l'homme de ses servitudes ancestrales, lui offrir la possibilité de conduire sa propre vie comme il l'entend, dans le seul respect de la liberté des autres. Que cette recherche donne lieu à quelques détournements intéressés du côté de l'économie, c'est incontestable et déplorable, mais cela ne doit pas nous détourner de l'essentiel. Veut-on proposer à l'homme de retourner vers la soumission aux groupes, aux hiérarchies et aux dogmes ? C'est ce que fait le militant pour son compte et ce qu'il propose aux autres. C'est ce que refuse la psy : par la thérapie ou dans les stages de développement personnel, les personnes viennent construire, pas à pas, une réelle capacité d'autonomie, d'exercice de leur liberté. Et, oui, elles se soucient de leur propre bonheur. Mais qui peut prétendre contribuer au bonheur de l'humanité s'il n'est d'abord capable de construire le sien ?

Par ailleurs, les psy refusent de voir le monde humain comme un champ de bataille, avec des ennemis sataniques et des masses plus ou moins stupides. Leurs pratiques dérivent pour beaucoup d'entre elles du courant de la psychologie humaniste. Le principe de base de cette psychologie est simple, c'est un principe de confiance : tous les êtres humains sont capables à la fois de bienveillance et de conscience. Personne ne peut être totalement méchant, personne ne peut être totalement ignorant. Et si quelqu'un a des progrès à faire vers le bien ou vers la connaissance, c'est lui qui le décidera et il sera capable de faire le chemin par lui-même pour autant qu'on lui en donne les moyens. Ce n'est pas de l'angélisme : les hommes ne sont pas des anges, mais ce ne sont pas non plus, jamais, des démons. Il s'agit de les regarder tels qu'ils sont et leur donner la possibilité de révéler ce qu'il y a de meilleur en eux.

Certes, il y a aussi parmi eux des psychanalystes, qui affichent volontiers une foi anti-humaniste : non, disent-ils, le moi ne sera jamais « maître dans sa propre maison », l'autonomie du sujet est un leurre ; non, l'homme n'est pas fondamentalement bon et tourné vers la recherche du bien, il est traversé par des pulsions haineuses et destructrices, il est hanté par la pulsion de mort. Mais, comme l'a bien montré MacIntyre[15], il y a un contraste souvent saisissant entre ces affirmations et la pratique effective des analystes, à commencer par celle de Freud, qui est profondément imprégnée par une approche humaniste classique.

D'une manière générale, le premier but de la psy est de voir le monde tel qu'il est, et d'aider ses clients à faire de même. Un monde ni totalement misérable, ni paradisiaque. Un monde complexe, qui résiste à nos tentatives de le rendre conforme à nos idéaux. Le malheur y est présent, et il continuera à y être, ne serait-ce que sous la forme de la mort, de l'absurdité ou de la solitude. On ne peut pas espérer transformer en «tout bon» un monde qui serait «tout mauvais». Mais ceux qui viennent en psy y trouvent des ressources utiles pour apporter chacun leur contribution au progrès humain, une contribution nécessairement modeste, mais qui, recommencée chaque jour et jointe à celle des autres, pourra aboutir, non pas au paradis mythique, mais au progrès réel.

Enfin, puisqu'on a observé que ce sont surtout des femmes qui s'engagent dans un travail sur elles-mêmes, les psy veulent y voir un signe positif et non négatif. Les femmes représentent depuis toujours la partie dominée de la société et elles ont été largement écartées du pouvoir. Mais, aujourd'hui, en raison même de leur histoire, elles représentent un formidable potentiel pour le progrès social. Encore faut-il qu'elles puissent être entendues, qu'elles sachent et osent se faire entendre, remettre en cause les certitudes simplistes de leurs compagnons, exercer elles aussi du pouvoir. Grâce à leur travail psy, elles peuvent reprendre confiance en elles, développer leurs ressources propres et en faire profiter l'humanité entière.

Ainsi, les psy ont-ils détourné les citoyens de leur devoir vis-à-vis de la Cité ? Peut-être ont-ils, en effet, contribué à déboulonner l'image du citoyen tyrannique et sacerdotal, du militant. Mais on devrait plutôt s'en réjouir.

Car ce n'était qu'une figure particulière, historiquement marquée, du citoyen, comme d'autres qu'il peut maintenant rejoindre au musée : le citoyen romain ou le révolutionnaire du XVIIIe siècle. Aujourd'hui, au seuil du XXIe siècle, c'est une autre figure qu'il nous faut découvrir et créer, adaptée aux enjeux du moment. Le citoyen dont nous avons besoin, c'est celui qui est capable réellement de décider par lui-même de ce qui est juste, d'approcher positivement tous les autres humains, de contribuer patiemment à faire le bien sans prétendre soumettre le monde à ses idéaux. Et ce citoyen-là, la psy peut contribuer à le construire.

NOTES

[1] Voir chapitre 10.
[2] J.-A. Miller, *Michel Foucault philosophe*, cité par Prokhoris, *Le sexe prescrit*, p. 87.
[3] Chapitre 4.
[4] Kardiner, *L'individu dans sa société*.
[5] J'utiliserai ici largement les travaux de Jacques Ion, *La fin des militants ?*
[6] L'opposition entre société holiste (traditionnelle) et société individualiste (moderne) a surtout été développée par Louis Dumont, notamment dans ses *Essais sur l'individualisme*.
[7] Ce dernier défaut, mais aussi l'ensemble du modèle militant, ont été radicalement remis en cause par le féminisme des années post-68. Mais la volonté de ne pas reproduire les travers, dans un monde qui par ailleurs n'avait pas changé, a sans doute beaucoup contribué à la faiblesse organisationnelle du mouvement féministe, qui se voulait, précisément, une anti-organisation.
[8] *La fin des militants ?*, p. 91 *sq*.
[9] Chantal Thomas, *Comment supporter sa liberté*.
[10] Bergeret, *La violence fondamentale*.
[11] Rokeach, *The open and closed mind*, cité par J.P. Deconchy, Systèmes de croyance..., p. 336 *sq*., et par M. Billig, *Racisme, préjugés et discrimination*, p. 462 *sq*.
[12] V. de Gaulejac, *La névrose de classe*. Gaulejac a ainsi longuement commenté les écrits autobiographique d'Annie Ernaux (les armoires vides, la place, une femme, la honte, etc.).
[13] R. Joule & J.-L. Beauvois, *Petit traité de manipulation à l'usage des honnêtes gens*.
[14] Qui n'est pas propre au militantisme, notons-le quand même : on le retrouve aussi pour la religion, pour le travail, pour la consommation ou pour le mariage.
[15] A. Mac Intyre, *L'inconscient*.

Chapitre 3
Conciliation

On l'a vu, les positions en présence ne manquent ni de vigueur, ni d'arguments. Comme elles se présentent comme fortement conflictuelles, nous nous trouvons devant une sorte de procès, avec un réquisitoire contre les méfaits politiques de la psy, suivi d'une plaidoirie de la défense... en forme de contre-attaque. En fin de compte, nous pourrions nous sentir portés à devoir juger, en condamnant l'une des deux parties et en absolvant l'autre. Bref, choisir notre camp.

Mais, comme on le sait, notre conception de l'exercice de la justice évolue. En matière civile, au moins, lorsqu'il n'y a ni délit ni crime mais seulement conflit entre deux parties, le simple fait de déclarer l'un coupable et l'autre victime ne semble pas toujours la réponse la plus appropriée. Car il laisse brisé le lien social, parfois essentiel, toujours important, qui unissait les deux parties. Et il ne prend en compte que les potentialités destructrices du conflit (qu'il s'efforce donc de réduire au plus vite au silence), en en négligeant les potentialités créatrices. Si le lien pouvait être maintenu, en ne niant pas sa dimension conflictuelle mais en lui offrant un débouché qui pourrait être reconnu comme satisfaisant pour les deux parties, on aurait lieu d'être plus satisfait. C'est le but de l'ouverture accrue de notre justice, depuis quelques années, aux démarches de médiation ou de conciliation.

C'est ce que je vais tenter de faire dans ce court chapitre, d'où découlera toute la suite : non pas choisir mon camp en renvoyant l'autre à ses erreurs, mais écouter ce qu'il y a de juste dans chacune des deux positions, et inviter les deux parties à se rapprocher l'une de l'autre, pour chercher ensemble une voie de progression par rapport à un problème qui les unit autant qu'il les sépare.

En bon médiateur, je commencerai par poser que... chacun a raison. La critique politique de la psy est dans le vrai, d'abord quand elle rappelle l'importance, dans une démocratie, de l'engagement de chaque citoyen dans les affaires publiques. Je soulignerai au passage que cette affirmation ne porte pas sur une forme particulière de celui-ci (notamment le militantisme classique), mais sur le *principe* de cet engagement, toutes formes confondues : oui, il est important que les citoyens se sentent concernés par ce qui arrive dans le monde social où ils vivent, par les lois que vote leur assemblée, par les décisions des divers pouvoirs exécutifs, par les conflits qui opposent des groupes sociaux, par les souffrances que vit une partie de la population, par les hypothèques qui pèsent sur notre avenir ou sur celui des générations futures. Et, oui, puisqu'ils sont concernés, il leur appartient de trouver les moyens d'agir pour influer sur tout cela dans le sens qui leur paraît souhaitable. On notera toutefois au passage que des phrases telles que « il est important de » et « il leur appartient de », pour intimidantes qu'elles puissent vouloir être, sont assez vagues (*qui* dit que c'est important ? *qui* donne l'ordre de...?), et surtout qu'elles risquent de rester peu efficaces si les arguments de principe ne sont pas relayés par de réelles motivations personnelles. Mais nous y reviendrons[1].

Il me semble aussi que les reproches qui ont été adressés au travail psy sont également justes. Il est incontestable que quelqu'un qui se consacre à son analyse, à sa psychothérapie ou à son cursus de développement personnel est *très* occupé et préoccupé par ce projet, et en vient souvent à ne plus beaucoup s'inquiéter du monde autour de lui, ni pour le comprendre, et encore moins pour le changer. Tout aussi manifeste est le fait que le discours psy et la pratique qu'il soutient ont fortement tendance à faire l'impasse sur des aspects de la vie pourtant importants, en l'occurrence tout ce qui relève de la sphère sociopolitique, qui est soit ignorée, soit recodée en termes psychologisants. Enfin, on ne peut qu'être troublé par la convergence de certains aspects du discours psy avec les valeurs dominantes, c'est-à-dire les valeurs des groupes sociaux dominants, qu'il s'agisse du principe général de la lecture prioritairement « interne » des comportements et des événements, ou des compétences personnelles requises aujourd'hui par les organisations de travail.

Mais je crois que la réplique des psy est également justifiée, notamment quand ils mettent en évidence la contradiction entre les aspirations au progrès social et la forme militante que prennent certaines des actions qui prétendent favoriser ce progrès. Je rejoins volontiers l'hypothèse suivant laquelle il s'agit aujourd'hui d'inventer de nouvelles formes de citoyenneté (ou, si l'on veut, de militantisme), et que cette invention peut être non pas contrecarrée mais au contraire favorisée par certaines formes de « travail sur soi ».

Les deux discours, donc, me semblent justes dans l'ensemble. On notera d'ailleurs que, derrière leur opposition apparente, ils ne se répondent pas réellement : les psy ne se sont pas disculpés des reproches qui leur étaient adressés, et les politiques n'ont pas abordé la question des formes de l'engagement politique, en particulier de leur modernisation éventuellement nécessaire. En fait, les deux propos s'opposent moins sur des visions contraires qu'ils ne traitent de questions différentes : il est donc tout à fait possible d'associer à l'un les thèses de l'autre, pour former une description plus complète.

Mais si ces deux discours me paraissent justes, ils me semblent aussi, si j'ose dire, largement *à côté de la question*. Commençons par la critique politique de la psy. Tout part d'un souci dont j'ai dit combien il me paraissait légitime : celui de la rareté, voire du mouvement de raréfaction toujours plus poussé de l'engagement politique dans la société contemporaine. Mais comment peut-on sérieusement penser que c'est la pratique psy qui est responsable de ce problème ? Celui-ci provient d'une part d'un processus historique de longue durée qui est celui de la valorisation de la vie ordinaire[2] : il est acquis, et toute notre culture va dans ce sens, que consacrer son existence à son travail, à sa famille, à ses occupations quotidiennes est une forme de vie tout à fait digne et acceptable, et qu'il n'est pas nécessaire, pour prétendre mener une vie respectable, de choisir entre la voie active à l'ancienne (l'engagement politique ou guerrier) ou la voie contemplative (l'engagement philosophique et religieux). La psy, qui est un phénomène bien plus récent et incomparablement plus léger (une vaguelette par rapport à la marée des évolutions culturelles de longue durée) n'est évidemment pas pour grand chose dans tout cela. D'autre part, si le processus de dépolitisation atteint depuis quelques années des extrêmes, c'est également par la conjonction d'un ensemble de processus lourds : la déception par rapport aux attentes passées, la puissance des forces qui dominent le marché mondial, le culte scientiste de l'expertise, la moralisation excessive de toutes les questions sociales, la valorisation générale du cynisme et de l'intérêt immédiat, etc. Là encore, la contribution de la psy me paraît secondaire, pratiquement anecdotique.

Par ailleurs, il me paraît clairement injuste et erroné de réduire le développement, incontestable, des pratiques psy à je ne sais quel complot visant à préserver l'ordre établi. Il répond à une véritable quête de la part de ceux pour qui la vie est difficile, sur un plan non pas matériel mais existentiel. Et il me semble que ceux qui tournent en dérision ces souffrances existentielles en stigmatisant le «nombrilisme» sous-jacent et en renvoyant ceux qui s'y laissent prendre à des préoccupations plus sérieuses feraient bien de se méfier : rien ne dit qu'ils y échapperont indéfiniment. La fragilisation du sujet humain en raison de la progression de l'individualisme et de la liberté[3] est, là aussi, un processus historique de longue durée auquel nous participons, que cela nous plaise ou non. La psy est une tentative d'y répondre et il est heureux que cette réponse existe. Je suis par ailleurs convaincu que l'engagement politique peut être une autre forme de réponse, complémentaire à la première[4], mais pour le comprendre il faut d'abord faire taire les anathèmes.

Si nous nous tournons maintenant vers le discours psy, nous aurons aussi quelques reproches à lui faire. Stigmatiser l'engagement militant traditionnel, non sans en exagérer les traits, c'est juste, mais c'est un peu facile. Facile comme de tirer sur une ambulance : oui, le militantisme d'autrefois est aujourd'hui mal en point, ce qui débouche, faute de réelles alternatives, sur une crise de l'engagement politique. Ce n'est pas en s'acharnant à la critique d'une forme de vie qui semble de toute façon vouée à la disparition qu'on fera réellement avancer les choses. Poser ensuite comme une pétition de principe que le travail analytique, thérapeutique ou de développement personnel va au contraire, par sa nature même, permettre à ceux qui s'y livrent de devenir les « vrais » citoyens de demain, capables de développer les formes d'engagement les plus positives, c'est également facile, mais cela évite de se poser précisément la question de la façon dont on passe de l'un à l'autre. Comment nier aussi que certaines des souffrances qui amènent au psy ses clients pourraient être bien plus faciles à soulager si la société était différente de ce qu'elle est, autrement dit que le psy a aussi à apprendre du politique, y compris dans la perspective propre qui est la sienne ?

Ainsi, chaque discours, le politique et le psy, serait porteur d'une part de vérité et aurait simplement le tort de désigner l'autre comme ennemi. Allons-nous alors simplement les renvoyer dos-à-dos, chacun dans son monde, l'un cherchant par ses propres moyens à réactiver le politique, l'autre à accompagner les évolutions personnelles de ceux qui le lui demandent ?

Mais ces deux mondes sont-ils si opposés que cela ? Derrière leur opposition apparente, il est temps de voir qu'ils ont en commun quelque chose d'essentiel qui devrait plutôt les rapprocher, une même attitude de base face au monde, la recherche active et rationnelle du bien. Le problème est vite posé : ce monde est imparfait, et moi le premier : que vais-je faire ? Vais-je choisir de l'ignorer ou, si j'y suis malgré moi confronté, prétendre que le mieux est de s'y faire et d'essayer de s'en tirer à moindre mal ? Le politique et le psy ont en commun de refuser cette « solution ». Ils sont marqués par une même *volonté consciente*, le refus du destin, le refus d'accepter son sort tel qu'il est donné, tel qu'il évolue spontanément ou sous l'influence des autres. Les uns se centrent sur le vécu individuel et intime, les autres sur la vie collective et publique, mais c'est bien la même attitude « prométhéenne » : je veux être maître de mon destin. Là où les psy relaient volontiers le vieux précepte « une vie sans examen n'est pas une vie réellement vécue »[5], les politiques répondent, sur le même ton : « Une société sans examen n'est pas une société digne d'être vécue ».

La ligne de clivage la plus importante ne passe donc pas entre les psy et les politiques, mais entre eux, réunis, et la masse, incomparablement plus nombreuse et puissante, de ceux qui pensent que, de toute façon, il n'y a rien à faire, qu'on est comme on est et que le monde n'est pas susceptible d'être amélioré. Que ce qu'on peut faire tout au plus, c'est s'inscrire tel qu'on est dans le jeu tel qu'il est, de bien gérer sa carrière, ses affaires et sa santé, choisir le bon quartier pour sa résidence et les meilleures écoles pour ses enfants et surtout bien fermer ses volets pour se tenir à l'écart des tourments, tant personnels que politiques.

Mais cette ligne de clivage traverse aussi *chacun* des deux mondes. Car il n'y a pas qu'une seule manière d'agir en politique, et il n'y a pas qu'une seule manière de pratiquer la psy, et toutes ne sont pas également favorables au progrès humain : certaines s'en désintéressent, certaines s'y opposent. Certaines formes d'engagement politique, quelle qu'ait été leur valeur à une époque donnée, ne peuvent aujourd'hui qu'être perçues comme profondément régressives, réactionnaires, même quand elles prétendent en toute bonne foi être tournées vers l'avenir. D'autres au contraire non seulement sont réellement efficaces dans la création d'un ordre social meilleur, mais sont également favorables à la réalisation personnelle de ceux qui s'y livrent. De même, certaines pratiques psy, en enfermant leurs clients dans une recherche trop fermée sur eux-mêmes, sourde aux dimensions sociales et historiques qui sont pourtant partie intégrante de toute existence personnelle, sont non seulement puissamment démobilisatrices sur le plan politique, mais aussi peu efficaces, voire nuisibles à un développement personnel digne de ce nom. D'autres psy, au contraire, quitte à secouer un peu les habitudes de leur métier, entreprennent de tenir la promesse exprimée à la fin du précédent chapitre : accompagner des hommes et des femmes pour qu'ils deviennent à la fois « bien dans leur peau » *et* citoyens actifs, bien dans leur peau *parce que* citoyens, et citoyens *parce que* bien dans leur peau.

La suite de ce travail sera consacrée à la fois à une illustration de l'hypothèse de convergence potentielle entre le travail politique et le travail psy, et à l'exploration, dans chacun des deux domaines, des « bonnes pratiques » qui viennent d'être évoquées. À vrai dire, j'aborderai très peu la question de la construction des nouvelles formes d'action citoyenne. Parce que je pense qu'il ne faut pas essayer d'embrasser en une seule fois une matière trop large, sous peine, comme chacun sait, de mal étreindre. Mais aussi simplement parce que, en l'état actuel de mes recherches, je ne me sens aucune compétence particulière en la matière. Tout au plus puis-je essayer d'y contribuer pratiquement, sur le terrain, en tant que citoyen engagé.

Par contre, en tant que psy, client de psy et observateur de longue date des pratiques psy, je pense pouvoir apporter quelques éclairages sur la manière dont ces pratiques pourraient être davantage ouvertes à la dimension politique. Toutefois, avant d'en venir là, il me semble nécessaire de prendre un temps pour clarifier cette notion d'engagement politique, à laquelle je fais référence depuis le début comme si tout le monde savait ce que c'était, pourquoi elle est aujourd'hui devenue si rare et pourquoi il n'est pas bon qu'elle le soit.

NOTES

[1] Voir le chapitre 6.
[2] Taylor, *Les sources du moi*, p. 273 *sq*. Voir plus haut, Introduction.
[3] Voir chap. 7.
[4] Voir chap. 6.
[5] Cité par Canto-Sperber, *L'inquiétude humaine et la vie morale*, p. 226.

DEUXIÈME PARTIE

S'ENGAGER

Chapitre 4
L'embarras du choix

Comme on l'a vu dans les débats de la première partie, la discussion sur l'engagement politique aujourd'hui prend souvent la forme d'un dialogue de sourds : c'est que certains évoquent l'engagement dans la cité en général, alors que d'autres ont en tête des formes particulières de cet engagement, notamment la forme *militante* qui a été largement dominante pendant deux siècles, et en particulier dans les décennies 50-80.

Le propos de ce chapitre est de faire venir au premier plan une définition la plus ouverte possible de la question, en passant en revue, autant que faire se peut, toutes les formes possibles d'engagement. Mon but avoué est que cette exploration fonctionne comme une mise en appétit ou une invitation : que ceux qui n'ont aucun engagement puissent y trouver quelque chose qui les tente, et que ceux qui en pratiquent une forme particulière qui, avec le temps, leur apparaît comme une évidence, puissent y trouver une occasion de s'intéresser aux autres formes possibles, pour confirmer leurs choix initiaux ou au contraire les remettre en question.

Ensuite, nous pourrons nous demander, au chapitre suivant, comment il se fait que toutes ces possibilités soient si peu investies par les citoyens, puis, au chapitre 6, ce qui pourtant en fait la valeur.

DANS LA SPHÈRE POLITIQUE

Pour mettre un peu d'ordre dans les différentes possibilités, nous pouvons reprendre la différenciation classique de la vie sociale en trois sphères. La sphère politique *stricto sensu* est celle de l'État, sous ses multiples formes. Ici, tout tourne autour de la loi (qui prescrit ce qui est interdit et ce qui est obligatoire), et de ses moyens d'application, notamment l'administration et l'exercice légitime de la force. Avec la montée de ce qu'on a appelé l'État providence, la sphère politique comporte de plus en plus une part affirmative, qui ne se contente plus de réglementer les actes des citoyens mais qui apporte directement à ceux-ci, et notamment aux plus démunis, des services jugés nécessaires : éducation, santé, culture, aide sociale, etc. C'est aussi le domaine des relations politiques internationales, où la loi est moins puissante et la force plus décisive.

Dans cette sphère, en démocratie, l'engagement politique se joue essentiellement autour de la désignation des représentants légitimes du peuple. La première manière de s'engager sera donc de se proposer soi-même pour devenir un de ces représentants, à l'une ou l'autre des échelles géographiques d'organisation de l'État. L'autre manière sera, bien entendu, de participer à la désignation en votant. Mais un citoyen actif ne s'engagera pas dans un tel acte sans avoir pris les moyens de l'accomplir de manière éclairée : il recueillera donc les informations nécessaires, s'efforcera de comprendre les enjeux, de détenir les connaissances nécessaires. Pour cela, il lira les journaux et les livres spécialisés, il écoutera les débats, discutera lui-même avec son entourage.

Dans une démocratie moderne, le fonctionnement du suffrage universel ne peut se réduire à un face à face entre des candidats auto-désignés et les électeurs auxquels ils se proposent : le processus de désignation doit être structuré par un travail collectif et institutionnel auquel contribuent de nombreuses organisations parmi lesquelles, au premier chef, les partis politiques. Ceux-ci jouent un rôle indispensable dans l'élaboration de la réflexion et des projets politiques, dans l'animation générale du débat politique, dans la désignation d'une grande partie des candidats, dans la structuration des campagnes électorales. S'engager dans un parti politique est donc une bonne manière à la fois de contribuer à toutes ces tâches et de pouvoir être un candidat plus solide que si l'on ne se réclame que de soi-même. Aux côtés des partis politiques, diverses autres organisations, clubs de réflexion, associations thématiques, presse d'opinion, apportent également une contribution à cette structuration de la démocratie représentative : s'y engager est aussi une manière d'y être présent, même si c'est de manière plus indirecte.

Une fois élus, les représentants vont devoir faire leur travail, et ils ne pourront le faire seuls. Une autre manière de s'engager sera de participer à ce travail, soit simplement pour les aider à aller dans un sens qui nous paraît le bon, soit pour tenter d'infléchir leur action dans un sens qui nous paraîtra meilleur. Les partis politiques continueront ici à jouer un rôle, mais on peut aussi s'y engager plus directement, soit en rejoignant directement l'élu dans son travail propre (en intégrant son cabinet, formel ou informel), soit en devenant un agent de la puissance publique (ce qu'on appelle un fonctionnaire), avec le souci de n'être pas un simple exécutant passif mais aussi un serviteur motivé d'une action qu'on perçoit comme juste, soit enfin en se positionnant comme partenaire de l'action publique, par l'intermédiaire des nombreuses associations, fondations et autres groupements sans lesquels l'État moderne serait pratiquement réduit à l'impuissance.

Il arrivera que les représentants ne se contentent pas de la légitimité issue du suffrage et qu'ils souhaitent maintenir, pendant la durée de leur mandat, un mécanisme de démocratie participative directe, c'est-à-dire qu'ils souhaitent continuer à associer la population aux décisions qui les concerne. Cela fournira, bien entendu, de nouvelles occasions d'engagement politique : rencontre avec les élus dans leurs permanences, participation aux enquêtes publiques, aux référendums locaux, aux commissions extra-municipales, aux conseils de quartier, aux conseils de jeunes ou d'anciens, aux réunions de débat avec les élus, aux forums citoyens ou aux états généraux d'un secteur ou d'une profession, etc. Les services publics ou parapublics en tant que tels mettent également en œuvre, et de plus en plus, des formes de participation de leurs usagers : se positionner vis-à-vis de ces services non seulement en tant que «bénéficiaire» ou «client» mais comme un usager à part entière, c'est-à-dire comme un citoyen dont c'est partiellement «la chose», avec ce que cela suppose à la fois de respect et d'exigence, c'est aussi une forme d'engagement politique.

Même si les élus ou leurs services ne mettent pas en place de tels mécanismes participatifs, ou en complément de ce qu'ils font, les citoyens peuvent évidemment se mobiliser de leur propre chef pour faire pression sur les décisions politiques (sur les décisions proprement dites, à tous les niveaux, ou sur leurs modalités d'application administrative). Les moyens d'action, ici, sont divers et bien connus et consistent essentiellement en interventions dans l'espace public : présence dans les médias et sur la voie publique (manifestations, collages d'affiches, occupations de locaux), diffusion d'informations, pétitions, voire action illégale ou para-légale (désobéissance civile, destruction symbolique d'objets ou de locaux, blocages de voies de circulation, intimidation, séquestration, marchandage et menace de représailles économiques, empêchements divers de l'action adverse...). L'enjeu, ici, est à la fois de réussir à se rendre visible et à apparaître comme légitime. C'est dire que l'action individuelle, quand on est un citoyen ordinaire, a peu de chance d'être efficace. L'engagement prendra donc le plus souvent la forme de participation à des mouvements collectifs, partis, associations, coordinations, syndicats, etc.

DANS LA SPHÈRE CIVILE

La sphère civile est celle des relations entre personnes privées, physiques ou morales. Elle n'est pas régie par la loi et l'intervention de la puissance publique (sauf pour garantir les droits fondamentaux des individus) mais par les normes sociales, les coutumes, les contrats et les rapports de force. La répartition des pouvoirs ne fait pas l'objet d'une procédure formelle, mais émerge du jeu des forces en présence.

On rencontrera ici, tout d'abord, la vie économique, et notamment les rapports de production, qui réunissent et opposent les employeurs et les salariés. Nous sommes ici dans le domaine des relations sociales, au sens restreint, qui sont en principe des relations privées mais dont la centralité dans notre société est telle qu'elles ont des implications fortement politiques. L'engagement dans ces relations (syndicats de salariés, d'un côté, organisations professionnelles, de l'autre) est bien une composante de l'engagement politique. L'action pourra comporter une dimension fortement conflictuelle et recourir à tout l'éventail des moyens de pression politique que nous avons énumérés dans la section précédente.

Depuis quelques années, la vision des relations sociales a changé et elles ne sont plus perçues comme nécessairement et toujours antagonistes. Certains partenaires, de part et d'autre, considèrent que certains projets d'entreprise peuvent avoir une portée politique sur laquelle salariés et employeurs pourraient s'allier et non s'opposer. On peut évoquer par exemple : l'enrichissement des tâches, l'introduction de formes de démocratie interne, les politiques de formation permanente, notamment en faveur des salariés les moins qualifiés, les politiques de lutte contre la discrimination sexiste ou raciste, le mécénat social ou culturel, la contribution aux politiques publiques d'insertion professionnelle ou de développement social, la prise en compte des impacts environnementaux, etc. Quand on est salarié, employeur ou cadre, prendre une part active à la définition, à la promotion et à la réalisation de tels projets peut être considéré également comme un engagement politique.

Toujours dans le domaine de la production économique, il faut mentionner l'existence d'un « tiers secteur » ne relevant ni de l'administration publique, ni des entreprises commerciales capitalistes. Ce secteur est pour l'instant faible, sinon économiquement mais du moins politiquement. Certains observateurs considèrent qu'il comporte un potentiel important d'innovation sociale et politique[1]. Il s'agit d'un vaste ensemble assez hétérogène où l'on retrouvera les associations, les mutuelles, les coopératives, les régies de quartier, les entreprises d'insertion, les réseaux d'économie solidaire, etc. Le moins qu'on puisse dire, toutefois, c'est que ledit potentiel d'innovation ne semble pas toujours se réaliser autant qu'on pourrait l'espérer. Décider de travailler dans de telles structures, voire d'en créer une, et surtout de les faire évoluer vers des formes sociales réellement enrichies, voilà une autre forme possible d'engagement.

Avant de quitter le domaine des relations économiques, il nous faut dire un mot aussi de la consommation. Les organisations de consommateurs pourraient constituer de précieux contre-pouvoirs pour limiter certaines des dérives des organisations marchandes. Mais elles sont, en France, particulièrement faibles : les rejoindre et les soutenir est aussi une forme d'engagement. On pourra en dire autant des organisations de consommateurs plus spécialisées : d'usagers des transports en commun ou de la bicyclette, de locataires, etc.

Si nous quittons maintenant le champ de l'économie marchande, avec ses partenaires salariés et consommateurs, nous rencontrons de nombreuses autres composantes de la vie civile. Lorsqu'elle sont organisées, c'est généralement sous forme d'associations[2]. Comme on le sait, la vie associative est en France particulièrement dynamique et valorisée[3] et certains pensent même que c'est là que se trouve le plus fort potentiel de progrès de la vie politique[4]. Il faut toutefois nuancer, en introduisant une distinction entre deux grands types d'actions associatives. Certaines sont uniquement tournées vers l'intérieur, c'est-à-dire qu'elle ont pour objet de fournir à leurs membres un certain type de service, ou de leur permettre de se livrer à une activité qui les intéresse. Qu'il s'agisse de pratiquer un sport, de prier ou de festoyer, l'enjeu politique est ici mince. Il n'est toutefois pas nul puisqu'il manifeste et entretient la capacité des citoyens à prendre en main collectivement leur propre destin, sur un mode en principe démocratique.

Le second type d'action est, lui, tourné vers l'extérieur : si les membres se réunissent, c'est pour conduire une action dont ils sont les sujets mais qui vise d'autres cibles. Cette action pourra être principalement de deux ordres : promotionnelle, quand il s'agit de faire valoir les intérêts des membres ou de leur groupe auprès d'autre interlocuteurs, soit sur un mode revendicatif, soit sur un mode de mise en valeur ; de solidarité quand le but est d'apporter de l'aide à d'autres groupes de personnes. L'engagement dans une telle activité est évidemment beaucoup plus directement politique. Il ne sera d'ailleurs pas rare qu'il comporte une forte composante de pression politique sur les élus concernés.

Enfin, la vie civile ne se réduit pas à la vie organisée. Il y aussi toutes les rencontres que nous pouvons avoir dans la ville, à chaque fois que nous croisons les autres citoyens. Ces rencontres peuvent avoir un enjeu concret (une transaction, un échange d'information, une demande d'aide) ou aucun. Mais dans les deux cas, la culture démocratique prescrit le respect d'un certain nombre de règles de conduite qui ont été regroupées sous la rubrique de *civilité*. L'enjeu politique de cette civilité est non négligeable, dans la mesure où, en principe, elle a pour but de rappeler concrètement et à tout moment certaines des valeurs centrales de cette culture : la reconnaissance à tous d'une égale dignité, le respect de la vie privée, l'ouverture à la communication, la non-violence. On pourrait donc dire que le respect de cette civilité, avec tous et dans toutes les circonstances, est le degré zéro, le minimum d'engagement politique. Mais ce n'est pas toujours si simple, car les « bonnes manières » civiles peuvent parfois être perçues comme des faux semblants qui masquent ce qui continue à se passer derrière le décor : des actes graves de violence physique et symbolique, des atteintes inacceptables à la dignité, à la vie privée, à la communication. Ainsi, le citoyen pourra être conduit légitimement, pour dénoncer ces faux semblants, à adopter des comportements apparemment incivils.

Ceci nous conduit à une dernière forme d'engagement civil : quand le citoyen se trouve spectateur, dans un lieu quelconque, d'une situation qu'il juge politiquement inacceptable. L'engagement politique, c'est aussi, alors, d'intervenir pour faire cesser cette situation, soi-même si on en a les moyens, ou en faisant appel à d'autres si cela est nécessaire.

DANS LA SPHÈRE PRIVÉE

La sphère privée, c'est celle de l'action individuelle libre, en ce qu'elle ne relève ni de la loi (ce que je fais n'est ni obligatoire, ni interdit), ni des contrats et autres sources contraignantes de pouvoir social. Je le fais parce que « j'en ai envie », et cela ne concerne que moi ou mes relations intimes.

Nous y rencontrerons un premier enjeu politique autour du respect de la loi et, plus largement, du bien public. À vrai dire, nous ne sommes pas en principe ici dans la sphère privée : si la loi prescrit quelque chose, et dans la mesure où elle est issue d'une décision démocratique, cela fait partie de mon devoir d'être politique de lui obéir. Mais nous ne voyons pas toujours ainsi : nos concitoyens ont une fâcheuse tendance à penser et à agir comme si une infraction au code des impôts, au code de la sécurité sociale (le travail non déclaré, par exemple) ou au code de la route, ne constituait pas une infraction à proprement parler mais une petite liberté qu'il est après tout bien compréhensible de prendre. De la même manière, ils considéreront souvent que s'approprier un bien public ou le dégrader est moins grave que si l'on s'en prend à une propriété privée, que seul ce second acte peut réellement être considéré comme un vol, par exemple. À tel point que nous vivons comme un choix privé, qui relève de notre seule bonne volonté, le fait de respecter certaines lois et certains biens. Puisqu'il en est ainsi, il faut bien que nous renvoyions à la sphère privée l'engagement politique qui consiste à obéir à la loi, même lorsqu'elle ne nous arrange pas, et à respecter le bien public, même quand il nous tente.

Mais plus intéressants sont les actes privés proprement dits, que je suis réellement libre de poser ou pas, et qui ont une portée politique. Certains de mes actes quotidiens, en effet, constituent une prise de position en acte dans un débat politique, pour ou contre une évolution sociale en cours. Et l'enjeu n'est pas seulement symbolique : mon acte aura un effet, certes minime mais indubitable, soit par un simple effet additif (si je réduis ma propre émission de pollution, il y aura moins de pollution au total), soit surtout en accélérant une évolution sociale en cours (je rejoins alors les innovateurs qui, devenant plus nombreux, vont accroître leur capacité de diffusion de l'innovation), soit en m'y opposant (en montrant qu'il est possible et défendable de la refuser, je pourrai recruter de nouveaux «résistants»).

Le premier exemple qui me vient est celui des relations hommes-femmes, dans le couple plus particulièrement. Comme Kaufmann l'a exprimé avec beaucoup de clarté, «L'égalité de la femme n'est pas une petite affaire ; l'égalité de la femme n'est pas une affaire de femmes. C'est, sinon l'axe central, du moins l'indicateur clé de la réalité du processus démocratique. Outre le système politique, la démocratie est le processus social qui permet, plus profondément, de rompre avec la tradition, de choisir personnellement, dans tous les domaines : les idées, les valeurs, la vie quotidienne. Or, l'inégalité entre les hommes et les femmes non seulement tient à l'écart ces dernières, mais également bloque la capacité d'invention démocratique dans les secteurs de la société basés sur le rapport entre les hommes et les femmes, notamment la famille. C'est plus qu'une injustice : une limite de l'avancée démocratique»[5].

Très clair également est l'enjeu de l'éducation. Si je ne me préoccupe pas seulement de favoriser la réussite de mes enfants dans la compétition sociale, mais que je leur transmets des traits de caractère et de comportement conformes aux valeurs politiques qui me paraissent essentielles, je pose bien un acte politique (même si ça ne me facilite pas nécessairement la vie, si cela doit les conduire à des attitudes moins compétitives dans la société, ou moins soumises à mon égard). Enfin, le domaine de la consommation et des déplacements est bien entendu un domaine tout particulièrement favorable aux engagements politiques privés, lorsqu'on s'efforce de réduire le gaspillage et la pollution, de privilégier des produits éthiques ou de décourager certaines pratiques économiques (publicités sexistes, par exemple).

QUATRE TENSIONS

J'ai volontairement donné à ce qui précède la forme d'un catalogue, d'une énumération sans ordre et sans classement. Pourtant, il est manifeste que cette liste n'est pas homogène : la désignation générale et vague d'« engagement politique » recouvre de toute évidence des objets très différents, au point qu'on pourrait s'interroger sur la légitimité de ce regroupement.

Il me semble pourtant que ces différences, ces oppositions ou ces contradictions entre les différentes formes d'action politique renvoient à des tensions essentielles, constitutives de la problématique même de l'engagement. J'aborderai quatre de ces tensions, en montrant pour chacune d'elle que les deux pôles qui s'opposent apparemment sont complémentaires, que chacun doit être équilibré par l'autre pour former une action politique satisfaisante.

La première de ces tensions, la plus concrète, oppose l'action individuelle à l'action collective : dans ce dernier cas, mon action n'a de sens et d'efficacité que parce qu'elle est associée à celle d'un nombre plus ou moins important d'autres personnes, qui agissent identiquement ou en complémentarité. La pensée et la pratique politique valorisent généralement surtout cette forme d'action. D'abord pour d'évidentes raisons pragmatiques : dans la mesure où l'on prétend exercer ou influencer les choix collectifs, les actes institutionnels ou les évolutions culturelles, cela suppose un niveau de pouvoir rarement accessible aux individus isolés : ce n'est qu'en conjuguant la force d'un grand nombre d'individus qu'on peut réellement espérer infléchir le cours de l'histoire. Bien entendu, cela dépend de la position sociale occupée : un individu qui occupe une position privilégiée de pouvoir dans la société (sur une base économique, institutionnelle, intellectuelle ou spirituelle) peut réellement espérer que son action individuelle ait une portée politique. Ce sera évidemment bien plus rarement le cas des personnes plus démunies, sauf à recourir à des moyens violents ou provocants dont l'efficacité réelle est, de plus, toujours incertaine.

L'opposition entre action individuelle et collective renvoie donc en elle-même à un désaccord politique : d'un côté ceux qui mettent en avant l'action décisive des «grands hommes», de l'autre ceux pour qui le pouvoir doit revenir aux «masses populaires». Enfin, l'action collective fait parfois l'objet d'une valorisation moraliste, dans le cadre de la vision militante classique : le véritable militant serait celui dont le labeur silencieux se fond avec celui de tous les autres, au service de la cause collective. Les sacrifices individuels les plus importants peuvent être ainsi exigés dans le plus total anonymat, et la décision de distinguer publiquement un individu particulier (un candidat aux élections ou un porte-parole, une victime d'injustice autour de laquelle pourra se structurer l'action de solidarité, une image emblématique à donner en pâture aux médias...) relève toujours du collectif. La tentative d'agir par soi-même, de se distinguer des autres ou d'avoir un pouvoir d'influence propre éveille immanquablement le soupçon : au mieux illusion individualiste, narcissisme et prétention, au pire arrogance et détournement de l'intérêt collectif à son propre profit.

La «nouvelle citoyenneté», au contraire, accorde plus volontiers de l'importance et de la valeur à l'action individuelle. Là aussi se mêlent raisons pragmatiques et jugements moraux. D'une part, on doute de l'efficience réelle des actions collectives : certes, leur force est plus grande et elles peuvent provoquer de grands bouleversements, mais leur résultat final est toujours incertain. On peut toujours craindre que l'effet final soit opposé à celui qui était visé, ou qu'un succès vis-à-vis de l'objectif premier ne s'accompagne d'effets secondaires négatifs bien plus importants. Ceci s'explique par la complexité des mécanismes collectifs, et la relation souvent contre-intuitive, voire totalement imprévisible, entre cause et effet, action et résultat[6]. Sur le plan moral, on soulève des problèmes de cohérence des actes et des valeurs. D'une part, on a souvent souligné que les mêmes militants qui, dans le cadre d'une action collective, prétendaient lutter au service d'une valeur, pouvaient continuer, dans leur vie individuelle, à enfreindre constamment cette même valeur. Celui qui prétend lutter, dans son organisation, pour l'égalité et la solidarité reste insensible, dans la rue, aux manifestations les plus évidentes de l'inégalité et de l'exclusion. Celui qui dit vouloir favoriser l'égalité des hommes et des femmes ou les droits des enfants continue à avoir, dans son foyer, un comportement des plus traditionnels. La contradiction peut souvent aussi intervenir au sein même de l'action collective : les exigences propres de cette action peuvent conduire à permettre ou à valoriser certains actes individuels censés être ainsi au service d'une valeur, alors qu'ils sont intrinsèquement incompatibles avec elle. Pour soi-disant promouvoir la liberté, la dignité, la justice ou l'égalité, on devrait en passer par des actes ou des attitudes oppressives, disqualifiantes, malhonnêtes ou violentes. On peut contester que, dans bon nombre de ces cas, la fin justifie réellement les moyens : recourir à de mauvais moyens pour faire le bien ne peut être acceptable, non seulement d'un point de vue déontologique, qui considère que la valeur intrinsèque des actes doit primer sur la prise en compte de leurs conséquences, mais aussi dans une perspective conséquentialiste élargie : en m'« asseyant sur » mes principes, parce que je crois que je pourrai ainsi mieux les promouvoir *in fine*, je contribue à les corrompre peu à peu, à en ruiner la crédibilité et la place dans le monde.

L'action individuelle, celle que chacun peut mener pour lui-même et par lui-même dans sa sphère propre, peut échapper à cette double difficulté. Parce qu'elle forme un système moins complexe, où les fils conduisant des actes à leurs conséquences peuvent plus facilement être démêlés, il est plausible d'espérer que, à défaut d'avoir un effet spectaculaire, mon action individuelle puisse conduire à un «petit mieux», avec la garantie essentielle, au moins, de ne pas nuire. Un mieux qui, d'ailleurs, passera moins souvent par la prétention d'influencer activement les autres que par un souci de mener avant tout une vie correcte, qui n'aura sur les autres et sur la société qu'une influence secondaire, par le biais de l'admiration et de l'imitation, ou plus simplement encore de l'adaptation (si mon comportement est correct, les autres seront conduits, par le simple jeu de la rationalité, à évoluer eux-aussi dans une direction positive; et ceci ne concerne pas seulement les interactions quotidiennes de face à face : si je suis un électeur éclairé et exigeant, j'encourage les candidats à des attitudes plus claires et plus cohérentes; si je suis un consommateur intelligent et «éthique», je pousse les entreprises à d'autres stratégies, etc.). Enfin, toujours parce que la situation est plus simple et que je la maîtrise mieux, je pourrai plus facilement maintenir une cohérence acceptable, d'une part entre ce que je crois et ce que je fais, et d'autre part entre ce que je fais dans une perspective politique et ce que je fais, tout simplement, de ma vie à moi. Bien entendu, tout cela renvoie à une vision extrêmement modeste de l'engagement politique : pas question ici de renverser le système ou de révolutionner la culture. L'engagement relève du travail de fourmi et repose sur l'espoir que la conjonction d'un grand nombre d'actes minuscules sera à même de soulever les montagnes.

Il semble bien clair que l'action individuelle et l'action collective ne doivent pas être radicalement opposées, et que la Cité a besoin des deux. Il est juste de remettre en cause les formes d'action collective lorsque leurs effets réels vont à l'encontre des buts affichés, qu'elles débouchent sur des actes contestables ou que le comportement individuel de ceux qui y sont engagés est manifestement incohérent ou inconséquent. La première chose qu'on attend d'un citoyen c'est qu'il conforme sa propre vie aux valeurs politiques auxquelles il adhère, et qu'il s'efforce de saisir toutes les occasions d'utiliser le pouvoir personnel dont il dispose pour promouvoir ces valeurs autour de lui. Ce serait pourtant faire preuve d'aveuglement que d'imaginer pouvoir se passer de l'action collective : limiter sa responsabilité de citoyen à la recherche d'une vie correcte et d'une influence sur l'entourage immédiat, c'est laisser libre cours aux formes de pouvoir autrement puissantes qui déterminent aujourd'hui ce qu'est la société et ce qu'elle tend à devenir. Renoncer à contrecarrer ou à corriger ces forces relèverait de la *désertion*, et l'on ne peut prétendre agir à ce niveau sans rejoindre les organisations et les mouvements collectifs.

Envisageons maintenant une seconde tension, qui oppose l'action *altruiste*, visant l'intérêt d'autrui ou l'intérêt général, à l'action *partiale*, qui vise l'intérêt propre de l'acteur. Cette tension est indépendante de la précédente : un acte individuel peut être altruiste et une action collective peut-être partiale (quand elle est conduite par un groupe qui défend ses intérêts). Si l'on s'attache à une vision idéale de la Cité démocratique, on mettra surtout l'accent sur l'altruisme : le citoyen, c'est celui qui parvient à s'abstraire de son existence concrète, de ses passions et de ses intérêts, qui jette sur la Cité dans son ensemble un regard lointain et désintéressé, et est capable de prendre ou de contribuer à prendre les décisions favorables à la collectivité, ou à ceux qui, en son sein, en ont le plus besoin, éventuellement à leur propre détriment. Le citoyen peut défendre une hausse des impôts qu'il sera amené à payer, argumenter en faveur de l'interdiction légale de pratiques qu'il affectionne, soutenir des mesures qui conduisent à la réduction de son propre revenu ou de son confort de vie, approuver la sanction des infractions qu'il commet vis-à-vis de la collectivité et, s'il le faut, accepter de sacrifier sa vie pour défendre la Cité menacée.

Cette vision du citoyen, souvent associée à l'idée de République, est la plus ancienne. À l'époque moderne, elle a été supplantée par l'idée que, finalement, la meilleure manière de promouvoir l'intérêt collectif était d'inviter et de permettre à chacun de défendre son intérêt propre. Ceci s'est traduit principalement dans le domaine économique, avec la valorisation de l'initiative individuelle et de la libre concurrence. Mais cette vision n'a pas manqué de se transposer dans le champ politique : celui-ci est apparu comme un cas particulier de marché, où chacun cherche seulement à maximiser ses gains, mais d'où émerge, par l'équilibre spontané des transactions, un état social finalement optimal. Les acteurs politiques (partis, syndicats, associations, groupes de pensée, médias d'opinion...) peuvent ainsi apparaître comme des entrepreneurs qui mettent sur le marché une offre de produits divers (visions du monde, idées et représentations de l'avenir, décisions, engagements individuels...).

Contrairement aux entrepreneurs de la vie économique, ils visent non pas à maximiser leurs revenus financiers mais à promouvoir une cause ou à obtenir certaines évolutions sociales. Mais le mécanisme sera cependant sensiblement le même : ils devront convaincre les « acheteurs » que sont les citoyens ou les autres organisations ou institutions de choisir leurs propres produits de préférence à ceux de leurs concurrents. Cette assimilation du champ politique à un marché a pu être critiqué, notamment dans la mouvance marxiste, dans la mesure où elle semblait faire la part trop belle à l'idéologie capitaliste. De même que, dans le domaine économique, il est illusoire de prétendre assurer le progrès par le simple jeu du marché, parce que celui-ci est biaisé par des mécanismes massifs de domination qui conduisent à favoriser systématiquement les intérêts des détenteurs du capital au détriment des salariés, de même, dans le domaine politique, tout oppose un État dominant et oppresseur, au service des classes dominantes, aux classes populaires. Il n'y a pas de « marché politique » mais une lutte des groupes et des classes les uns contre les autres. Cette vision s'oppose finalement tout aussi radicalement à la vision républicaine : il n'y a *pas* d'intérêt général et le citoyen « altruiste » est au mieux un naïf, au pire un complice. De même que les dominants savent bien s'organiser et s'unir pour défendre leurs propres privilèges, les dominés doivent agir, non pour le bien de la collectivité dans son ensemble (ce qui serait une illusion) mais pour l'amélioration de leur sort et la remise en cause de l'ordre établi dont ils sont victimes. Indirectement, ils contribueront cependant au progrès historique, dans la mesure où celui-ci ne peut trouver sa source que dans l'affrontement des intérêts et le renversement des privilèges des minorités par la révolte des majorités.

Ici encore, je ne vois pas pourquoi ni comment on pourrait trancher entre la vision altruiste ou républicaine et la vision libérale ou marxiste. La première, tout d'abord, n'est pas si illusoire que le prétendent ses critiques, même s'il est parfois tentant d'afficher un cynisme élégant à cet égard. Il ne faut pas chercher loin pour trouver des exemples historiques qui permettraient d'illustrer la notion d'intérêt général, des événements ou des évolutions lentes, que tout le monde ou presque s'accordera à juger négatifs ou positifs pour la collectivité prise comme un tout, et dans chacune ou la plupart de ses composantes. Le travail quotidien des élus ou des agents de la puissance publique fournit un abondant matériau pour illustrer également cette notion : même si les commentaires se focalisent souvent systématiquement sur les enjeux partiaux qui continuent inévitablement de les habiter, la plus grande part de leur réflexion et de leur action est bien orientée vers la recherche de la meilleure solution pour tous et pour la collectivité en tant que telle. Le respect des règles et des lois par les citoyens, de même, ne saurait être réduit à la simple peur de la sanction : dans la plupart des cas, elle repose sur une compréhension ou sur une croyance en la justification de la règle, et sur la reconnaissance de sa fonction de structuration de la vie sociale et de protection des personnes.

Il faudrait aussi être totalement aveuglé par le préjugé pour ne pas reconnaître l'existence d'actes altruistes très nombreux, entre individus ou entre groupes, dans tous les milieux sociaux, au profit de bénéficiaires les plus divers et y compris au détriment de ceux qui les accomplissent. Disqualifier de tels actes comme ridicules, narcissiques, secrètement intéressés, méprisants, néfastes ou simplement sans valeur, en appelant les gens à se tourner plutôt vers la défense de leur propre cause, est une attitude facile mais irresponsable. Inversement, il faut oser remettre en cause les attitudes excessivement égoïstes qui s'expriment parfois dans le débat public, lorsque des acteurs ou des groupes particuliers prétendent, au nom de leur intérêt personnel, faire obstacle à des décisions ou actions utiles pour tous (je pense notamment au phénomène dit Nimby[7], où certains citoyens n'acceptent de soutenir une action publique que dans la mesure où elle se fait au détriment des autres et non de soi). Il faut enfin souligner que, au-delà des enjeux pratiques, l'attitude républicaine a également une grande force du point de vue de l'éthique personnelle. Lorsque le citoyen parvient à s'abstraire de son point de vue propre, à prendre une vue d'ensemble de la situation sociale à laquelle il est mêlé, à considérer la situation et les attentes de tous les autres, il ne se contente pas de faire son devoir : il expérimente une autre relation à lui-même et au monde, qui va dans le sens de son enrichissement éthique personnel, il devient plus humain, ou un humain plus accompli. Le politique est un domaine privilégié pour progresser dans cette direction[8] et il serait dommage d'y renoncer pour s'en tenir à l'image d'un homme étroit, vivant sur un seul niveau, toujours enfermé dans sa position propre.

Ceci étant, il ne fait aucun doute que la vision républicaine pourrait comporter de dangereuses illusions, et qu'il n'y a aucune raison de condamner, en elles-mêmes, les actions politiques au service d'intérêts spécifiques. Il nous faut en effet tenir compte de deux faits incontestables. D'une part, même si les citoyens sont capables de s'abstraire de leur point de vue propre, et même s'ils le font effectivement assez souvent, ils n'en sont pas moins toujours, dans le même temps, ancrés dans les enjeux matériels ou symboliques liés à leurs intérêts propres. Cela compte *aussi* pour eux, et ce n'est pas en le niant qu'on l'évitera (et il serait d'ailleurs inhumain de prétendre l'éviter). D'autre part, il faut tenir compte de l'existence, dans la société, d'inégalités importantes, à la fois des conditions de vie et des moyens d'accès au pouvoir. Concrètement, cela veut dire que ceux qui auraient le plus besoin de pouvoir améliorer leur condition sont aussi ceux qui en ont le moins le pouvoir, et réciproquement.

Dès lors, une valorisation exclusive de l'altruisme et de la prise en compte de l'intérêt général serait clairement injuste : les privilégiés, dont la vie est déjà relativement satisfaisante et qui disposent d'importantes sources de pouvoir peuvent facilement s'intéresser à l'intérêt d'autrui ou à l'intérêt général, tout en continuant à consacrer une partie suffisante de leurs diverses ressources (temps, argent, connaissances, relations) à l'amélioration de leur vie propre. Demander aux autres d'en faire autant et de modérer, voire de faire taire, leurs objectifs ou revendications partielles, ce serait se faire complice du maintien d'un statut quo injuste, voire d'une culpabilisation tout aussi injuste d'aspirations légitimes. Il est donc possible et nécessaire, au moins dans le cas des groupes sociaux non privilégiés ou de rapports de force inégaux, de promouvoir *à la fois* l'engagement altruiste républicain et la défense des intérêts propres. D'autant qu'il ne sera pas rare, dans le cheminement d'une vie militante, de passer de l'un à l'autre, et dans les deux sens : une motivation morale initiale, centrée sur la recherche désintéressée du bien, pourra déboucher sur la prise de conscience de la nécessité de promouvoir plus particulièrement les intérêts de certains groupes ; et inversement, un engagement motivé au départ par le souci de défendre une cause partiale pourra, par le jeu même de l'action et de la volonté de comprendre, déboucher sur une prise en compte d'enjeux plus larges[9].

Cette seconde tension n'est pas sans rapport avec une troisième, qui oppose la politique comme *lutte* à la politique comme *coopération*. L'opposition renvoie cependant moins à une différence d'analyse sociopolitique ou de sensibilité éthique qu'à des imaginaires différents : la première évoque un univers guerrier, avec des camps et des armées, des combats, des victoires et des défaites, des moments de gloire et des trahisons, la nécessité du courage et de l'astuce, la vision de l'autre comme adversaire, voire comme ennemi. La seconde véhicule une vision de la Cité comme lieu de construction, une entreprise collective où chacun apporte sa contribution complémentaire de celle des autres. L'affinité avec l'opposition altruisme/partialité est évidente, mais la correspondance n'est pas totale : on peut défendre des intérêts particuliers sur un mode coopératif (en faisant comprendre aux autres qu'il est souhaitable et juste de prendre en compte ces intérêts, je pense que c'est ainsi, par exemple, qu'on pourrait caractériser la politique actuelle de la CFDT en France), et l'on peut mener des luttes très combatives au service de l'intérêt général (qu'on songe par exemple à l'action de Greenpeace).

Souvent, l'adhésion à une vision combative ou coopérative du politique relève moins d'une analyse rationnelle que de paramètres comme l'histoire collective (l'histoire politique française, par exemple, avec ses multiples révolutions et guerres civiles, est fortement marquée par la vision du politique comme lutte, par opposition à l'histoire américaine qui, en mémoire de la construction initiale de la nation par les coloniaux et les pionniers, valorise davantage le consensus et la coopération) ou l'histoire personnelle (la trajectoire sociale personnelle ou familiale peut induire une relation émotionnelle au politique et au social qui débouchera sur des attitudes plutôt soumises et respectueuses ou au contraire révoltées[10]) : il sera généralement bien difficile de discuter contradictoirement avec quelqu'un qui est intimement convaincu qu'il faut (ou qu'il ne faut pas) se battre. Il faut dire que la dimension émotionnelle et du rapport personnel à l'émotion joue aussi ici un rôle déterminant : alors que certains sont « spontanément » très à l'aise dans les actions et les relations très conflictuelles, voire agressives, d'autres les fuiront résolument et préféreront les échanges tranquilles et amicaux.

Il est cependant possible de poser un certain nombre d'observations et de raisonnements à ce sujet, qui déboucheront, une fois de plus, sur la conclusion que les deux attitudes sont utiles et nécessaires, et qu'elles sont plus complémentaires qu'opposées. L'attitude coopérative est, bien entendu, davantage en harmonie avec une vision humaniste (et donc avec l'approche psy la plus fréquente) : les hommes avec qui je dois vivre dans la Cité ne sont pas mes ennemis, mais des compagnons, qui ont leurs priorités et leurs défauts comme j'ai les miens, mais aussi de nombreuses ressources qu'ils peuvent joindre aux miennes pour que nous construisions un monde aussi bon que possible. Les conflits sont possibles et même souhaitables, mais ils doivent être considérés comme des désaccords partiels sur un fond d'accord essentiel (nous cherchons à vivre bien ensemble) et traités par la discussion et en vue d'un compromis aussi équilibré que possible, et jamais par le recours à la violence, qui n'est jamais une bonne chose. Il ne s'agit pas d'une vision angélique, puisqu'on ne songe pas à nier que les hommes aient en eux une part d'ombre, faite de violence et d'égoïsme. On déclare simplement ne pas vouloir fonder la Cité sur une telle base. Mais ce contre quoi vient une fois encore buter cette vision, c'est sur l'existence des inégalités et de la domination sociale. À partir du moment où, dans la Cité, certains sont puissants et assurés de leur puissance, alors que d'autres sont entravés par le manque et l'impuissance, un jeu dont la règle serait exclusivement coopérative serait faussé et tournerait systématiquement au profit des premiers. Sauf à assumer une telle injustice, on ne peut écarter *a priori* l'hypothèse d'un recours légitime à la lutte, y compris parfois avec un recours raisonné et mesuré à la violence.

Enfin, je mentionnerai une dernière tension, très apparente dans l'énumération des formes d'engagement par laquelle s'ouvre ce chapitre : alors que certaines visent à produire des changements structurels et politiques, d'autres se proposent directement de produire des solutions aux problèmes. Par exemple, si je me soucie des personnes qui sont aujourd'hui en situation de précarité économique, je peux soit agir auprès de l'État pour qu'il mette en œuvre des mesures sociales appropriées, voire tenter d'infléchir le fonctionnement économique global pour qu'il cesse de produire de telles situations. Mais je peux aussi directement me proposer d'apporter de l'aide à ces personnes, en participant à des mouvements ou des organisations qui les aideront à se nourrir, se former, se loger, se vêtir, partir en vacances, etc. De même, en matière d'environnement, je peux réclamer des mesures antipollution et la sanction des pollueurs, mais je peux aussi travailler avec une association qui va directement nettoyer la nature.

Ici encore, il ne manque pas d'arguments en faveur de l'une ou l'autre de ces attitudes. Les tenants de l'action transformatrice reprocheront volontiers aux autres de s'en tenir à la surface des choses, de ne mener qu'une action palliative qui laisse inchangée la source des difficultés, voire qui produit, par des effets pervers bien connus, un renforcement des difficultés, d'une part en renvoyant aux bénéficiaires une image stigmatisée et en les renforçant dans la passivité, à l'exemple des actions charitables d'autrefois, d'autre part en exonérant la puissance publique de ses obligations. Le bénévole est ainsi soupçonné de ruiner le travail du militant. Réciproquement, ceux qui cherchent avant tout à produire une amélioration immédiate des situations reprocheront aux partisans de la transformation sociale de trouver un peu trop facilement la bonne conscience en attendant confortablement les « vrais changements », pendant que les difficultés continuent ou s'aggravent pour les uns, et qu'eux-mêmes ne remettent rien en cause de leur propre confort de vie.

Une fois encore, je voudrais plaider pour la conciliation, d'autant que cette dernière tension me paraît moins fondamentale, voire plus artificielle que la précédente. Tout d'abord, il s'agit souvent d'objets différents : si je me préoccupe de pollution industrielle ou nucléaire, je ne peux guère faire autre chose qu'agir pour des changements dans la politique de l'État, ce qui n'a que peu à voir avec l'action que je peux mener contre le salissement des espaces naturels. D'autre part, il existe de nombreuses formes d'action politique, et peut-être sont-elles parmi les plus intéressantes, qui ne s'inscrivent ni dans une vision uniquement transformatrice, ni dans une approche uniquement palliative. Si nous reprenons l'exemple de la précarité économique, où allons-nous classer les actions visant à favoriser l'auto-organisation et l'auto-production des personnes en difficulté ? Certes, il s'agit au premier abord d'une visée palliative (qu'elles aient enfin à manger), mais qui peut être porteuse de forts effets de transformation sociale, en fonction de l'organisation adoptée ou de la production choisie. Enfin, comme dans tous les cas précédents, on ne voit pas pourquoi, à l'échelle collective comme au niveau individuel, il faudrait choisir entre ces options : il est tout à fait possible de faire les deux et, ainsi, de gagner sur les deux tableaux.

Ainsi, celui qui se propose d'être un citoyen actif, d'apporter sa contribution à la vie démocratique, n'a que l'embarras du choix : de nombreuses possibilités d'engagement sont à sa disposition, qui renvoient à de multiples choix et à la recherche d'équilibre entre de nombreux enjeux. Certains pourront se « spécialiser » dans une forme particulière, et ainsi y développer une grande compétence et une grande efficacité ; d'autres au contraire choisiront de se constituer un « portefeuille d'actions » diversifié, qui leur permettra plus de variété et plus d'équilibre. Des désaccords surgiront entre les tenants de tel ou tel choix, et chacun pourra ainsi s'interroger sur ses choix passés et évoluer dans ses projets. Personne, en tout cas, ne pourra prétendre faire tout ce qui mérite de l'être, répondre à tous les besoins ou prendre en compte toutes les préoccupations. Certains, aussi, choisiront de ne rien faire du tout. Nous allons essayer de comprendre pourquoi.

NOTES

[1] A. Lipietz, *Pour le tiers secteur*; J. Rifkin, *La fin du travail*, p. 328-380.

[2] Nous avons déjà rencontré les associations comme parties prenantes du tiers secteur. En effet, et ce n'est pas sans poser parfois question, les associations sont à fois des entités purement politiques, et à la fois des entreprises avec tout ce qui s'y rattache.

[3] J.-M. Belorgey, *Cent ans de vie associative*.

[4] R. Sue, *Liberté, égalité, association*. Cette position est toutefois nuancée, mais pas contredite par M. Barthélemy, *Associations, le renouveau de la participation ?*

[5] J.-C. Kaufmann, *La trame conjugale*, p. 109.

[6] R. Boudon, *La place du désordre*.

[7] Nimby : Not in my back yard (pas dans mon jardin), où des citoyens approuvent, par exemple, le passage d'une nouvelle route ou l'implantation d'une usine ou d'une prison... à condition que ce ne soit pas près de chez eux.

[8] Je développerai ce point au chapitre 6.

[9] Voir par exemple le cas des conseillers prudhommaux, essentiellement motivés, au départ, par le souci de défendre les intérêts de leur propre collège (salariés contre employeurs), et qui évoluent progressivement vers une recherche de la justice en tant que telle.

[10] Je reviendrai sur ce point au chapitre 10.

Chapitre 5
L'improbable engagement

Nous avons vu au chapitre précédent combien les possibilités d'engagement offertes au citoyen sont nombreuses et combien les tensions qui traversent cette diversité sont stimulantes. Pourtant, nous constatons que bien peu nombreux sont ceux qui saisissent ces opportunités. La plupart se limitent à un engagement minimum (donner un peu d'argent, voter, respecter la plupart des règles), et certains ne vont même pas jusque-là. Il est évidemment essentiel de comprendre pourquoi.

Je ne pense pas qu'on puisse trouver une explication ou un système d'explication unique. À la diversité des formes d'engagement répond probablement un faisceau tout aussi divers de facteurs, et il n'entre pas dans mon propos d'en explorer toutes les dimensions. Je me contenterai donc de quelques aperçus sur les mécanismes les plus généraux, avec comme seul but de mesurer combien, finalement, en dehors d'une petite minorité, il est peu probable que qui que ce soit s'engage dans la Cité.

FAIBLESSE DU POLITIQUE

La première raison tient au statut même du politique dans la société démocratique. Alors que, dans d'autres régimes, réels ou imaginés, on peut trouver un pouvoir politique très fort, dont l'emprise sur la société et la vie de ses membres est extrême, le propre de la démocratie moderne est de cantonner la politique presque à la marge de la société. Bien entendu, cela réduit d'autant l'attrait de cette sphère pour le citoyen : à quoi bon fournir les efforts nécessaires pour accéder à un univers finalement posé comme très secondaire[1].

C'est que, dans nos démocraties, ce qui est premier est la liberté individuelle : est considérée comme essentiel la possibilité pour chaque individu de pouvoir conduire sa vie comme il l'entend, indépendamment de toute influence et de toute contrainte, notamment de la part du pouvoir politique. Il s'agit non seulement d'une précaution négative, protectrice (l'État ne doit pas empiéter sur la vie privée) mais aussi d'une norme positive, d'un modèle de comportement : alors que, comme je l'ai rappelé en introduction, la société ancienne ne concevait que deux voies de vie honorables : la contemplation religieuse et philosophique, ou l'engagement politique et militaire, la modernité pose comme essentiel, comme bien plus important que la contemplation ou l'engagement public (qui sont volontiers tournés en dérision) la beauté simple de la vie ordinaire. Travailler, aimer son conjoint, éduquer ses enfants, prendre sa place dans la vie amicale et civile, se cultiver et se distraire, voilà la véritable vie honorable, bien loin des folies de l'esprit, des armes ou du pouvoir[2]. Tocqueville a été le premier à décrire, dans des termes qui restent remarquablement d'actualité près de deux siècles plus tard, ce « sentiment naturel et paisible qui dispose chaque citoyen à s'isoler de la masse de ses semblables et à se retirer à l'écart avec sa famille et ses amis ; de telle sorte que, après s'être ainsi créé une petite société à son usage, il abandonne volontiers la grande société à elle-même »[3]. À notre époque, cette valorisation de la vie privée est encore renforcée par l'idéalisation massive, dans les médias, les romans ou les films, de dimensions particulièrement fascinantes de la vie privée, telles que l'argent et l'amour.

Plus profondément, c'est le sens même du concept de liberté qui a changé de sens : alors que chez les anciens, mais aussi, sous une autre forme, chez les républicains modernes[4], la liberté n'avait de sens que comme *produit* du politique, comme construction rendue possible par l'existence de l'État et de sa régulation démocratique, s'est finalement imposée une conception purement *négative* de la liberté : celle-ci est posée comme un bien naturel de chaque individu, un bien sacré auquel rien, et surtout pas l'État, ne doit porter atteinte. Comment ne pas comprendre, dès lors, que le premier souci du citoyen soit de se tenir aussi loin que possible de cette chose politique, menace permanente planant sur sa liberté ?

De plus, la valorisation de la vie ordinaire va naturellement dans le sens d'une recherche de la paix sociale : si nous voulons vivre tranquilles avec notre famille et nos amis, nous ne devons pas prendre le risque d'introduire parmi nous la discorde. Or, la politique divise : à partir du moment où elle soulève des questions de décision collective, liées à des intérêts majeurs et à des valeurs centrales, et qui ne peuvent être réglées par un calcul purement rationnel, elle éveille des conflits qui vont traverser le groupe, y compris les groupes primaires de résidence, d'amitié ou simplement le groupe familial, avec les conséquences désastreuses qu'on peut craindre pour la paix intérieure à ces groupes. La menace sera ressentie d'autant plus vivement que tout cela se situe dans un univers social profondément imprégné par les valeurs du christianisme, une religion bien singulière, qui encourage les croyants (et aujourd'hui les héritiers que nous sommes) à ne pas trop se préoccuper de ce qui se passe à l'extérieur d'eux-mêmes, pour chercher plutôt la vérité et le salut en leur propre cœur, et à développer des vertus telles que le pardon, l'oubli des offenses, l'humilité, ou encore l'obéissance au pouvoir séculier. Bien entendu, le fait que les citoyens se tiennent à l'écart des affrontements ne va pas pour autant éliminer les conflits : les décisions politiques doivent être prises, et elles ne peuvent l'être qu'au travers et grâce à l'expression pleinement acceptée et au jeu assumé des désaccords. La sphère politique sera ce monde à part où, un peu comme autrefois on reléguait les lépreux dans des îles au large, on cantonnera la part de conflit social qu'on ne peut éliminer et qu'on doit même soigneusement traiter, mais dont on ne peut tolérer la présence trop près des habitations.

Autre menace pesant sur la tranquillité des citoyens : l'incertitude. Pour vivre tranquille, pour faire ses affaires, élever ses enfants ou cultiver les arts dans de bonnes conditions, il faut savoir à peu près où l'on va, ce qui nous attend à la prochaine étape de notre projet, et dans quel univers vont pouvoir se déployer les conséquences futures de nos actes d'aujourd'hui. Or, le politique, essentiellement, est incertitude, il est en permanence confronté aux conséquences immaîtrisables de ses décisions : parce que ses actes sont irréversibles, et qu'une erreur ne peut jamais être totalement corrigée ; parce que le résultat d'une décision n'est jamais assuré, tant les systèmes d'action sont complexes et nombreux les acteurs qui y interviennent, au point qu'on puisse dire que jamais le résultat n'est exactement conforme au but[5] (une action massive peut déboucher sur un effet pratiquement nul, alors qu'une action minime peut entraîner des effets majeurs, éventuellement non souhaités ; une action bien intentionnée peut déboucher sur des effets pervers, etc.) ; enfin, parce que les critères même de jugement de la valeur de l'action changent sans cesse : une action appropriée par rapport à une visée d'attentes ou un système de valeurs donnés peut devenir aberrante ou choquante quand le contexte a changé (qu'on songe par exemple à l'eugénisme de gauche du début du XXe siècle). Certes, ce sont là des caractéristiques générales de l'action humaine, mais le politique est le domaine où elles se concentrent et s'expriment avec le plus de netteté et avec les conséquences les plus lourdes, le domaine par excellence où « on ne sait pas où on va ». À l'évidence, un citoyen qui veut mener une vie tranquille aura intérêt à s'en tenir à l'écart.

D'autant que la sphère politique, en s'autonomisant pour se transformer en système politique, va tendre elle-aussi à s'éloigner de la sphère civile. On pense bien sûr d'abord au principe même de la démocratie représentative : plutôt que de demander directement au peuple d'exercer le pouvoir (démocratie directe), on lui propose de désigner des représentants qui l'exerceront en son nom. La justification de ce choix (qui n'est plus guère aujourd'hui contesté) repose essentiellement sur deux idées. L'une purement technique, qui tient à la croissance des Cités, en effectif (il n'est évidemment plus possible de regrouper l'ensemble des citoyens en une seule assemblée, comme on pouvait le faire à Athènes, surtout si l'on cesse d'en exclure les femmes, les métèques et les esclaves) et en complexité (complexité de la division du travail, de l'administration, des mécanismes économiques, des relations internationales, etc) : il faut que les fonctions politiques soient assurées par un nombre réduit d'individus, disponibles et compétents. L'autre, plus fondamentale, tient à la nature même du projet démocratique moderne : on veut que la décision politique ne résulte pas simplement de la confrontation brute entre les opinions ou les intérêts opposés (et qui pourrait être simplement tranchée par un vote à la majorité, comme dans un référendum), mais d'une véritable élaboration, à la recherche du véritable intérêt général et d'un juste équilibre dans le traitement des différentes positions. Ceci suppose que les représentants ne soient pas de simples porte-paroles de leurs mandants, dont ils devraient refléter fidèlement les attentes (principe du mandat impératif), mais des acteurs relativement autonomes, capables de prendre leurs distances par rapport aux points de vues particuliers pour dégager, dans la confrontation avec les autres représentants et sous le regard de la société, un point de vue réellement politique.

Ceci conduit à la constitution d'un « monde politique », avec sa culture, ses règles, ses réseaux, ses carrières ; un sous-système social réunissant quelques dizaines de milliers de personnes en France, dont la diversité reflète, mais seulement partiellement, la diversité de la société elle-même[6]. Le fait est peut-être inévitable, mais on en connaît les dérives : les citoyens finissent par se sentir trop coupés de ces représentants avec lesquels ils ont peu de contacts et dans lesquels ils ne se retrouvent pas. La politique, c'est « eux », ce « ils » dont on apprend qu'ils ont décidé ceci ou cela, qu'on comprend mal ou qui ne nous arrange pas, dont nous voyons plus volontiers les inconvénients que les justifications.

Certes, il serait possible et souhaitable, comme Rousseau l'a souvent affirmé, que les citoyens restent actifs vis-à-vis de ces professionnels de la politique, « que leurs actions soient examinées en tout sens, que la moindre de leurs entorses aux lois dont ils sont les gardiens soient sanctionnée, et que les plus petites atteintes qu'ils portent à la liberté soient impitoyablement dévoilées ». Mais cela suppose une attitude « toujours orageuse et ennemie du repos », « une agitation incessante, une instabilité accrue, des orages toujours renouvelés, une vie publique active et âpre[7]». On peut prévoir que, souvent, les citoyens préféreront préserver en priorité leur tranquillité en laissant la bride sur le cou aux dirigeants, quitte, parallèlement, à se plaindre des conséquences qu'ils rendent ainsi probables.

Un autre facteur encore va venir renforcer cette tension entre le peuple et les élus : la distance entre politique et morale. Certes, comme nous le verrons[8], il y a un lien fort entre les deux domaines. On s'attend évidemment à ce que l'action publique respecte celles des valeurs morales qui sont pertinentes dans son champ spécifique, en particulier tout ce qui relève de la recherche de la justice : la politique, pourrait-on dire, c'est la construction de la société juste (ce qui suppose notamment, bien sûr, la construction d'une conception de la justice). Mais pas seulement : certains aspects du travail politique ne relèvent pas de la morale, mais de considérations spécifiquement politiques, notamment de la préservation de l'existence même de la Cité contre les menaces extérieures (agressions internationales) ou intérieures (risques de désagrégation ou d'explosion sociale). Parfois apparaîtront des conflits entre enjeux de justice et enjeux de survie, et il faudra parfois (pas toujours, bien entendu) choisir de privilégier les seconds. Mais, surtout, il existe de nombreux aspects de l'existence morale qui n'ont pas de pertinence politique : tout ce qui relève de la vie privée, de la recherche par chacun d'une vie bonne, du respect des coutumes et des héritages ou au contraire de la valorisation de l'autonomie, de la morale des relations interpersonnelles ou de la vie corporelle, de l'authenticité et de la sincérité, etc. Il n'est ni possible ni souhaitable qu'un représentant en tant que tel soit jugé sur de tels critères (ce qui n'exclut pas de le juger en tant qu'homme ou femme, mais justement c'est autre chose). Autrement dit, *on ne lui demande pas d'être un saint* mais de faire ce qu'on attend de lui : gouverner[9].

Et il n'est même pas exclu que, pour assumer correctement ses fonctions, il soit amené à enfreindre d'autres valeurs morales : il lui faudra feindre ou mentir, par exemple, et ça ne fera pas nécessairement de lui un mauvais politique (pourvu qu'il le fasse dans l'intérêt de sa mission et non à son détriment). C'est facile à dire mais, bien entendu, c'est difficile à digérer. Ces individus dont presque toutes les actions sont publiques et en permanence surveillées, à la recherche de la moindre faute, par leurs adversaires et par la presse, nous avons tendance à les juger globalement : s'ils font quelque chose qui nous paraît mal, même si c'est indépendant de leur fonction, voire même si c'est au service de leur fonction, et même si ce n'est guère plus grave que ce que commettent tous les jours bien d'autres acteurs de la société[10], nous les condamnons et sommes tentés de les récuser. On débouche ainsi sur un des aspects les plus préoccupants de la situation actuelle de la démocratie : le rejet moral, par une bonne partie de la population, du personnel politique et de la politique en tant que telle, avec comme conséquence une abstention croissante[11]. Le problème est d'autant plus redoutable qu'en réduisant le contrôle public de l'action politique, il risque de rendre encore plus probable des errements qui viendront en retour justifier et renforcer le désengagement.

Notons que la question des conflits entre morale et action politique n'est pas réservée aux professionnels de la politique : toute personne qui s'engage prend le risque de se trouver confrontée à des situations de choix où elle aura à arbitrer entre rationalité par les valeurs (que nous pouvons assimiler à l'action morale) et rationalité par les buts (logique qui domine souvent l'action politique, qui est par nature finalisée). Par définition, si je m'engage c'est pour favoriser l'atteinte de certains objectifs, et je ne pourrais pas toujours échapper aux situations où, pour y contribuer, je suis amené à faire des choix qui heurtent certaines de mes valeurs[12]. Le souci d'éviter de se trouver dans de telles situations pourrait être un autre motif de se tenir à l'écart de l'engagement : si je m'en tiens à une position de spectateur, je ne risque pas de me trouver en conflit avec mes valeurs (du moins si je parviens à faire taire mon sens des responsabilités).

Pour en revenir aux relations entre population et élus, de nombreuses tentatives ont été déployées et le seront encore sans doute dans un proche avenir pour tenter de combler partiellement le fossé, par la mise en place de formes variées de démocratie participative ou de proximité. Mais avec des limites évidentes au-delà desquelles on sortirait du régime même de la représentation pour s'aventurer dans des zones inconnues. Une autre manière de limiter les inconvénients de la distance entre représentants et représentés serait de faire fonctionner à plein l'espace public, c'est-à-dire l'espace de débat où se rencontrent toutes les opinions présentes dans la société et qui vient éclairer les représentants, voire faire pression sur eux, au moment de la décision. Dans cet espace public, on trouvera les moyens d'information, les associations et les syndicats, les mouvements de pensée et les religions instituées. Mais ces organisations fonctionnent elles aussi, pour l'essentiel, sous le régime de la démocratie représentative : des représentants sont désignés pour élaborer la position de l'organisation et conduire son action. Comme les représentants politiques, ils tendent à s'autonomiser et à perdre le contact avec «la base», qui se retrouve dans la même position d'extériorité que celle du citoyen vis-à-vis des élus. Quant aux moyens d'information, ils sont de plus en plus concentrés autour de quelques chaînes de télévision et quelques journaux, dominés par des préoccupations de concurrence économique qui les conduisent à montrer surtout de la vie politique les facettes les plus autonomes (les conflits d'appareil, les événements spectaculaires, les questions de personnes et de carrières, les «petites phrases») au détriment des explications et des débats de fond.

Cet éloignement des citoyens vis-à-vis de l'univers politique peut être perçu comme un effet pervers, une conséquence non souhaitée (et éventuellement évitable) de la démocratie représentative. Mais il n'a pas manqué de politologues, notamment américains, pour affirmer qu'il s'agissait d'un phénomène nécessaire et souhaitable. Dans cette conception, les représentants sont des professionnels spécialisés, choisis pour leur compétence après un processus de sélection très long et exigeant, et qui ont ensuite à assumer des charges extrêmement complexes et délicates. Une fois qu'ils sont désignés, il serait donc temps qu'on les laisse un peu en paix, faute de quoi ils risquent de passer plus de temps à réagir aux perturbations qu'à accomplir la mission qui leur a été confiée. Certes, il ne s'agit pas de donner un chèque en blanc aux élus, mais au moins de leur laisser un peu de temps et de concentration. Il existerait donc un optimum d'indifférence des citoyens à la politique[13], dont la détermination précise pourrait faire l'objet de discussion, mais qui se limiterait probablement à la participation éclairée au vote et à la mobilisation en cas de crise (grave dérapage des élus ou menace anti-démocratique, éventuellement contribution bénévole à l'action et à la réflexion, dans la limite fixée par le pouvoir politique lui-même).

On voit tout ce qui peut conduire à minimiser la présence du politique dans la vie des citoyens : tout les invite à penser que l'essentiel est de vivre librement sa vie privée, le plus à distance possible d'un univers politique cantonné au minimum, et à qui l'on délègue les tourments du conflit social et de l'incertitude de l'action. La visibilité des faiblesses morales des acteurs de cet univers, alliée à leur souci de ne pas être trop dérangés dans les tâches délicates qui sont les leurs, viendront compléter la clôture d'un monde qui ne pourra plus être perçu que comme, au mieux, complètement extérieur à «la vraie vie», au pire misérable et dangereux.

Certes, il est possible, pour contrecarrer cette tendance, de concevoir au contraire une politique forte, qui traverserait aussi la vie privée (qu'on songe au «tout est politique» des années 70), qui nierait la contingence de l'action en annonçant au contraire une «politique scientifique» débouchant à coup sûr sur un résultat historique d'avance prévisible et inéluctable, qui inviterait chacun à « prendre parti » dans une vie sociale perçue comme essentiellement conflictuelle, et dont les dirigeants apparaîtraient comme des modèles de vertu (à la manière d'un Robespierre ou d'un Saint-Just, par exemple). De telles offres politiques sont apparues régulièrement depuis les débuts de la modernité, mais il n'est pas besoin de détailler longuement les errements et les catastrophes sur lesquelles elles ont généralement débouché pour refermer rapidement l'hypothèse. Même si, bien entendu, beaucoup de choses peuvent être faites pour réduire le sentiment de distance et de recul des citoyens vis-à-vis du politique (et c'est bien dans l'espoir d'y contribuer que j'ai entrepris ce livre), celui-ci restera fondamentalement faible.

L'ENGAGEMENT DIFFICILE ET INUTILE

En toute rigueur, le raisonnement précédent ne s'applique qu'à la sphère politique *stricto sensu* : le fonctionnement de la démocratie représentative et tous les processus de régulation qui l'accompagnent, notamment dans l'espace public. Les autres formes d'engagement présentées au chapitre précédent, en particulier tout ce qui relève des sphères civiles et privées, échappent en partie à ces difficultés. Là, on se propose d'obtenir des résultats concrets, en restant à distance de l'État, dans une perspective souvent coopérative et palliative : les conflits, les incertitudes de l'action, peuvent parfois être tenus à l'écart, et la focalisation sur les dirigeants et leurs mœurs n'a plus guère de sens. C'est d'ailleurs vers ces formes de « nouvelle citoyenneté »[14] que se tournent aujourd'hui plus volontiers les citoyens, en particulier dans le cadre des associations. Pourtant, ils restent encore relativement peu nombreux.

Pour le comprendre, il faut se tourner vers un autre type d'analyse, qui apparaîtra comme largement complémentaire du précédent. On partira maintenant du point de vue du citoyen, posé comme acteur rationnel, en essayant de comprendre la logique de ses décisions, notamment du choix entre passivité et activité politique (prise cette fois au sens large).

La plus célèbre de ces analyses est due à Manscur Olson[15], et connue sous le nom de phénomène du *ticket gratuit*[16]. Imaginons que je m'interroge sur l'opportunité de participer à une action collective : contribuer à un mouvement revendicatif syndical, rejoindre une association d'aide au tiers-monde, ou tout simplement prendre part au vote lors de la prochaine consultation. Pour avoir la moindre chance d'être efficace, cette action doit rassembler un grand nombre de contributeurs : si nous sommes trop peu nombreux, l'action échouera. Mais si nous sommes nombreux, ma propre contribution sera nécessairement modeste : je ne représenterai qu'un centième (dans le cas d'une grève dans une entreprise moyenne) voire un millionième (dans le cas d'un vote national) de l'action globale. Autrement dit, que je participe ou non, cela ne changera pas grand-chose. D'autant que ma participation aurait par contre, pour moi, un coût : si je participe à la grève, je perds mon salaire et me discrédite auprès de l'employeur, pour participer à l'association, je dois donner de mon temps et de mon argent, pour aller voter, je dois m'informer et me déplacer. Et le coût sera encore plus important si je songe à une participation sur la durée, sous la forme d'une adhésion à un parti, un syndicat ou une association. Tous ceux qui en ont fait l'expérience pourront en témoigner : ce n'est pas toujours drôle. Il faut assister à des réunions fréquentes et longues, pas toujours très passionnantes, accomplir des tâches peu attrayantes, alors que j'ai évidemment bien d'autres activités plus plaisantes qui m'attirent. En acteur rationnel, je ferai la balance : d'un côté un coût non négligeable pour moi, de l'autre une contribution à l'action collective qui n'est pas nulle, mais qui n'est pas non plus décisive. Après tout, si je me retire mais que les autres continuent, ils obtiendront le résultat visé, et je pourrais en profiter sans avoir dû en acquitter le prix ; et s'ils échouent, c'est qu'ils étaient partis pour échouer, que je sois là où non, et donc il aurait été irrationnel de fournir un effort inutile.

Ainsi, la plus simple des réflexions conduira le citoyen à se tenir à l'écart de la plupart des actions collectives. Bien entendu, si chacun, pour sa part, fait le même calcul, aucune action collective ne sera possible. C'est un bel exemple de ces effets contre-intuitifs d'agrégation des comportements individuels que Boudon place au centre de sa sociologie[17] : alors que chacun a, pour lui-même, fait un calcul correct, la conjonction de tous les choix individuels produit un résultat collectif non souhaité. D'autant que, ici, l'agrégation n'est pas simplement additive : en m'abstenant, j'encourage aussi à faire de même ceux qui se posent encore la question : puisqu'il y a un participant de moins à l'action collective, elle a moins de chance de réussir, et il serait encore plus irrationnel de payer le coût d'un engagement qui risque d'être en pure perte ; de plus, s'il avait encore des hésitations sur la justesse du raisonnement qui le conduisait ainsi à envisager de renoncer à toute participation (ne serait-ce que parce qu'il en entrevoyait les conséquences collectives), mon propre choix peut venir le libérer de cette hésitation : si je le fais, c'est quand même que ça se défend. La conclusion d'Olson est donc sans appel : si le problème de l'action collective reste posé dans ces termes, les engagements seront rares et relèveront de motivations irrationnelles, avec les conséquences problématiques que cela peut impliquer quant aux orientations et aux formes de ces actions.

Hirschman[18] a conduit une analyse différente mais analogue, à partir d'un problème légèrement différent. Il s'intéresse au comportement d'un acteur qui est insatisfait d'une institution à laquelle il est associé (cela peut être une organisation à laquelle il adhère, mais aussi le système politique pris comme un tout, une entreprise dont il est client ou salarié, ou encore un groupe d'amis ou un couple). Je ne suis pas content de ce qui s'y passe : que puis-je faire ? Deux possibilités principales s'offrent à moi : ou bien j'interviens pour tenter d'obtenir une amélioration (c'est la prise de parole, ou *voice*), ou bien, tout simplement, je m'en vais (*exit*) : je me désintéresse de la question (je cesse de militer ou de voter) ou je vais voir ailleurs (je change de fournisseur ou de conjoint). Hirschman n'a aucun mal à montrer que la prise de parole est largement préférable, tant du point de vue de l'individu que de celui de l'institution. Pour celle-ci, le départ d'un participant est certes un événement non négligeable, qui peut avoir la valeur d'un signal d'alarme, voire d'une interpellation (les politiques se préoccupent de la montée de l'abstention, les organisations de la fuite de leurs adhérents, les entreprises de la diminution de leur clientèle ou du *turn over* de leurs salariés). Cela peut conduire l'institution à s'interroger et à se corriger.

Mais cet effet sera limité par trois facteurs : d'une part, l'information fournie par une défection est faible, il est difficile de savoir pourquoi la personne est partie et encore plus ce qui aurait pu la faire rester. De plus, les changements nécessaires ont le plus souvent un coût, notamment pour ceux qui auraient à décider et à mettre en œuvre le changement : cela peut ne pas correspondre à leurs valeurs ou à leurs intérêts, les confronter à des tâches difficiles et ingrates, voire tout simplement remettre en cause leur statut et leur pouvoir. À partir du moment où la personne est partie, il est tentant d'oublier l'interpellation que représente ce départ, ou encore de la rationaliser en lui trouvant *a posteriori* des raisons pas trop dérangeantes (on peut par exemple stigmatiser son égoïsme ou son inconsistance, ou incriminer des manœuvres déloyales de la concurrence). D'autant que, pour finir, une défection se présente le plus souvent comme irréversible : puisqu'on ne peut plus rien pour annuler ce départ-là, on peut espérer qu'il s'agissait d'un cas isolé et surtout du dernier cas, et continuer sans rien changer avec ceux qui restent. Pour l'individu concerné, la défection est également lourde de conséquences négatives. S'il s'agit d'un renoncement à l'action en tant que telle, cela le conduit à un repli croissant sur lui-même, à la solitude ou à l'isolement, à la passivité plus ou moins désabusée ou dépressive. Si au contraire la défection débouche sur le choix d'un nouvel engagement, cela peut, si le processus se répète, l'entraîner dans un processus de nomadisme, une errance interminable de lieu en lieu, sans qu'il ait jamais la possibilité de jouir de la sécurité qu'offre un engagement stable, ni de développer les compétences qui lui permettront de profiter au mieux du lieu où il est.

Il serait donc souhaitable, dans l'intérêt de tous, que la prise de parole soit la règle, et la défection l'exception. Le problème c'est que, de toute évidence, c'est le contraire qui est le plus probable. Tout simplement parce que la défection est toujours incomparablement plus *facile* que la prise de parole. Rien de plus aisé, d'un point de vue strictement rationnel, que de partir, de «déchirer sa carte», de changer de fournisseur ou d'employeur, d'abandonner son conjoint ou d'arrêter de voter. C'est sans risque, cela ne demande pratiquement aucune compétence, ne prend qu'un instant, et l'effet est garanti, immédiat et radical : ce qui ne me convenait plus, j'en suis débarrassé. Alors que la prise de parole, la tentative d'intervenir pour provoquer une amélioration de la situation, est tout à l'opposé : il va me falloir du courage, ne serait-ce que pour oser poser le problème et affronter les conflits qui pourraient en découler, il va aussi falloir que je sache m'y prendre, élaborer des stratégies, construire les alliances nécessaires, puis à nouveau du courage pour persister dans une action qui devra nécessairement durer un certain temps, tout cela pour un résultat aléatoire, nécessairement progressif et partiel. Hirschman résume cette opposition en disant que la prise de parole relève de l'art, alors que la défection est un acte simple, facilement à la portée de tous. On semble à nouveau déboucher sur la même prévision qu'au terme du raisonnement Olsonien : les citoyens se détourneront de toute participation à des institutions politiques nécessairement insatisfaisante, ou, au mieux, se contenteront de zapper d'une position à l'autre, au gré de leurs mécontentements.

Nous pouvons encore enrichir notre analyse de la logique du comportement individuel, à partir d'une autre recherche de Hirschman[19]. Le modèle de comportement sur lequel nous avons jusqu'à présent raisonné peut sembler exagérément pauvre, puisqu'il se réduit à un calcul instantané du coût et des avantages des différentes options envisagées. Nous aurons un modèle un peu moins caricatural si nous introduisons quelques paramètres supplémentaires. Tout d'abord, un acteur rationnel ne raisonne pas seulement en fonction de sa situation présente : il agit en fonction de certaines interprétations du monde et de certaines règles d'action dont il s'est doté, et pour cela il tire les leçons du passé. C'est ainsi que Hirschman se propose d'expliquer la vague de repli vers le privé qui a caractérisé, dans l'ensemble de pays occidentaux, les années 80 et 90. Alors que la fin des années 60 et les années 70 avaient été au contraire marquées par un engagement massif des populations vis-à-vis du politique sous toutes ses formes, un engagement qui, dans bon nombre de cas, a pu être considéré comme excessif : excessifs les coûts acquittés (en temps, en prise de risque, en négligence vis-à-vis des autres secteurs de la vie personnelle), et excessifs les espoirs de changement social censés justifier ces coûts. Un tel engagement et de telles attentes devaient presque immanquablement déboucher sur la *déception* : à quoi bon avoir ainsi sacrifié sa vie personnelle, familiale et professionnelle, pour des résultats, au mieux décevants, au pire négatifs, et le plus souvent presque insignifiants ? Nombreux sont ceux qui, au bout d'un moment, ont fini par « craquer », ont jeté sur leur engagement un regard d'autant plus négatif qu'il avait auparavant été idéaliste, et juré qu'on ne les y reprendrait plus. Il se sont tournés vers ce qui leur paraissait maintenant comme les vraies valeurs, par opposition aux mirages du politique : la carrière professionnelle, la culture, la famille, le confort et... le développement personnel.

Chacun a fait ce choix pour lui-même, mais nombreux sont ceux qui ont suivi le même parcours au même moment, ce qui fait que l'agrégation des décisions individuelles a, une fois encore, produit un phénomène sociopolitique majeur. Tout d'abord parce que ces revirements ont pu être favorisés ou déclenchés par des événements collectifs que chacun a vécu au même moment de la même manière (que l'on songe, dans le cas de la France, à l'élection de F. Mitterrand en 1981 et au tournant social-démocrate qui a suivi quelques années après). Mais aussi, et c'est un autre enrichissement que nous devons apporter à notre modèle de l'acteur, parce que chacun ne décide pas vraiment seul : il est pris dans un vaste processus d'influences sociales, dont il est à la fois la source (en choisissant le repli vers le privé, il y encourage aussi les autres) et l'objet (il est encouragé par les déceptions et les décisions des autres). Lorsque ces processus d'influence aboutissent à une synchronisation massive de décisions analogues, on débouche sur un phénomène normatif massif, relayé par les discours publics, les médias, les œuvres culturelles : tout à coup, il devient « intelligent » de s'occuper avant tout de sa vie privée, et un peu ridicule de continuer à se battre dans le champ politique, tel Don Quichotte contre les moulins à vents, alors que quelques années plus tôt, les jugements étaient inverses.

Hirschman tire de son analyse une conclusion finalement plutôt optimiste : il prédit que, à son tour, le choix de repli vers le privé suscitera une déception, que ceux qui ont fait ce choix finiront par se rendre compte que ce n'est pas non plus une solution pleinement satisfaisante, ce qui entraînera l'enclenchement d'un nouveau cycle d'influence et une nouvelle inversion des normes, conduisant à nouveau les citoyens vers l'engagement public. On aimerait le croire, et l'on a plaisir à détecter dans l'actualité récente des frémissements qui pourraient annoncer un tel nouveau revirement. Mais les propres analyses d'Hirschman sur la défection doivent nous inciter à la prudence : on ne peut pas traiter symétriquement le choix de l'engagement et celui du repli. Autant il est facile, effectivement, quand on est déçu par un engagement, de se laisser glisser sur la pente qui conduit aux charmes du bonheur privé, autant il n'est pas évident que les déceptions vécues dans ce domaine suffisent à donner le courage de remonter la pente ardue qui nous ramènerait vers l'engagement. Après tout, l'univers de la vie privée est multiforme, et une déception dans un sous-domaine peut simplement conduire à en aborder une autre, tout en restant dans le confort de la vie privée : celui qui n'a pas trouvé dans la vie professionnelle les satisfactions qu'il attendait pourra simplement se passionner pour sa vie de famille, et s'il enregistre des déceptions dans ce domaine, il pourra se tourner vers la culture, la religion ou les voyages...

AUTOCENSURE

Je voudrais dire pour finir un mot sur un dernier facteur, qui, toujours au niveau de la logique de la décision individuelle, vient rendre l'engagement encore plus improbable. Une fois encore, nous devons enrichir notre représentation de l'acteur mais, cette fois, le changement de perspective sera tel que notre représentation même de ce qu'est l'action sociale va changer de nature.

Les modèles de l'action rationnelle, largement inspirés de l'économie[20], sont des modèles abstraits, techniques, qui identifient l'individu à un calculateur, pesant les avantages et les inconvénients des différents choix envisagés, en intégrant plus ou moins les leçons du passé et les influences des autres. Pour lui, la société est seulement le cadre où se déploie son action, un des paramètres dont il doit tenir compte dans ses choix : l'individu et la société sont dans un rapport d'extériorité. C'est oublier que notre existence est fondamentalement sociale, que ce que nous sommes n'a d'existence et de sens qu'en fonction de l'expérience que nous avons eue de la société, une expérience qui ne nous a pas seulement influencés mais *forgés*, institués comme personnes humaines.

D'autre part, il nous faut tenir compte de ce que notre expérience du social est particulièrement marquée par l'existence de mécanismes *normatifs* c'est-à-dire que certaines choses et certaines personnes sont perçues unanimement ou massivement comme ayant plus de valeurs que d'autres. Et au sein de cet univers normatif, nous pouvons identifier des phénomènes de *domination*[21], c'est-à-dire que notre vision de l'univers social oppose, sur un certain nombre d'axes de différenciation, d'un côté un pôle légitime, où l'on trouve les groupes sociaux et les manières de vivre qui sont perçues comme les bonnes, celles dont on peut être fiers, qui sont sources de reconnaissance et qui justifient l'exercice d'un pouvoir important, et de l'autre côté un pôle illégitime, où l'on trouve les groupes qui n'ont ni reconnaissance, ni pouvoir. D'un côté les riches, les personnes cultivées, ceux qui ont des relations, les blancs, les hommes ; de l'autre, les pauvres, ceux qui ont été peu à l'école ou qui y ont échoué, les « personnes de couleur », les femmes.

Bien entendu, ces processus ne sont jamais totalement déterminés, et des individus ou des groupes situés au pôle dominé peuvent réussir des stratégies d'ascension sociale, ne serait-ce que sur une dimension secondaire de l'espace social, de même que des individus issus du pôle dominant peuvent connaître un processus de déclassement. Mais ces phénomènes de mobilité sociale sont moins fréquents qu'ils ne le devraient en bonne justice, parce que, par définition, les mécanismes de domination comportent une tendance à la reproduction : les dominants utilisent bien évidemment la reconnaissance et le pouvoir dont ils disposent en grande partie pour maintenir leur position privilégiée et y favoriser l'accès à leurs enfants. Ce qui rend ces processus de reproduction particulièrement efficaces, c'est qu'ils ne reposent pas sur des représentations rationnelles et conscientes, mais sur des dispositions pratiques, des habitus, profondément intériorisés, voire incorporés par les acteurs, dont les effets sont presque automatiques, au point qu'on a l'impression d'un fonctionnement social parfaitement orchestré, bien que sans chef d'orchestre[22]. Les dominants ont la certitude d'être à leur place, et n'ont pas besoin de penser leurs stratégies de défense : ils les mettent en œuvre tout naturellement, sans même y penser, et éventuellement à l'insu de leur propre conscience morale ou politique. Les dominés, eux aussi, ont intégré comme inévitable leur condition et ne songent pas à la remettre en cause, tant ils sont inconsciemment convaincus d'en être incapables : comme le dit Bourdieu, ils font le choix du nécessaire et rejettent l'inaccessible.

C'est ici que nous retrouvons notre réflexion sur l'engagement. Car la pratique politique, quoiqu'on dise du discrédit dont elle ferait l'objet, fait partie des pratiques légitimes : comme la haute culture, le langage élaboré ou les manières élégantes, elle est associée aux pôles dominants des diverses échelles de domination : elle est pour les riches plutôt que pour les pauvres, pour les gens instruits plutôt que pour les « illettrés » (qu'on compare par exemple la place occupée par ce thème dans les quotidiens en fonction de leur lectorat), pour les « français de souche » plutôt que pour les immigrés ou leurs descendants, pour les hommes plutôt que pour les femmes. Il y là un processus d'exclusion de l'accès au politique pour les dominés, qui n'est pas sans rappeler le mécanisme du *cens* qui réservait le droit de vote aux détenteurs d'un minimum de capital. Mais il s'agit d'un *cens caché*[23] : les mécanismes d'exclusion ne sont ni explicites ni facilement lisibles, et reposent pour une part sur des sanctions sociales externes (que l'on songe à l'accueil par forcément encourageant que recevra, dans certaines organisations, le nouvel adhérent trop peu instruit, ou à la manière dont les femmes sont traitées dans bon nombre de lieux quand elles prétendent accéder au pouvoir), mais surtout sur un processus d'autocensure ou d'auto-élimination : le dominé ne se sent pas capable de se mêler de choses qui, dit-il souvent, le dépassent ou auxquelles il ne « comprend rien », il craint de se déconsidérer par son manque de compétences et son manque de maîtrise des « bonnes manières » requises dans cet univers, et il rationalisera volontiers toutes ces craintes sous forme de désintérêt, voire de rejet.

Voici donc un nouveau et dernier mécanisme social qui joue contre l'engagement et le rend encore plus improbable. Certes, par définition, il ne touche qu'une partie des acteurs potentiels, mais les conséquences sont lourdes pour la situation globale, pour deux raisons : d'une part, tout simplement parce que sur la plupart des axes de différenciation sociale, les dominés sont les plus nombreux. Si ne peuvent participer que les dominants, cela réduira massivement le vivier potentiel. Mais, surtout, l'existence de tels processus de discrimination dans l'accès au politique ruine radicalement la légitimité de celui-ci : comment argumenter sur l'importance du politique dans une société démocratique si l'on constate, et ce n'est pas difficile, que seuls y participent les plus puissants ? À l'évidence, on n'est plus dans une situation démocratique mais oligarchique (pouvoir d'un petit nombre), ce qui ne peut que renforcer encore les tendances à l'auto-élimination : si le politique est confisqué par une minorité de dominants, si la démocratie est une illusion, les acteurs les plus conscients prendront garde de ne pas légitimer encore cette illusion en y apportant leur propre participation.

La conclusion de ce chapitre est donc bel et bien préoccupante : tout semble concourir à ce que l'idéal républicain d'une démocratie profitant largement de la contribution des citoyens à sa survie et à son progrès soit battu en brèche. Les processus macro sociaux, historiques et culturels, les dynamiques institutionnelles propres et les logiques des acteurs individuels convergent vers un même résultat : les citoyens vont largement se désintéresser de leur Cité et vaquer tranquillement à leurs affaires, ce qui peut faire peser sur la démocratie toutes sortes de menaces. Une fois encore, c'est Tocqueville qui dessine le mieux la forme que pourraient prendre nos craintes : « Si les citoyens continuent à se refermer de plus en plus étroitement dans le cercle de leurs petits intérêts domestiques, et à s'y agiter sans repos, on peut appréhender qu'ils ne finissent par devenir comme inaccessibles à ces grandes et puissantes émotions publiques qui troublent les peuples, mais qui les développent et les renouvellent. Quand je vois la propriété devenir si mobile, et l'amour de la propriété si inquiet et si ardent, je ne puis m'empêcher de craindre que les hommes n'arrivent à ce point de regarder toute théorie nouvelle comme un péril, toute innovation comme un trouble fâcheux, tout progrès social comme un premier pas vers une révolution, et qu'ils refusent entièrement de se mouvoir de peur qu'on ne les entraîne. Je tremble, je le confesse, qu'ils ne se laissent enfin si bien posséder par un lâche amour des jouissances présentes, que l'intérêt de leur propre avenir et celui de leurs descendants disparaisse, et qu'ils aiment mieux suivre mollement le cours de leur destinée que de faire au besoin un soudain et énergique effort pour le redresser.

On croit que les sociétés nouvelles vont chaque jour changer de face, et, moi, j'ai peur quelles ne finissent par être trop invariablement fixées dans les mêmes institutions, les mêmes préjugés, les mêmes mœurs ; de telle sorte que le genre humain s'arrête et se borne ; que l'esprit se plie et se replie éternellement sur lui-même sans produire d'idées nouvelles ; que l'homme s'épuise en petits mouvements solitaires et stériles et que, tout en remuant sans cesse, l'humanité n'avance plus. »[24]

NOTES

[1] Pour l'ensemble de cette section, je suis très redevable à Myriam Revault d'Allonnes, *Le dépérissement du politique*.
[2] Taylor, *Les sources du moi*, p. 273 sq.
[3] *La démocratie en Amérique*, II, p. 125.
[4] J.-F. Spitz, *La liberté politique*; Taylor, *La liberté des modernes*.
[5] R. Boudon, *La place du désordre*.
[6] D. Gaxie, *La démocratie représentative*.
[7] J.-F. Spitz, *La liberté politique*, p. 318. Il renvoie notamment à ce passage des *Considérations sur le gouvernement de Pologne* : « Le repos et la liberté me paraissent incompatibles : il faut opter » et fait le rapprochement avec Machiavel.
[8] Chapitre 8.
[9] La référence en la matière est bien entendu Machiavel, et l'analyse pénétrante qu'en a proposé Claude Lefort, *Le travail de l'œuvre. Machiavel*.

[10] Je pense bien entendu notamment aux acteurs économiques.

[11] Je ne pense pas seulement à l'abstention électorale, mais à l'abandon de toutes les formes de participation politique, à commencer par la recherche de l'information et de la compréhension.

[12] Par exemple, à l'approche d'une consultation électorale, être amené à choisir et soutenir un candidat, non parce qu'il est le meilleur sur le plan personnel et politique, mais parce qu'il est celui qui a le plus de chance d'attirer les suffrages.

[13] P. Braud, *Le jardin de délices démocratiques*, p. 30-55.

[14] J.-P. Worms, *Reconquérir la citoyenneté pour reconquérir l'État*.

[15] M. Olson, *Logique de l'action collective*.

[16] Traduction malaisée de *free rider*, qui désigne le passager des transports publics qui n'acquitte pas le prix de son voyage.

[17] R. Boudon, *La place du désordre* ou *Effets pervers et ordre social*.

[18] Hirschman, *Défection et prise de parole*.

[19] *Bonheur privé, action publique*.

[20] Olson et Hirshmann sont tous deux économistes, à l'origine, même si le second a pris beaucoup plus de distances que le premier à l'égard de sa discipline initiale.

[21] Tout ce qui suit est une tentative de présentation rapide de la sociologie de Bourdieu. Voir notamment *Le sens pratique* ou *La distinction*. Voir aussi Gaulejac, *La névrose de classe*.

[22] Je fais référence ici à la définition originelle de l'habitus selon Bourdieu : «systèmes de dispositions durables et transposables, structures structurées prédisposées à fonctionner comme structures structurantes, c'est-à-dire en tant que principes générateurs et organisateurs de pratiques et de représentations qui peuvent être objectivement adaptées à leur but sans supposer la visée consciente de fins et la maîtrise expresse des opérations nécessaires pour les atteindre, objectivement "réglées" et "régulières" sans être en rien le produit de l'obéissance à des règles, et, étant tout cela, collectivement orchestrées sans être le produit de l'action organisatrice d'un chef d'orchestre» (*Le sens pratique*, p. 88-89).

[23] D. Gaxie, *Le cens caché*.

[24] *De la démocratie en Amérique*, p. 609, cité par Irène Théry, *Le démariage*, p. 424.

Chapitre 6
L'engagement est-il un bien ?

« Et pourtant, elle tourne... ». C'est la réflexion qui nous viendra immanquablement à l'esprit quand, délaissant les analyses théoriques du précédent chapitre, nous nous tournerons vers la réalité sociale telle que nous pouvons l'observer aujourd'hui autour de nous. Alors qu'on s'attendrait, après de si fortes et rigoureuses démonstrations, à ce que le choix de s'engager soit extrêmement rare, et concentré dans certains groupes sociaux mieux situés pour y réussir, on sera presque étonné de constater qu'il n'en est rien. Certes, on peut encore déplorer que les engagements soient trop peu nombreux ou qu'ils ne prennent pas la forme qu'on jugerait la meilleure. N'empêche : ils existent, ils concernent un très grand nombre de personnes, et il ne fait aucun doute que l'état présent de nos sociétés en porte la marque. Bien sûr, le militantisme « à l'ancienne »[1] a régressé, mais il est loin d'avoir disparu, et surtout il a laissé la place à d'autres formes d'engagement, soit sous forme d'un militantisme renouvelé et enrichi, soit sous celle de ces engagements « post-it »[2] caractéristiques de la « nouvelle citoyenneté » : individualisation (chacun sa manière de s'impliquer), pragmatisme (on ne s'engage plus dans une visée lointaine de transformation sociale, ou au nom de principes abstraits, mais pour produire des résultats concrets à moyen terme) et réversibilité (un engagement est toujours limité dans le temps, on peut l'interrompre et passer à autre chose)[3]. C'est ainsi que se multiplient les associations thématiques, proposant à leurs adhérents des formes simples et pragmatiques d'implication, alliant toutes les dimensions de l'engagement : contribution individuelle et rassemblement collectif, lutte et coopération, transformation et palliation, défense d'intérêts particuliers et promotion de l'intérêt général. N'ont pas non plus disparu les mouvements ponctuels massifs, où des masses importantes se mobilisent pour une cause précise, comme dans les conflits sociaux de 95 en France ou pour la défense des sans-papiers.

Certes, on peut toujours penser que ce n'est pas assez. Mais en tout cas, ce n'est pas rien, et bien plus que ce à quoi l'on pourrait s'attendre sur la foi des analyses du chapitre précédent. Comme ces analyses elles-mêmes sont puissantes et difficiles à prendre en défaut, c'est sans doute que quelque autre facteur est intervenu pour endiguer les puissantes tendances au retrait et dépasser les obstacles qui s'opposent à l'engagement. Il est essentiel que nous le comprenions, car cela pourrait nous aider à trouver de nouveaux moyens de développer et enrichir la participation politique.

Olson et Hirschman, à qui le problème n'a bien entendu pas échappé, ont chacun proposé une piste de réponse[4], mais en restant tous les deux dans le cadre du modèle de l'*homo economicus*. La «solution» d'Olson est celle qui reste la plus proche de son inspiration de départ : puisque la décision de participation repose sur un calcul des coûts et des avantages de celle-ci, il faut agir sur ces deux paramètres, soit en réduisant le coût de l'engagement (faciliter les opérations de vote, proposer des adhésions simples sans engagement de départ, assurer une protection contre les représailles, par exemple dans le cadre du droit du travail), soit, surtout, en augmentant les avantages (par exemple, si le fait d'adhérer à une organisation me procure, indépendamment du succès de la cause collective, des avantages personnels directs, comme l'accès à des postes ou la fourniture avantageuse de produits, de services ou d'informations). Enfin, Olson mentionne la possibilité d'introduire un coût de la non-participation, par exemple par l'institution de règles rendant celle-ci obligatoire (obligation d'adhésion à un syndicat dans le droit américain, obligation de vote dans certains pays).

Tous ces mécanismes correspondent à des réalités facilement observables, et il ne fait pas de doute qu'ils interviennent parfois pour rendre plus probables certaines formes d'engagement. Mais, d'une part, on n'aurait aucun mal à multiplier les contre-exemples d'engagements qui ne semblent pas pouvoir être expliqués ainsi (à commencer par le vote, dont l'avantage individuel ne peut être que pratiquement nul)[5]. D'autre part, jouer, pour favoriser la participation, sur des paramètres relevant exclusivement du calcul intéressé peut être lourd d'effets pervers, puisque cela revient à faire de tout militant ou citoyen un simple mercenaire, qui ne se mobilise que dans la limite où son intérêt y conduit. On imagine sans peine les dérives auxquelles cela peut conduire, et dont certaines manifestent leurs méfaits sous nos yeux (clientélisme politique, transformation des organisations syndicales en machines à carrières, utilisation des associations comme marche-pied pour l'accès à des positions sociales enviables ou simplement à un revenu professionnel, etc.). Plus intuitivement, nous pouvons être tentés de penser qu'il vaut mieux pas d'engagement civique du tout plutôt qu'un pseudo-engagement uniquement intéressé.

À son tour, pour expliquer que, malgré son énorme handicap constitutif face à l'option de défection, la prise de parole ne soit finalement pas si rare, Hirschman est amené à introduire un paramètre très différent, la loyauté[6] : selon lui, il faut qu'une force morale et affective attache la personne à l'institution pour que, en cas de difficulté, il ne puisse pas s'en détacher comme il pourrait être tenté de le faire, et soit en quelque sorte contraint de faire l'effort de la prise de parole. Le terme d'engagement prend ici un sens plus fort que la simple « action en faveur de » mais celui d'un véritable engagement éthique : je tiendrai bon avec vous, même si des difficultés se présentent. L'idée est bien sûr nettement plus sympathique, et plus compatible avec nos idéaux politiques et moraux : si je continue à voter, à adhérer, à travailler ou à vivre avec mon conjoint, ce n'est pas parce que les coûts et les avantages de ce choix ont été simplement subtilement aménagés pour le rendre attractif, mais parce que j'en fais une question de fidélité, c'est-à-dire d'éthique ou d'honneur.

Cette notion de loyauté doit cependant encore être interrogée. Qu'est-ce, en effet, qui donne sa force à l'engagement éthique, et qu'est-ce qui nous fonde à penser que c'est une bonne chose ? Il n'est pas difficile d'imaginer des cas où la loyauté se fonde sur de mauvaises raisons et est moralement regrettable. Que l'on songe par exemple aux politiques des entreprises qui, pour lutter effectivement contre la défection de leurs cadres, conduisent des politiques de fidélisation recourant à des procédés qui confinent à la manipulation ; ou à ces militants de longue date d'organisations très importantes, très normatives et « totales », qui ne parviennent pas à s'en éloigner, même quand ils ont acquis la conviction que leur action était inutile ou nuisible[7] ; ou encore à ces couples qui ne parviennent pas à se séparer, au nom de la fidélité aux engagements initiaux, même lorsque les chances de reprendre une vie satisfaisante à deux sont extrêmement faibles. Autrement dit, le beau mot de loyauté pourrait recouvrir des processus inacceptables de réduction de l'autonomie des individus, dans des situations où la défection serait bien plus justifiée qu'une prise de parole vouée à l'échec. Bien entendu, ce n'est pas toujours le cas, et la capacité d'engagement éthique est une des qualités morales les plus importantes et les plus indiscutables qui soient (personne ne saurait avoir une bonne opinion de ceux qu'on dit opportunistes[8]). Cela signifie simplement que le terme de loyauté ne désigne pas une solution mais un problème.

Ainsi, une rapide analyse critique de deux « solutions » d'Olson et Hirschman nous ont conduits à deux reprises sur la même piste, que je me propose d'explorer dans la suite de ce chapitre. Nous pouvons faire l'hypothèse que si les engagements restent nombreux, malgré ce qui leur fait obstacle, c'est parce qu'ils relèvent de la volonté morale. Si les gens s'engagent, c'est parce qu'ils trouvent que c'est *un bien*. Pour cela, il nous faut nous interroger rapidement sur la signification de cette dernière expression : qu'est-ce que ça veut dire, que tel acte est pour moi un bien ? Trois réponses nous sont offertes par la tradition philosophique : la première, la plus évidente, renvoie à la morale déontologique classique, celle qui pose l'engagement comme *un devoir*, auquel je dois me soumettre comme à un impératif catégorique ; la seconde, à l'opposé, renvoie à la préoccupation eudémonique : est un bien pour moi ce qui contribue à mon *bonheur* ; enfin, nous évoquerons un courant plus récent qui définit le bien comme ce qui est le plus favorable à *l'épanouissement* humain. Bien entendu, ces trois approches ne sont pas contradictoires et nous ne sommes pas sommés de choisir entre elles : leur distinction nous permet simplement de mieux percevoir la complexité de ce que nous voulons dire lorsque nous affirmons qu'un acte est un bien.

FAIRE LE BIEN PAR DEVOIR

La manière la plus évidente d'argumenter en faveur de la valeur morale de l'engagement politique est de faire appel à la notion de devoir, et plus spécifiquement à celle de responsabilité. Le schéma de raisonnement est très simple : il se passe dans la Cité des choses auxquelles je dois accorder de l'importance, vis-à-vis desquelles je dois agir, même si mon intérêt personnel n'est pas directement impliqué. Le devoir, dans cette perspective morale, largement dominante dans l'histoire de l'occident moderne, est avant tout responsabilité à l'égard d'autrui[9]. Je dois donc commencer par clarifier *à l'égard de qui* j'ai des devoirs, pour ensuite examiner la forme que peut prendre ma contribution au bien ainsi défini.

La première responsabilité à laquelle je serai amené à penser est celle à l'égard de ceux qui souffrent. Même si ce monde me convient, à moi, tel qu'il est, ou si en tout cas les imperfections dont je souffre ne sont pas suffisantes pour me motiver à agir, je ne peux ignorer que d'autres hommes vivent dans des conditions difficiles, inacceptables, parce que leurs besoins ne sont pas satisfaits (des plus élémentaires comme le besoin de survie ou de sécurité, aux plus élevés, comme le besoin de relations sociales positives, de reconnaissance ou de réalisation de soi) ou parce que leurs droits sont bafoués (droits fondamentaux à la dignité, à la liberté, à la justice, ou droits plus concrets à l'expression, au déplacement, à la protection de la loi, etc.). La sensibilité à la souffrance d'autrui est une des valeurs les plus centrales de notre culture (sinon d'ailleurs de toutes les cultures), qu'on lui trouve une justification rationnelle ou qu'on se contente d'écouter sa sensibilité au visage de l'autre. Et si je me préoccupe de soulager cette souffrance, je peux certes agir directement pour porter assistance. Mais cette réaction, souhaitable et honorable, a des limites évidentes : certaines souffrances sont trop lointaines ou trop massives pour que je puisse y intervenir directement, ou leur nature est telle qu'une simple aide interpersonnelle risquerait de les aggraver (qu'on songe à l'exemple classique de la charité qui vient renforcer le sentiment d'indignité au lieu de l'atténuer). Elles demandent une intervention forte, dont seule l'action collective est capable, mais aussi une intervention avisée, qui ne viendra pas aggraver le mal en prétendant l'apaiser, ou produire des effets secondaires pires que le problème initial. Ce qui suppose que s'ouvre un débat démocratique sur ce qu'il convient de faire, un débat auquel j'aurai également le devoir de participer. Parfois aussi, l'action nécessaire à l'apaisement d'une souffrance se heurtera à des forces opposées, qui sont les bénéficiaires de la situation présente ou qui refusent de payer le prix des changements nécessaires : il faudra alors que je joigne ma force et ma voix à celles des autres pour triompher de ces résistances et obtenir justice.

Une autre forme de responsabilité qui joue un rôle important dans le champ politique est celle à l'égard des générations futures[10] : même si, encore une fois, le monde tel qu'il est me convient à moi (au moins à peu près), je dois me préoccuper de l'héritage que je transmettrai, bien entendu à mes propres enfants et descendants, mais aussi à tous les enfants à venir : ces êtres naîtront dans un monde tel que je le leur aurai laissé, tel que je l'aurai fabriqué ou que je l'aurai laissé fabriquer par les autres ou par des mécanismes aveugles (notamment économiques), un monde qui sera le leur sans qu'ils y puissent rien. Or, surtout dans l'état actuel du développement technique, certaines des caractéristiques de ce monde peuvent être de véritable bombes à retardement. On songe bien entendu aux périls écologiques : comment pourrais-je sans honte quitter ce monde en laissant aux générations à venir des ressources naturelles en voie d'épuisement, un espace pollué, une biosphère bouleversé dans son volume, sa diversité et ses équilibres, des stocks de déchets radioactifs de très longue durée de vie ? Mais il n'y a pas que dans ce domaine qu'on peut imaginer de telles bombes : une situation sociale «pourrie», internationalement ou au sein même de nos villes, peut se révéler tout aussi explosive ; un patrimoine culturel appauvri et marchandisé, des institutions en voie de perdition, des mœurs brutales et égoïstes constituent des héritages guère plus glorieux.

Un autre groupe à l'égard duquel j'ai également un devoir, c'est, pourrait-on dire, ceux qui travaillent pour moi. Si ma vie ne me paraît pas trop difficile et que je n'éprouve peut-être pas le besoin de me mobiliser politiquement, c'est entre autres parce que des hommes et des femmes contribuent à la production et à la protection de cette situation relativement satisfaisante. Si les travailleurs sociaux ne traitaient pas les situations sociales difficiles, si les agents des services publics ne remplissaient pas les multiples fonctions qui sont les leurs, si les hommes politiques ne veillaient pas à l'évolution et à l'application de la loi, etc., ma vie serait toute autre. J'ai donc le devoir de respecter ce travail dont je profite, et aussi de lui apporter mon soutien en contribuant à l'orientation de l'action publique. Suis-je tenté de rejeter cette dette ? De dire, par exemple : « Je paie mes impôts, ils sont payés pour faire leur boulot, donc nous sommes quittes » ? Il est pourtant bien évident que, à leur place, je ne me contenterais pas d'une telle réponse : toute peine mérite salaire, dit-on, mais il faudrait aussi ajouter qu'elle mérite reconnaissance et respect. Or, une dégradation ou une mauvaise orientation de la situation politique, à laquelle j'aurai contribué par mon désintérêt, peut conduire à une dégradation des conditions d'exercice de ces fonctions : il est de ma responsabilité de tenter de l'éviter.

Le même raisonnement peut me conduire à la prise en compte d'un dernier groupe vis-à-vis duquel j'ai des responsabilités : ceux dont je suis héritier. De même que je laisserai un monde plus ou moins viable aux génération futures, de même j'ai reçu des générations précédentes un monde qui comportait bon nombre de richesses, fruit de leurs recherches et de leurs efforts. Ces richesses, j'en jouis, et j'ai en quelque sorte le devoir d'en jouir sainement de façon à pouvoir les transmettre à mon tour en bon état, même si je suis par moment tenté de douter de leur intérêt direct pour moi. La démocratie elle-même est un de ces héritages : des générations avant moi se sont battues pour faire reculer l'arbitraire, pour accorder à tous une part du pouvoir souverain, pour faire reconnaître et respecter les droits de l'homme et les principes de l'État de droit. J'ai aussi hérité d'un droit du travail et d'un droit syndical, d'un droit d'association, de lois sur l'égalité entre les sexes et contre la discrimination. Parfois, le temps s'écoulant, je ne perçois plus combien ces acquis représentaient et représentent encore des richesses précieuses, même si je n'y recours plus directement. C'est le socle sur lequel ma vie est possible, que d'autres ont construit pour moi, et j'ai le devoir d'en prendre soin.

Ainsi, je ne peux pas rester sourd à la quadruple interpellation de ma responsabilité vis-à-vis de ceux qui souffrent, des générations passées et à venir, et du travail de ceux qui construisent et entretiennent le cadre de vie dont je profite. Je dois apporter ma contribution. Mais pourquoi cette contribution ne se limiterait-elle pas au strict minimum civique : payer mes impôts et désigner périodiquement mes représentants ? Eh bien tout simplement parce que cette contribution est insuffisante, tant par son volume (en comparaison de l'importance des interpellations morales que je reçois) que par sa nature, bien pauvre humainement et cognitivement. Je peux et je dois donc faire bien d'autres choses, que nous pouvons maintenant énumérer rapidement.

Je dois *d'abord* contribuer à la légitimation et la stabilité du système démocratique lui-même. Je ne dois pas oublier qu'il s'agit d'un acquis encore récent (à l'échelle de l'humanité), et toujours fragile et menacé, non seulement par les forces hostiles de l'extrémisme et du totalitarisme, mais aussi par la concurrence des autres sources de pouvoir, notamment économique (mais aussi intellectuel, technocratique ou religieux). Ma contribution est donc nécessaire pour rappeler en permanence que c'est bien cette source de pouvoir-là que je soutiens, avant toutes les autres. *Deuxièmement*, je dois apporter ma propre contribution au débat démocratique : l'idée essentielle de notre système politique est que la société avance par le conflit, pourvu que celui-ci soit traité par la discussion. J'ai donc le double devoir d'exprimer utilement mes désaccords (autrement qu'en « râlant » devant un comptoir ou dans les dîners) et de prendre en compte les opinions différentes des miennes pour tenter de progresser moi-même dans ma compréhension et mes options. Cette contribution est d'autant plus importante que je ne dois pas oublier que le propre des décisions politiques, c'est qu'elles doivent nécessairement être prises (on ne peut pas décider de ne pas décider), mais dans des conditions où il n'y a pas moyen de savoir à coup sûr quelle est l'option la plus juste. La seule manière de maximiser la qualité de la décision, c'est d'enrichir autant que possible le débat. Bien entendu, si je veux contribuer à ce débat public, je dois d'une part me donner les moyens de prendre des positions éclairées, en m'informant et en me formant, et également me donner les moyens de porter ma voix là où se prennent les décisions, et avec assez de force pour qu'elle ait des chances d'être entendue, ce qui supposera le plus souvent un passage par l'action collective.

Troisièmement, puisque la démocratie dans sa forme actuelle repose sur la délégation d'une grande partie du pouvoir politique à des représentants, je dois veiller à limiter les dérives oligarchiques prévisibles, d'une part en contribuant au contrôle du pouvoir politique, pour en dénoncer les faiblesses ou les abus et encourager les représentants à résister aux tentations, d'autre part en me portant éventuellement volontaire pour occuper moi-même une fonction de représentant. *Enfin*, je devrai parfois intervenir directement dans la vie sociale, sans passer par l'intermédiaire du pouvoir politique, à chaque fois que l'action de celui-ci est insuffisante soit parce que les représentants ne mesurent pas suffisamment les besoins, soit parce que les ressources de la collectivité sont trop limitées, soit encore parce qu'une action menée sur le terrain de la société civile sera techniquement plus efficace, soit enfin, *last but not least*, lorsque que l'État n'a pas de légitimité à intervenir parce que le problème relève simplement des rapports de force ou de solidarité internes à la société civile (relations entre salariés et employeurs, entre locataires et propriétaires, etc.).

Cette première ligne d'argumentation qui consiste à présenter la participation politique comme un devoir du citoyen est la plus classique et la plus répandue. Elle me paraît correcte et indispensable, mais je ne pense pas qu'elle puisse suffire. Elle renvoie à une perspective morale trop étroite, fortement marquée par un christianisme et un kantisme rudimentaires, selon laquelle le critère essentiel d'un acte moral est le *désintéressement* : je ne peux faire réellement le bien qu'à condition de ne rien en tirer pour moi-même (et donc, tout acte dont je tirerais un bien pour moi ne saurait être reconnu comme un bien réel, un bien en soi). Il ne fait aucun doute que notre pensée morale comporte effectivement cette idée, qui peut-être parfois une source pertinente d'interrogation ; mais elle ne saurait s'y réduire. Et je suis convaincu qu'un discours sollicitant l'engagement uniquement dans ces termes ne sera ni efficace, ni bénéfique. Il ne sera pas efficace parce qu'il provoquera immanquablement des réactions de rejet de la part de ses destinataires. Ce rejet peut partiellement s'expliquer par des raisons contingentes non rationnelles (les mauvais souvenirs de l'éducation morale simpliste et oppressive que beaucoup ont reçu, les mouvement anti-moralistes qui ont marqué tout le XXe siècle, le sentiment déplaisant d'être traité comme un enfant à qui l'on fait la leçon...), mais il relève aussi d'une réaction très saine : nous ne sommes effectivement plus des enfants, et nous avons conscience, même intuitivement, que notre pensée morale est plus riche et plus complexe et qu'elle ne peut se réduire à des schémas déontologiques aussi simplistes. Nous attendons qu'on nous parle un langage moral adulte et du XXIe siècle, et celui-ci ne saurait continuer à opposer de façon caricaturale bien en soi et bien pour soi.

Je ne pense pas non plus qu'un encouragement à l'engagement qui reposerait uniquement sur un tel discours serait bénéfique pour la politique elle-même. C'est que cela encouragerait, et éventuellement sélectionnerait aux dépens de tous les autres, un profil d'engagement qu'on pourrait qualifier de *sacerdotal* : dévouement total, esprit d'abnégation et de sacrifice, renoncement aux plaisirs, dans et hors de l'activité politique, voire valorisation de la souffrance ou en tout cas de l'effort. Avec deux conséquences négatives : tout d'abord, cela conduirait à sélectionner, parmi les participants potentiels, un type de personnalité spécifique, compatible avec de telles exigences (une personnalité qui risque fort d'être assez rigide, voire de présenter toutes les caractéristiques de la personnalité dogmatique[11]; qui risque aussi d'être le produit d'une histoire personnelle difficile et lourde de souffrances non exprimées, de contradictions non résolues qui tendront à s'exprimer dans l'action militante), et à écarter toutes les autres, peut-être plus riches et plus souples... notamment celles qui sont le fruit d'un travail psy. D'autre part, cela risque de rendre les engagements particulièrement fragiles : la volonté de faire le bien unilatéralement, sans rien en retirer pour soi, même positive et saine, risque de mal résister à l'épreuve du temps, au caractère laborieux et souvent frustrant du travail militant, aux réactions parfois décevantes des «bénéficiaires», et surtout aux multiples déceptions relatives aux contradictions de l'action elle-même ou à la faiblesse de ses résultats.

C'est pourquoi il nous faut aborder maintenant d'autres conceptions du bien, où l'on cessera d'opposer trop radicalement bien pour les autres et bien pour soi. Bien entendu, c'est aussi ici que nous retrouvons la recherche centrale de ce livre : si recherche du bien pour soi et recherche du bien pour tous peuvent s'allier, cela signifie que travail psy et participation politique cessent d'être opposés et peuvent converger dans un même travail de production d'une société plus juste et d'individus plus riches.

LE BONHEUR

Nous sommes tellement habitués à réduire la morale au devoir désintéressé qu'il peut nous paraître incongru d'imaginer que la recherche du bonheur personnel puisse être considérée comme moralement bonne. Nous sommes au contraire habitués à opposer les deux et à penser que la recherche morale personnelle doit nécessairement consister, dans notre vie, à gagner du terrain au profit du devoir et au détriment du bonheur. Il faut encore une fois souligner combien cette vision est, à l'échelle de l'histoire de notre civilisation, récente et fortement imprégnée par une vision religieuse tout entière tournée vers l'aspiration aux béatitudes de la Cité céleste et la culture de l'humilité dans ce monde-ci. Il revient à Nietzsche, parmi les premiers, dans son entreprise générale de *généalo-*

gie de la morale, d'avoir souligné ce point et de nous avoir invités à reprendre contact, par-delà les siècles, avec une philosophie ancienne, et notamment grecque, dont la vision était toute différente.

Comment, en effet, quoique ce soit pourrait-il être un bien s'il n'était pas d'abord un bien pour moi ? Pourrait-on considérer comme sage celui qui prétendrait faire le bien en se sacrifiant lui-même ? Le premier « devoir » de chacun n'est-il pas avant tout de veiller à ce que sa propre vie soit un exemple de bonheur humain ? Bien entendu, cela suppose de s'interroger sur la signification du mot *bonheur*, et en particulier d'écarter une vision de celui-ci qui le réduirait à la recherche de la jouissance ou du bien-être immédiat : à coup sûr, n'est pas sage celui qui se laisse guider par les omniprésentes tentations du plaisir, qui réduirait la vie humaine à celle d'un animal ou d'un enfant. Si c'était ce bonheur-là que nous cherchions, l'engagement politique serait une bien mauvaise option de vie : soit il déboucherait massivement sur la frustration, soit il prendrait une forme corrompue, dégradée en jouissance du pouvoir ou de ses avantages connexes. Mais nous cherchons un véritable bonheur, humain et adulte, profond et créateur, exigeant et raffiné[12]. C'est alors que nous pouvons voir en quoi l'engagement politique peut y contribuer. Il n'entre pas dans mon propos ici de fournir une description et une analyse complète de cette question. Je me contenterai d'en donner quelques aperçus qui seront autant de suggestions ou de pistes sur lesquelles chacun pourra conduire sa propre réflexion.

Quelles sont donc les besoins ou aspirations personnels qui pourront être satisfaits grâce à l'engagement ? Pour faire transition avec la section précédente, nous pouvons commencer par évoquer les satisfactions morales. En effet, et nous pouvons tous en faire l'expérience évidente et indubitable : *nous avons du plaisir à faire le bien*, à faire ce qui nous paraît juste en soi ou pour les autres, en particulier l'une ou l'autre de ces actions que j'ai mentionnées plus haut. Certes, nous avons aussi parfois du plaisir à faire le mal, et il serait dangereux de le nier (et le travail psy peut nous aider à reconnaître cette facette sombre et douloureuse de nous-même). Mais il me semble assez manifeste, et je suis convaincu que chacun arrivera à la même conclusion s'il examine sans préjugé sa propre expérience, que ces deux expériences ne sont pas symétriques : la satisfaction associée au bien n'a pas la même qualité que sa concurrente malveillante, elle est plus complète, plus paisible, alors que l'autre est instable, ambivalente. Certes, aussi, il nous arrive de nous empêcher de faire l'action bonne qui nous vient à l'esprit ou qu'on attend de nous, et dont nous pourrions certainement tirer une satisfaction, pour des raisons qui nous restent le plus souvent assez confuses (et que, à nouveau, le travail psy nous aidera à démêler). Mais un tel refus sera lui aussi source d'ambivalence, d'insatisfaction, il sera associé à des émotions mélangées assez caractéristiques, ce qui vient confirmer indirectement notre idée de départ.

Un esprit cynique pourra prétendre que, justement, ce plaisir pris à faire le bien est la preuve de l'impureté, voire de la fausseté de ce bien. Combien de fois n'avons-nous pas entendu ironiser sur la prétention faussement morale de ceux qui, sous couvert de politique, pratiquent une forme modernisée de charité ou prétendent sauver le monde ? Je ne vois pas pourquoi nous nous laisserions intimider par un tel propos. En quoi le fait de trouver de la satisfaction personnelle à faire le bien le rendrait-il moins bien, voire pas bien du tout, et même mauvais ? Certes, la satisfaction éprouvée n'est pas à elle seule une garantie, si elle se fonde sur une vision trop simpliste de ce qu'il convient de faire : nous devons armer notre vision du bien par un travail rationnel et par l'affinement de notre sensibilité. N'empêche : nous serons finalement plus heureux si nous pouvons nous dire, à tout moment de notre vie, que nous avons fait ce que nous devions faire.

Au-delà d'ailleurs de la satisfaction immédiate que nous pouvons trouver à faire notre devoir, il est une autre satisfaction morale que l'engagement politique viendra alimenter : celle qui naît de la cohérence entre nos valeurs et nos actes. Nous savons tous, au fond, que certaines choses dans ce monde sont préoccupantes et que, comme on le dit si souvent « il faudrait faire quelque chose ». Certes, nous sommes souvent tentés d'entendre alors : « *Ils* (les autres, les puissants, les gouvernants) devraient faire quelque chose ». Mais nous savons aussi que, en démocratie, on attend de chaque citoyen qu'il apporte sa contribution à la prise de conscience des problèmes, à l'élaboration puis à la mise en œuvre des solutions ; nous ne pouvons pas ignorer que notre contribution pourrait être utile, ne serait-ce que pour déclencher l'intervention de ceux qui détiennent les clefs, et qu'en tout cas notre abstention ne le sera pas. Quelque part en nous se loge inévitablement, même si nous déployons beaucoup d'énergie pour le faire taire, un « *Je* devrais faire quelque chose ». Savoir qu'un acte serait bon et ne pas l'accomplir est une situation que, depuis Aristote, on désigne sous le nom d'*acrasia* ou, en langage moderne, de *faiblesse de la volonté*[13]. Pour Aristote, cette situation est à la fois irrationnelle et incompatible avec un bonheur véritable (ce qui, dans la vision rationaliste des Grecs, est une seule et même chose), et je pense que c'est une idée difficile à contester. Faire le pas de l'engagement, c'est s'engager dans une des voies possibles permettant de résoudre cette contradiction personnelle.

L'engagement pourrait donc nous apporter des satisfactions morales non négligeables. Cela suffit-il pour être heureux ? Évidemment pas, et un engagement qui ne reposerait que sur de telles motivations risquerait fort d'être encore fragile. C'est que nous avons commencé notre exploration des besoins humains par les étages supérieurs[14]. Il nous faut maintenant descendre vers des besoins plus simples, plus basiques, pourrait-on dire.

Restons encore dans les zones supérieures en évoquant la question de la *dignité*. C'est une des valeurs les plus centrales de notre culture, sans doute l'héritage le plus fort et le meilleur du christianisme[15] : tout être humain quel qu'il soit, quelle que soit sa condition et quels que soient ses actes, a une valeur identique à tous les autres, et cette valeur est supérieure à toutes les autres valeurs quelles qu'elles soient. Cette affirmation a des retombées sur tous les plans de notre vie personnelle et sociale. Sur le plan moral, cela débouche sur l'impératif de *respect* : je ne dois en aucun cas porter atteinte à la dignité d'une autre personne. Sur le plan politique, il en découle un certain nombre de *droits* qui visent soit à protéger les personnes contre les atteintes à leur dignité (interdiction des traitements dégradants, de l'esclavage, des atteintes corporelles...), soit à leur fournir les moyens d'affirmer eux-même pleinement leur propre dignité (droit à l'éducation, à l'expression, à la culture...). Sur le plan de la recherche du bonheur, cela se traduit en termes de sentiment de dignité : je ne vois pas comment je pourrais me sentir heureux si je n'éprouve pas le sentiment d'être pleinement porteur de la dignité humaine.

Ce sentiment de dignité n'est pas inné : il est le fruit de notre expérience du monde. Pour une part, il dépend de la reconnaissance des autres, du respect avec lequel ils nous traitent, et, pour une autre part, de nos propres actes et du regard que nous jetons nous-mêmes sur eux. Si je veux davantage développer mon sentiment de dignité, je dois à la fois obtenir davantage de reconnaissance des autres et poser des actes affirmant ma propre dignité. Et c'est ici que nous retrouvons l'engagement politique, qui pourra m'apporter l'un et l'autre : en prenant place dans le jeu démocratique, en affirmant mes opinions et participant aux discussions, en accédant à des responsabilités publiques, en exerçant un pouvoir reconnu comme légitime, j'affirme moi-même ma dignité et je me donne des chances d'obtenir la reconnaissance des autres. Cet enjeu est pertinent pour tout le monde, mais tout particulièrement, bien sûr, pour ceux qui souffrent d'un sentiment d'indignité.

On pense bien sûr, tout d'abord, à ceux qu'on dit exclus, parce qu'ils n'accèdent à aucune des caractéristiques sociales qui pourraient, précisément, confirmer leur dignité (réussite scolaire, travail, bonne réputation, vie de famille réussie, apparence physique conforme aux normes, etc.)[16]. On prend de mieux en mieux conscience, au fil des années, de ce que la plupart des dispositifs sociaux mis en place par la collectivité pour leur venir en aide sont largement contre-productifs, parce qu'ils prennent ces personnes comme des *bénéficiaires* de l'action, des *objets* dont s'occupent les seuls véritables sujets que sont les intervenants sociaux : les apports indéniables de l'intervention sociale sur le plan concret sont ainsi contrebalancés par une blessure sans cesse ravivée sur le plan de la dignité. D'où l'émergence récente, dans ce champ de l'intervention sociale, du thème de la citoyenneté : l'univers de la vie politique démocratique est celui où, le plus facilement (par opposition notamment au monde économique, scolaire ou culturel), ces personnes pourraient reprendre une place de sujet actif, affirmant leur présence et leur valeur avec les mêmes droits que quiconque. Bien entendu, cela ne va pas sans poser de nombreux problèmes : d'une part, on pointe souvent comme choquant qu'on demande aux personnes les plus en difficulté de faire preuve de citoyenneté active alors que les mieux nantis s'en désintéressent massivement ; d'autre part, il est loin d'être si facile que cela, quand on est détenteur d'un faible capital social, de prendre place dans le jeu politique, même élargi à la vie syndicale et associative. Je ne pense pas que cela puisse remettre en cause la justesse de la démarche : en ce qui concerne la première objection, il faut d'abord affirmer que la citoyenneté est ici posée non comme un devoir mais comme une chance, et que les nantis ne sont pas si indifférents que cela à cette facette du politique ; quant aux obstacles sociaux réels à l'accès des plus démunis à une citoyenneté active, ils appellent des réponses concrètes dont certaines sont connues depuis longtemps et auxquelles il convient de travailler activement aujourd'hui[17].

Mais je ne pense pas qu'il n'y ait que pour les personnes dites exclues que l'engagement politique comporte une enjeu d'accès ou d'affirmation de la dignité personnelle. D'une part parce que les relations de domination sont complexes et multiples et que, d'une certaine manière, nous sommes toujours l'exclu de quelqu'un. Je pense en particulier aux femmes, qui peinent encore souvent à affirmer pleinement leur dignité face aux hommes, à se poser tout à fait comme «des hommes comme les autres», mais aussi aux habitants des campagnes face à ceux des villes, aux détenteurs d'un capital seulement économique face aux détenteurs de titres scolaires. D'autre part, et surtout, parce que notre sentiment de dignité porte la marque de notre histoire personnelle et familiale. Notre histoire sociale personnelle ou celle de nos ascendants peut avoir laissé des traces, éventuellement inconscientes, mais qui nous conduisent à douter de notre dignité (suis-je vraiment un homme ou une femme «bien»? Ai-je vraiment le droit de parler, va-t-on m'écouter?)[18]. Même des expériences éducatives relativement indépendantes de la dimension sociale peuvent avoir porté atteinte à mon sentiment de dignité (par exemple, des traumatismes ou des relations négatives, à l'école ou dans la famille, en matière d'exercice de l'autorité, de traitements corporels ou de communication). Pour ceux-là aussi, l'engagement pourra avoir une valeur thérapeutique, fournir l'occasion de dépasser positivement les blessures initiales[19].

Si nous descendons encore un peu dans la hiérarchie des besoins, nous allons aussi rencontrer le besoin de *pouvoir*. Entendons-nous bien : je n'évoque pas ici la quête des positions dites de pouvoir ou de domination, c'est-à-dire des statuts considérés comme supérieurs. Certes, la détention de telles positions peut-être une source de jouissances directes ou indirectes et il peut arriver que certains s'engagent politiquement dans l'espoir d'y accéder et d'en profiter. Ce n'est pas en soi condamnable si cela ne s'accompagne pas de procédés incorrects dans la manière de conquérir ou de conserver ces positions, ou dans la manière de s'y comporter. En tout cas, pour nous qui nous préoccupons de recherche du bonheur et non de plaisir immédiat, la piste ne semble pas la bonne : la jouissance du pouvoir ou des choses qu'il permet d'obtenir ne semble pas déboucher sur des formes de bonheur particulièrement satisfaisantes, ne serait-ce qu'en raison de l'extrême instabilité des positions en question et des graves compromis auxquels risque de devoir se soumettre celui qui prétend y rester longtemps.

Si je parle ici de pouvoir, c'est dans son sens premier, proche de celui du verbe, qui exprime simplement une *possibilité* : je peux faire quelque chose, et plus précisément je peux agir sur le monde social, je peux lui imprimer ma marque. Gérard Mendel a naguère développé tout une théorie de ce qu'il a nommé l'Acte-pouvoir (pour le différencier précisément des positions statutaires de pouvoir) et dont il fait l'un des besoins humains fondamentaux[20]. Il n'est en effet pas difficile de comprendre qu'un individu ne puisse pas être heureux s'il a le sentiment d'être impuissant face au monde humain qui l'entoure, s'il se trouve uniquement en position de le subir passivement. Que l'on songe simplement à la jubilation du jeune enfant qui découvre qu'il peut contrôler le comportement de l'adulte, par exemple en jetant à plusieurs reprises au sol le jouet qu'on vient de lui ramasser.

Or, dès que notre regard s'élargit et prend en compte le monde social en tant que tel, tant à proximité immédiate (l'institution, la commune, le quartier) que dans des espaces plus vastes, nationaux ou internationaux, nous pouvons retrouver un sentiment d'impuissance qui n'est pas sans rappeler celui du nouveau-né vis-à-vis des apparitions et disparitions de ses parents[21] : il se passe des choses, qui peuvent être très importantes pour nous par leurs conséquences pratiques ou plus largement en raison de la valeur que nous leur accordons, et nous n'y pouvons rien. Cette impuissance est pour une part inscrite dans la réalité : de fait, en raison de la complexité des mécanismes, de la massivité des phénomènes, de la distance géographique ou des cloisonnements de la vie sociale, il est difficile d'imaginer que je puisse agir sur tout ce qui me paraît pourtant avoir de l'importance. Mais ce sentiment d'impuissance sera encore renforcé par mon abstention politique : si je ne fais rien, même pas une tentative, ne serait-ce que pour obtenir des changements limités mais qui pourraient, joints à d'autres, avoir des effets significatifs, si je n'ai jamais l'occasion de constater ou simplement de pouvoir croire que mon action a eu un effet sur le monde, même modeste ou intermédiaire, alors, une fois de plus, il est difficile d'imaginer que je puisse être réellement heureux.

Le dernier type de besoin que l'engagement personnel pourra me permettre de satisfaire, ce sont les besoins *sociaux* : nous ne pouvons être heureux indépendamment de la quantité et de la qualité de nos relations concrètes avec les autres. On peut ici distinguer deux grands ensembles. D'une part, le besoin de relations sociales, de communication et d'échanges. Nous appartenons à une espèce profondément sociale, pour laquelle la présence d'autrui, le contact corporel, visuel ou verbal avec les autres est indispensable : il n'est pas bon que l'homme soit seul (ce qui n'exclut pas, bien entendu, de jouir par moments de la solitude). Or, la vie moderne est relativement peu riche en relations sociales. Certes, nous voyons beaucoup de monde, surtout si nous travaillons ou si nous habitons en ville, mais ce sont des rencontres sans échanges. Notre vie relationnelle se réduit souvent à un univers relativement étroit : notre famille (de plus en plus réduite), quelques collègues, quelques amis. L'engagement politique, lorsqu'il prend la forme d'une participation à l'action collective, nous fournit une occasion précieuse d'enrichir nos contacts : nous y rencontrons des gens souvent très différents de ceux qui constituent notre cercle proche, avec qui nous allons avoir des discussions importantes et approfondies, que nous pourrons découvrir et aimer mais aussi affronter sans que cela entraîne trop d'enjeux affectifs, avec qui nous allons mener des actions communes et en partager les retombées émotionnelles. Dans les moments particuliers d'incandescence (une lutte dans une entreprise ou un quartier, une manifestation publique réussie, une soirée électorale, une opération audacieuse), cela peut être l'occasion d'éprouver des sentiments particulièrement chaleureux et structurants.

L'autre face des besoins sociaux concerne le besoin d'appartenance, le besoin que nous avons de nous définir comme membre d'un groupe particulier. Et elle est plus importante encore. C'est que notre société peine à satisfaire ce besoin : avec la progression historique de l'individualisme, toutes les appartenances traditionnelles (au clan familial, à la corporation, à la communauté religieuse, au village ou à la cité, à l'ethnie) ont été affaiblies et frappées de soupçon, au profit de la magnification d'un individu superbe et flamboyant, d'autant plus admiré qu'il tient seul debout, sans autres liens aux autres que ceux qu'il a choisis et qu'il peut rompre à tout moment. Cette évolution débouche sur des résultats précieux, notamment avec la construction de l'autonomie individuelle[22] et tout le potentiel de liberté et de création qu'elle permet, et elle est de toute façon irréversible. Mais elle débouche aussi sur de sérieuses impasses. D'une part, en raison des contraintes anthropologiques, liées aux modalités de construction de l'individu humain à partir de sa naissance biologique, et qui ne peuvent que reposer sur un sentiment d'appartenance à une ou plusieurs collectivités particulières, avec lesquelles l'individu pourra ensuite progressivement prendre ses distances, mais dont il ne pourra jamais se détacher en raison des traces inévitables que son expérience précoce laissera dans son psychisme. D'autre part, il y a aussi des raisons plus fondamentales de douter de la possibilité de vivre sans appartenance. Hannah Arendt, par exemple, les a mises en évidence à partir d'une réflexion sur la situation de ces individus dits apatrides que l'histoire mouvementée de l'Europe de la première moitié du XXe siècle a jetés sur les routes du monde. Elle débouche sur une critique de la notion même de droits de l'homme, si celui-ci doit pour cela être renvoyé à une existence asociale, soi-disant naturelle : « A l'épreuve des faits — c'est-à-dire à l'épreuve de la perte des qualités politiques tenues pour accidentelles —, ce qui se découvre n'est pas le substrat permanent d'une nature humaine universelle, c'est une pure indétermination privée de sens. À tel point qu'un homme "en général", un homme qui n'est "rien qu'un homme" n'est même plus reconnu par ses semblables. Il semble qu'il ait précisément "perdu les qualités qui permettent aux autres de le traiter comme leur semblable". [...] *De quoi*, en effet, est-on privé quand on est privé d'une "résidence" dans le monde, d'un statut juridique et social, d'une citoyenneté ? On est privé de quelque chose de beaucoup plus fondamental que la liberté, l'égalité ou la justice. Non que la liberté, l'égalité ou la justice soient déclarées secondaires, mais parce que sans le fondamental qu'est l'appartenance à une communauté organisée, elles ne sont elles-même que des abstractions inopérantes »[23].

Nous avons donc besoin de nous sentir appartenir à une communauté humaine, mais la société moderne ne nous offre plus que des appartenances faibles, sans guère de contenu et facilement réversibles, et dévalorise toutes les autres. Nous pouvons être tentés de nous (re)tourner vers des appartenances plus fortes, à l'ancienne pourrait-on dire, vers une lignée *familiale*, vers une *communauté* ethnique ou de destin, vers une *classe* perçue comme un monde social total (le peuple ou le prolétariat plus ou moins mythifiés, mais tout autant la noblesse ou l'aristocratie économique ou culturelle), à une organisation *religieuse* (une bonne part des nouvelles religiosités renvoie à la quête d'une nouvelle appartenance), *philosophique* (la franc-maçonnerie, par exemple), voire *sectaire*. Mais toutes ces voies sont des impasses, au mieux vouées à l'échec à terme, lorsque se réduisent les illusions de départ, au pire à la destruction de l'autonomie de l'individu. L'engagement politique est une des seules voies dont on puisse attendre à la fois l'affirmation et le renforcement de l'autonomie et la garantie d'une appartenance réellement significative. Une appartenance qui sera d'autant plus positive qu'elle sera puissante et multiple (s'engager, c'est trouver sa résidence, pour reprendre le terme d'Arendt, à la fois dans la communauté politique globale, la Cité, et dans des *prises de parti* distinctives et fortement mobilisatrices en raison des enjeux qu'elle désigne)[24].

L'ÉPANOUISSEMENT

Ainsi, il serait sage et bon de s'engager politiquement, non seulement parce que cela consiste à faire le bien autour de soi, mais parce que cela permet de se faire du bien à soi. Il nous reste à examiner maintenant un troisième sens du concept de bien. Il trouve sa source, à nouveau, dans la philosophie antique, même si, bien entendu, sa transposition dans le monde moderne suppose de nombreux ajustements qui aboutissent à un sens finalement assez différent.

Nous pouvons partir d'un raisonnement assez simple que nous devons, une fois encore, à Aristote. Lorsque, dit-il, nous disons d'un objet qu'il est bon, nous voulons dire qu'il remplit bien sa fonction, ce qui le distingue des autres : une bonne montre est une montre qui donne l'heure juste, une bonne maison est une maison qui nous abrite solidement et confortablement, un bon marteau est un marteau qui enfonce bien les clous, etc. De même, lorsque nous disons d'un homme particulier, désigné par une fonction particulière, qu'il est bon, nous voulons dire qu'il accomplit bien cette fonction : un bon cordonnier est celui qui répare bien les chaussures, un bon professeur est celui qui enseigne efficacement, un bon psy est celui qui apporte une aide de qualité à ses clients, etc. Il est alors naturel d'imaginer que quand nous disons qu'un homme est bon, tout court, ou que c'est un homme bien, nous voulons dire qu'il réalise, lui aussi, ce qu'on peut attendre de lui étant donné sa nature, qu'il s'accomplit en tant qu'homme et pousse aussi loin que possible ce qu'on peut espérer de lui en la matière.

Cette idée, qui est bien une idée morale puisqu'elle pousse à formuler des jugements sur la valeur intrinsèque des actes humains, était très présente dans la philosophie antique. Elle a pratiquement disparu pendant des siècles de la philosophie morale, surtout à partir de la diffusion de la brillante pensée kantienne, qui explore de toutes autres directions. Elle est cependant présente chez Nietzsche, et se retrouve dans la dernière strate de la hiérarchie des besoins de Maslow sous la désignation de «besoin de *réalisation*». À l'évidence, ce «besoin» est d'une autre nature que tous les autres, et en toute rigueur, ce n'en est pas un : il ne s'agit pas ici de fournir un aliment, quelque chose qui serait nécessaire à une existence heureuse (alimentation proprement dite, soins et chaleur, sécurité et justice, relations avec les autres et appartenance, reconnaissance et dignité, satisfactions morales). Il semble bien que nous puissions facilement vivre, et même vivre heureux, sans nous soucier le moins du monde de nous réaliser ou de nous accomplir. Il s'agit donc d'un *bien* d'une autre nature, et cette troisième approche se situe en quelque sorte à mi-chemin des deux autres : contrairement à la première, elle pointe vers un bien non en soi mais *pour moi*, mais contrairement à la seconde, c'est un bien qui se réfère à quelque chose qui est *au-delà de moi* et qui me contraint, au moins symboliquement : ma vision de l'Homme.

Nous ne pourrons pas suivre très loin la suite du raisonnement d'Aristote, dans la mesure où il est ancré dans une conception forte, substantielle, de la nature humaine (ce que nous appellerions aujourd'hui une vision naturaliste) et, d'autre part, dans une vision assez réduite des marges de manœuvre laissées à la liberté individuelle. De nos jours, nous admettrons comme allant de soi que la vision que nous avons des voies justes de l'épanouissement humain est dépendante de notre contexte culturel. Pour un grec, il aurait sans doute été évident que l'épanouissement humain passait nécessairement par un travail intensif sur le corps, par la culture de la force et de la beauté, alors que, quelques siècles plus tard, les philosophes chrétiens trouveront tout aussi évident de chercher à se débarrasser autant que possible de tout souci pour ce même corps, voire même de le mortifier. De nos jours, c'est encore une autre direction que prendra notre recherche en matière de développement psychocorporel. Nous ne pouvons donc pas nous contenter d'un raisonnement pseudo-empirique du type : la nature de l'homme est comme ceci et cela, donc voilà ce qu'il faut chercher à épanouir. Au contraire, nous devons avant tout nous tourner vers une appropriation et une compréhension de notre héritage culturel pour en dégager ce qui *nous* paraît l'essentiel en matière de développement humain[25]. Et il ira également de soi, pour nous, que c'est à chacun de faire ses propres choix quant à la direction que doit prendre sa recherche de réalisation personnelle. Cela ne signifie pas que ce choix soit libre ni qu'il puisse être capricieux : nous l'avons vu, il est soumis à des normes que nous ne pouvons ignorer (quitte à les transgresser : je peux malgré tout choisir de mener une existence d'ascète ou de passer ma vie sur les stades), et surtout cela doit relever d'un choix raisonnable, lucide et délibéré.

Mon hypothèse est donc que, pour un homme ou une femme qui cherchent la voie de la réalisation personnelle, le choix d'un engagement politique peut, parmi d'autres bien entendu, être envisageable et même recommandable. Ici encore, je ne tenterai pas de développer systématiquement le point mais je me contenterai de donner quelques aperçus que j'espère suggestifs, en remontant cette fois la pyramide des dimensions les plus simples et concrètes aux plus spirituelles.

Il y a en effet un premier aspect tout simple que nous devons considérer, celui du développement de nos capacités : se réaliser, c'est d'abord apprendre des choses nouvelles, de nouveaux savoirs, de nouveaux savoir-faire, de nouvelles capacités relationnelles et existentielles. C'est une valeur importante de notre culture (qui se traduit politiquement par un ensemble de moyens mis au service de l'éducation, de la formation permanente, de la politique culturelle, etc.) et rares sont ceux qui ne la partagent pas. Des sous-valeurs particulières peuvent encore intervenir qui mettront en avant le caractère plus ou moins subtil et raffiné des compétences, ou leur nécessaire diversité, mais elles sont moins consensuelles. Toujours est-il qu'on peut pointer que l'engagement politique peut constituer une occasion particulièrement privilégiée pour *apprendre*, pour affiner notre connaissance du monde et de l'homme, pour améliorer nos capacités de raisonnement, pour développer certaines capacités pratiques, mais surtout pour développer nos capacités relationnelles (savoir parler, écouter, discuter, négocier, encourager, réconforter...) et existentielles (affiner notre sensibilité émotionnelle, savoir faire des choix et prendre des risques, trouver le juste équilibre entre notre intérêt propre et celui des autres ou de la collectivité, etc.). Certes, il y a bien d'autres activités où l'on peut aussi développer tout cela (ne serait-ce qu'au travail, quand tout va bien), mais ce terrain-là peut être, il me semble, parmi les meilleurs. Pour ceux qui ont acquis tout cela dans leur famille ou à l'école, ce sera une occasion de s'exercer et de se perfectionner, mais pour tous ceux dont la formation initiale n'a pu aller très loin, cela peut représenter une chance décisive.

Une autre qualité humaine qui pourra se développer par l'engagement politique est ce qu'on pourrait nommer la *lucidité*, la capacité d'avoir une vision réaliste de ce qui m'entoure *et de me laisser toucher par elle*, au lieu de multiplier les voiles protecteurs qui me donnent une vision faussement confortable, mais me privent des interpellations et des invitations à agir et à penser que m'adresse en permanence le monde. Je partage une fois encore sur ce point la conviction de Myriam Revaut d'Allones : «Je ne crois pas qu'il est possible d'habiter le monde en cherchant sans cesse à se sauver de ses atteintes»[26]. Or, l'engagement politique va souvent permettre un accroissement de cette ouverture, en élargissant ma vision : je me mets à voir plus loin dans l'espace (intérêt pour les événements internationaux, même les plus discrets et qui ne me concernent pas directement) et dans le temps (découverte de l'histoire plus ou moins ancienne, prise en compte des conséquences à long terme des choix contemporains). Mais je serai aussi, en retour, plus sensible au monde proche : ce qui se passe à ma porte, sur mon trottoir ou chez mes voisins cessera de m'indifférer, je pourrai enfin cesser de refuser de le voir et me laisser toucher parce que cela prendra maintenant *sens* dans une perspective plus large.

L'engagement politique pourra également m'aider à sortir d'une attitude relativement fréquente et qui est souvent un obstacle à l'épanouissement personnel : les attitudes de passivité et de plainte. Il y a *passivité* lorsque je pourrais faire quelque chose de bien (dans l'un ou l'autre des trois sens de ce mot) et que je ne le fais pas (au lieu de cela, je m'agite, je me sur-adapte, je fais preuve de violence ou, tout simplement, je ne fais rien du tout). Cette attitude s'accompagne souvent de *plainte* : au lieu d'agir, je consacre mon énergie à décrire par le menu et à déplorer inlassablement ce qui ne va pas. Cette double attitude peut intervenir dans tous les champs de la vie personnelle, mais elle est particulièrement fréquente en matière politique et sociale : chacun connaît ces «discussions de bistrot» où l'on se commente tout ce qui va mal dans la société et dans le monde, sur tout ce qu'«ils» font ou ne font pas, ou sur ce qu'«ils» devraient faire, sans que soit jamais abordée la question (qui, dans ce contexte, serait sans doute très mal accueillie) de ce que *nous* pouvons ou devons faire. L'analyse[27] montre que la passivité s'appuie sur un ensemble de phénomènes de *méconnaissance* par lesquels l'individu refuse de voir la réalité, et notamment sa capacité à agir efficacement pour la changer, et qu'elle trouve finalement sa source dans un processus dit de *symbiose* : la personne passive abdique en quelque sorte sa capacité à penser et à décider et se repose sur les autres pour le faire à sa place. La symbiose est une véritable mutilation psychique : toute une part des potentialités de l'individu[28] est comme barrée et ne laisse qu'un espace intérieur étriqué, envahi par des problématiques infantiles ou archaïques.

L'engagement politique représente évidemment une expérience majeure de sortie de la passivité (pourvu, bien entendu, qu'il ne débouche pas sur une nouvelle forme de plainte, d'agitation ou de sur-adaptation). Dans la mesure où il s'inscrit dans la durée et dans un cadre collectif, il peut constituer un véritable lieu d'entraînement intensif et permanent à l'attitude active : recherche continue de l'effacement des méconnaissances faisant obstacle à l'efficacité de l'action, interrogation systématique et suivie sur « ce qu'on pourrait faire », développement des capacités de réflexion, de jugement et de décision de chacun, évaluation permanente de l'action. Au-delà de ses retombées proprement politique, il me semble qu'on peut en attendre des effets plus larges dans d'autres secteurs de la vie personnelle.

L'engagement est aussi un lieu privilégié pour expérimenter et cultiver une autre potentialité humaine particulièrement belle et précieuse : la fraternité. Je voudrais prendre ce terme dans un sens assez précis. Lorsqu'on l'évoque, habituellement, c'est un peu comme synonyme de l'idée d'amour (au sens bien sûr de l'amour humain universel, *agapé*). L'idée que nous devrions nous aimer tous les uns les autres, aimer notre prochain comme nous-même, est évidemment très sympathique, mais elle relève de l'idéal, et il ne semble pas réaliste de vouloir fonder sur une telle base une Cité terrestre (nous ne sommes pas des saints, en tout cas pas tous, ou pas encore). Le propre de la démocratie, au contraire, c'est de vouloir rendre possible la coexistence de gens *qui ne s'aiment pas*, qui s'indiffèrent ou se haïssent, mais qui choisissent cependant de vivre en paix grâce à des règles, des institutions et une culture qui permettent le traitement non violent des conflits. C'est bien ce qu'exprime l'idée de fraternité : mes frères, ce ne sont pas les gens que j'aime (je peux les aimer, ou pas), mais ce sont les gens avec qui je dois vivre, sans les avoir choisis, simplement parce que je suis né là, au milieu d'eux. Et avec qui je voudrais vivre aussi bien que possible, quels que soient les sentiments qui me portent ou pas vers eux.

Disons-le : c'est un redoutable défi. Il serait tellement plus simple de ne fréquenter que des gens que j'ai choisis parce qu'ils sont conformes à mes attentes ou à mes goûts, ou encore de contraindre les autres à se transformer pour me satisfaire et me plaire, ou encore de renoncer à toute fréquentation, pour cesser d'être confronté à tant de différences et de désagréments potentiels... Sauf que, bien entendu, ce n'est ni possible, ni souhaitable. Il faut donc que j'apprenne à pratiquer la fraternité, et autant que possible à y prendre goût. Où puis-je le faire ? Paradoxalement, la famille n'est pas du tout un bon lieu pour cela : les enjeux relationnels, notamment entre frères et sœurs, sont tellement importants, tendus et complexes que la fraternité sera soit dépassée et inutile (si l'amour est au rendez-vous), soit inaccessible. La vie amoureuse et amicale n'est pas non plus très favorable, puisqu'elle repose sur des choix électifs qui me permettent d'écarter les fréquentations indifférentes ou haïssables. Même ma vie professionnelle ou de voisinage ne me fournit souvent que des occasions de rencontre limitées et avec des gens peu différents. La participation à une action collective de type politique peut être, par contre, un bon terrain d'exercice : je m'y retrouve avec des gens qui partagent avec moi certains choix fondamentaux, au moins sur un point précis et important, mais qui, par ailleurs, peuvent être extrêmement divers quand à leur personnalité, leurs autres opinions, leur position sociale, leur culture ou leurs choix de vie. Je vais donc devoir apprendre à vivre, à parler et à agir avec eux, tels qu'ils sont, qu'ils me plaisent, me déplaisent ou m'indiffèrent.

Je terminerai en revenant encore une fois à *l'action altruiste*. Elle est un bien au sens déontologique classique, mais aussi dans la mesure où elle peut-être à la source d'une satisfaction authentique, où elle peut contribuer à nous rendre heureux. Je voudrais défendre l'idée qu'elle peut être aussi une source d'épanouissement humain. Nous pouvons partir d'une anecdote qu'Aristote[29], encore lui, raconte à propos d'Homère. Peu de temps avant sa mort, celui-ci, se promenant près du port d'Ios, rencontra des pêcheurs qui s'affairaient. Comme il leur demandait s'ils étaient satisfaits de leur activité, ils lui répondirent : « Ce que nous prenons, nous l'abandonnons, et ce que nous ne prenons pas, nous l'emportons avec nous ». La manière habituelle de comprendre ces mots est de dire que ces hommes étaient en train non de pêcher mais de s'épouiller. Mais il y une autre lecture possible, qui rendrait mieux justice à Homère et à Aristote, et qui renvoie à une réflexion morale[30] : ce que nous prenons, ce que nous accaparons pour nous-mêmes, même si nous le conservons d'un point de vue matériel, même si nous en jouissons, est spirituellement perdu parce que nous n'avons pas saisi une chance de nous enrichir nous-mêmes en en faisant un meilleur usage ; au contraire, ce que nous laissons aux autres, ou ce que nous leur donnons (on connaît aussi le « tout ce qui n'est pas donné est perdu »), c'est une occasion pour nous de devenir humainement plus riche.

Il existe de nombreuses variations sur ce thème dans toutes les traditions spirituelles. La plupart renvoient à une méditation sur l'après-mort, sur la vanité des acquisitions mondaines alors que notre mort est certaine et se rapproche, ce qui est un aspect effectivement non négligeable, même dans une perspective non religieuse : puisque je dois mourir, ne vaut-il pas mieux me préoccuper de laisser un monde meilleur plutôt que d'accumuler des biens et des jouissances dont il ne restera rien, ou rien qui en vaille la peine ? Mais je crois aussi que c'est dans l'immédiat, dès maintenant, que l'action altruiste peut-être une voie de réalisation de soi.

MATURATION DE L'ENGAGEMENT

J'ai donc passé en revue toutes les raisons qui font que l'engagement politique peut être considéré comme un bien, et il me semble qu'elles forment un ensemble cohérent et puissant, qui devrait pouvoir emporter l'adhésion. Cependant, j'imagine que le lecteur, au fil de cette exploration, se sera fait par moment la réflexion suivante : certes, un engagement *peut* être un bien, s'il contribue à l'intérêt général, au bonheur de celui qui s'y livre ou à son épanouissement, mais est-il si sûr que les formes concrètes d'engagement que nous pouvons observer *réellement* sont à la hauteur de ces attentes ? Nous avons tous en tête des modes d'engagement, des organisations ou des individus, qui ne sont pas précisément... engageants, qui nous donnent une bien piètre image de leur valeur. En quoi, après tout, l'implication dans une cause corporatiste et agressive, la participation à une organisation bureaucratique ou dogmatique est-elle tellement bonne ?

Il nous faut bien admettre que la valeur de l'engagement relève d'une *potentialité* (importante, j'espère l'avoir montré) mais que cette valeur n'est pas d'emblée acquise, qu'elle doit être construite. Ce qui implique une double recherche. D'abord de la part des organisations : une association, un parti, un syndicat, ont à progresser non seulement dans leur capacité de faire le bien au sens altruiste (ce qui n'est pas évident, par exemple quand on part d'une mobilisation partielle), mais aussi d'offrir à ceux qui s'y engagent un contexte favorable à leur bien-être et à leur réalisation personnelle. Il ne s'agit pas de transformer les organisations en clubs de détente ou en centres de développement personnel, mais de prendre en compte le véritable intérêt de ces organisations, qui ne peuvent que gagner à avoir des militants plus actifs, plus créatifs et bien dans leur peau là où ils sont.

Mais chaque individu a, lui aussi, à progresser. Les premiers engagements seront souvent peu satisfaisants : ils trouveront leur source dans une impulsion largement irrationnelle, s'ancreront dans une vision simpliste des enjeux, déboucheront parfois sur beaucoup d'intolérance et beaucoup d'impatience, et donc beaucoup de fermeture et de déceptions. Puis, peu à peu, ils mûriront, un peu comme les relations amoureuses : à la période d'enthousiasme initial succèdera un cours peut-être un peu moins excitant et passionné, mais plus sage, plus puissant et plus durable[31].

NOTES

[1] Voir chapitre 2.
[2] Je reprends cette jolie image à J. Ion, qui l'oppose à celle du traditionnel timbre d'adhésion. *La fin des militants*, p. 80.
[3] Jean-Pierre Worms, *Reconquérir la citoyenneté pour reconquérir l'État*.
[4] A ma connaissance, par contre, Bourdieu n'a jamais proposé d'explication positive de l'engagement. Sa vision de l'univers politique semble irrémédiablement pessimiste, et ses propres tentatives d'engagement public apparaissent comme déconnectées de son œuvre théorique.
[5] Hirschman faisait observer avec ironie que le livre d'Olson prédisant la rareté de l'action collective était paru au début de 1966, c'est-à-dire juste avant que ne se produise dans un grand nombre de pays une des plus massives et spectaculaires vagues de mobilisation collective qu'on ait jamais enregistré, et sous des formes dont ne pouvaient manifestement pas rendre compte les calculs coûts/avantages.
[6] Le titre initial de son livre, malheureusement tronqué dans la traduction française, était : *Exit, voyce, loyalty*.
[7] Je pense notamment aux militants du Parti Communiste Français qui ont livré des descriptions poignantes des difficultés qu'ils ont eues à tirer les leçons de la découverte de la véritable nature de l'Union Soviétique. Voir, par exemple, Edgar Morin, *Autocritique*.
[8] Nous reviendrons sur cette question au chapitre 8.
[9] C'est bien entendu l'œuvre de Kant qui symbolise et illustre le mieux cette vision. Je ne développe pas ici la question de la justification d'un tel devoir : nous y reviendrons aux chapitres 10 et 11.
[10] D. Birnbacher, *La responsabilité envers les générations futures*.
[11] voir chap. 2.
[12] Pour une description de la vision antique, et plus précisément stoïcienne, de la recherche eudémonique, voir la passionnante préface de Paul Veyne à *La Tranquillité de l'âme de Sénèque*, dans l'édition *Rivage*; pour un exemple plus approfondi, on pourra prendre connaissance de l'étude de Michel Foucault sur *L'histoire de la sexualité*. Les titres qu'il a

donné aux deux volumes consacrés respectivement aux visions grecques et romaines sont particulièrement évocateurs : *L'usage des plaisirs* et *Le souci de soi*.
[13] R. Ogien, *La faiblesse de la volonté*.
[14] A. Maslow, *Vers une psychologie de l'être*.
[15] Cette attribution de l'invention de la dignité au seul «génie du christianisme» est évidemment une simplification. D'une part, elle a bénéficié de nombreuses autres contributions, avant même l'ère chrétienne, et surtout à l'époque moderne, de la part de philosophes athées ou de mouvements culturels, sociaux et politiques de tous ordres. D'autre part, il est clair que la religion chrétienne, les hommes et les institutions qui l'ont incarnée à toutes les époques ont aussi servi à justifier des pratiques tout à fait contraire au principe de dignité. Je partage cependant l'hypothèse de M. Gauchet (*Le désenchantement du monde*) selon lequel il fallait la force d'une religion dominante pour faire réellement pénétrer dans la culture, contre les valeurs traditionnelles, une idée aussi inouïe... quitte à ce que cela débouche, finalement, sur la *sortie de la religion*.
[16] A. Honneth, *La lutte pour la reconnaissance*; E. Renault, *Mépris social*.
[17] Voir, par exemple, la recherche menée par COPAS pour la Fondation de France, publiée sous le titre *Agir ensemble. Pouvoir et reconnaissance dans l'intervention sociale*.
[18] V. de Gaulejac, *Les sources de la honte*.
[19] Bien entendu, la présence de telles blessures pourrait aussi être une source de biais ou de méconnaissances au sein de l'engagement : si je milite pour régler mes comptes avec mes parents, ou les comptes de mes parents avec la société, cela peut m'amener à commettre des erreurs. D'où l'importance d'un travail de prise de conscience qui pourra se dérouler en psy, non pas pour annuler l'impulsion initiale conduisant à l'engagement, mais pour rendre celui-ci plus conscient et plus juste. Voir chapitre 10.
[20] Gérard Mendel : *Manifeste pédagogique* et *Pour une autre société*. Ces deux ouvrages étant aujourd'hui épuisés, on pourra se reporter aussi à *L'acte est une aventure. Du sujet métaphysique au sujet de l'acte pouvoir*.
[21] C'est du moins la composante proprement psychanalytique de la théorie de Mendel.
[22] Voir chapitre 9.
[23] Revault d'Allonnes, *Le dépérissement de la politique*, p. 283 et 291. Les citations d'Arendt proviennent de *L'impérialisme*, p. 288.
[24] J. Mer, *Le parti de Maurice Thorez, ou le bonheur communiste français*.
[25] Ce qu'a réalisé, d'une manière qu'on serait tenté de considérer comme définitive, Charles Taylor dans *Les sources du moi*. J'ose à peine mentionner, à ses côtés, la tentative de Jean-Claude Guillebaud, avec *La refondation du monde*, qui suis la même orientation, mais avec un résultat, plus accessible, mais incomparablement plus limité.
[26] *Le dépérissement du politique*, p. 31.
[27] L'Analyse Transactionnelle a développé toute une clinique de la passivité, à l'origine sous l'impulsion de A. et J. Shiff. Voir leur article *Passivité* ou le chapitre consacré à ce sujet dans le *Manuel d'Analyse Transactionnelle* de Stewart et Joines, p. 211 à 248.
[28] En AT, les États du Moi Adulte (capacité de perception de la réalité et de décision adaptée) et Parent (les valeurs et normes héritées).
[29] *Sur les poètes*, fr. 8.
[30] Alain Lipietz, communication personnelle.
[31] J. Remoissenet, communication personnelle. Voir Aussi Alberoni, *Le choc Amoureux*, p. 101 à 111.

TROISIÈME PARTIE

CONVERGENCES

Chapitre 7
Qu'est-ce que le Psy ?

J'ai annoncé et expliqué d'entrée[1] mon choix de désigner l'un des deux champs que je me propose d'opposer et de rapprocher, non par un concept scientifique ou philosophique, mais par un terme familier, presque un sobriquet : le *psy*. Ce terme seul était assez commode à la fois pour exclure d'autres facettes de la psychologie qui ne sont pas ici concernées, comme la psychologie expérimentale à prétention scientifique, la psychologie quotidienne ou la psychologie philosophique, pour obliger à se regrouper, bon gré mal gré, les psychologues, les psychiatres et les psychanalystes, et surtout pour englober dans une seule désignation brève le vaste ensemble formé par les théories, les pratiques, les professionnels, les institutions et les représentations.

Mais, maintenant que nous entamons la dernière et la plus importante partie de ce livre, celle où je me propose d'examiner systématiquement les points de rencontre, c'est-à-dire d'opposition ou de convergence, entre psy et politique, nous ne pouvons plus nous contenter d'une allusion aussi imprécise, renvoyant chacun à sa propre connaissance, son propre imaginaire ou sa propre pratique de « la chose ». Nous devons nous munir, avant d'entamer cette exploration, non seulement d'une définition mais surtout d'une conceptualisation de ce qu'est la psy, de ce que signifie cette pratique, de ce à quoi elle sert ou de ce qui peut la justifier.

C'est d'autant plus nécessaire que nous devons aussi, au seuil de ce travail, examiner une objection préalable que ne manqueront pas de nous opposer de nombreux psy : *que nous veut-on*, diront-ils ? Pourquoi diable devrions-nous nous préoccuper le moins du monde de *politique* ? Quand nous avons choisi de pratiquer ce métier, ce n'était certainement pas dans une telle visée, mais parce que nous voulions aider, soigner, explorer, secourir, accompagner, écouter, etc., *des personnes*. Pendant notre formation, et Dieu sait qu'elle fut longue et complexe, *jamais* on ne nous a parlé de politique. Et jamais nos clients ne nous en parlent eux-mêmes : devrions-nous donc leur imposer de telles préoccupations, qui sont pourtant absentes de leur vie, alors qu'ils viennent nous parler de leurs vrais soucis : leur corps, leurs sentiments, leur existence au monde, leurs angoisses, leurs relations d'amour et de haine, d'aujourd'hui et d'hier ?

Nous qui voulons avant tout être à leur service, devons-nous nous transformer en propagandistes ou en catéchistes de la citoyenneté ?

À cette objection, nous pouvons opposer quelques réponses de bon sens : bien entendu, il ne s'agit pas de pousser les clients à se transformer en militants engagés, et encore moins de les manipuler pour les y amener. Il s'agit seulement d'en finir avec l'aveuglement longuement décrit au chapitre 1, et qui fonctionne, à l'insu des psy, bien entendu, comme une véritable censure. Autrement dit, de prendre conscience que les modèles de développement psychologique qui servent de référence aux psy ou les modalités pratiques de leur travail ne sont pas neutres politiquement, contrairement à ce qu'ils croient, et de les inviter à se positionner plus consciemment vis-à-vis de ces enjeux. C'est précisément l'objet de cette troisième partie.

Mais nous ne pouvons guère aller plus loin dans cette ligne d'argumentation tant que nous ne savons pas, en fait, *ce qu'est* la psy, quelle est la nature de son travail : il va de soi que suivant qu'on se propose de guérir des maladies, de modifier des comportements ou de favoriser le développement naturel du psychisme, le débat se présentera très différemment. Je me propose donc maintenant de passer en revue un certain nombre de visions possibles, en terminant, comme il est de règle, par celle qui me paraît la plus satisfaisante[2].

Dans cette exploration, je ne pourrai pas faire référence aux modèles thérapeutiques qu'on peut qualifier de *locaux*, c'est-à-dire ceux qui sont exprimés dans le langage d'une approche thérapeutique spécifique, à destination des tenants de cette approche (professionnels ou clients) : nous cherchons une vision globale, applicable à toutes les pratiques psy et compréhensible par tous. À quoi nous servirait de savoir que le but de la thérapie est d'atténuer la sévérité du Surmoi (Freud), de réduire les angoisses dépressives et paranoïdes (Klein), de soutenir le moi faible et construire un moi autonome (Kriss)[3], de restaurer la frontière-contact (Gestalt), de fluidifier l'énergie (bioénergie) ou encore de renforcer la « position OK » (Analyse Transactionnelle) ? Il nous faut quelque chose comme un « méta-discours » sur la psy, qui ne paraît pas d'emblée disponible. Je partirai donc des représentations les plus courantes, en essayant de les élaborer progressivement.

GUÉRIR

Si l'on menait dans la population contemporaine une enquête sur « A quoi sert la psy ? », il est probable que la réponse la plus fréquente serait quelque chose comme : « C'est pour guérir les maladies de la tête » : nous aurions affaire à une spécialité médicale.

Il n'est pas sûr que les psy, dans leur grande majorité, ainsi que bon nombre de leurs clients, se trouveraient très à l'aise avec cette affirmation. Leur discours en la matière est en fait marqué par une grande ambiguïté. En France, tout particulièrement, où la possibilité d'un exercice « profane » de la psychanalyse, par des non-médecins, a été très tôt et très massivement validée, rares sont les psy qui sont en même temps médecins, ou qui se reconnaissent une grande parenté avec ceux-ci. Leur discours est parfois explicitement marqué par un refus d'user, par exemple, de la catégorie de « maladie », au profit de divers euphémismes (« troubles », « difficultés », ou divers termes techniques).

Pourtant, de nombreux aspects de leur pratique révèlent une emprise indéniable du modèle médical, que ce soit dans la terminologie (on ne parle pas de maladie, mais on parle de thérapeutique, d'attitudes saines ou malsaines, de guérison, de diagnostic, de plan de traitement, de patients, de cabinets, etc.), les formes concrètes d'exercice de l'activité (la consultation, les honoraires), les tentatives de construction de systèmes nosographiques, sémiologiques et étiologiques, la mise en place de déontologies professionnelles, les schémas de raisonnement sur l'efficience ou d'évaluation informelle de l'activité, etc. Cette emprise n'est d'ailleurs pas seulement subie mais recherchée : de nombreuses attitudes des psy semblent relever d'une « volonté de faire médecine », notamment pour les courants d'apparition récente, dont la reconnaissance sociale est encore fragile.

Première ambiguïté, donc : on dénie toute référence au modèle médical, mais chacun des détails de la pratique y renvoie. À quoi vient s'en ajouter une seconde : malgré deux siècles au moins de discours systématiques d'assimilation de la folie à la maladie mentale, « maladie comme les autres, qui doit être soignée comme les autres », ce n'est toujours pas ainsi que le vivent les gens, pour qui subsiste un enjeu moral manifeste : quelqu'un qui est malade de la tête, c'est d'abord quelqu'un de dangereux (même si, le plus souvent, on ne sait pas en quoi consiste le danger) et plus généralement de « pas convenable ». Réciproquement, pour celui qui est ainsi désigné, c'est une source de honte (quoi qu'on en dise, il est encore bien rare d'entendre quelqu'un déclarer tranquillement qu'il va à sa séance de psy, avec la même simplicité que s'il s'agissait d'un rendez-vous de dentiste). Enfin, tout le monde garde en tête que, une fois qu'on a été touché, c'est irréversible : le processus « thérapeutique » peut conduire à des améliorations, mais sans doute jamais à un retour à l'« état d'avant ». Curieuse maladie, donc : dangereuse, honteuse et irrémédiable.

Pour comprendre ces ambiguïtés, il faudrait retracer toute l'histoire qui conduit à notre situation présente. On partirait de la situation du fou dans la société traditionnelle, faite à la fois d'inclusion pratique (il vit au milieu de la communauté, il y a sa place) et d'exclusion ontologique (il n'est pas pleinement reconnu comme un être humain à part entière), pour déboucher sur la remise en cause de ce statut avec la modernisation de la société et la montée de l'individualisme : parce que tout être humain est reconnu comme tel, l'altérité de la folie devient insupportable, et c'est le « grand enfermement » dans les hospices[4]. Mais très vite vient la « révolution psychiatrique », contemporaine de la révolution française : le fou est bien un individu, comme nous, mais il est accessible à la communication, il doit être non pas réprimé mais soigné[5]. On décrira alors la lutte pour l'appropriation du domaine qui est ainsi en train d'émerger entre les deux principaux corps professionnels en cours de constitution au cours du XIXe siècle : les juristes d'un côté, les médecins de l'autre, et la victoire de ces derniers[6]. À partir de là s'enclenche le processus d'extension toujours plus englobant du champ de la psychiatrie, avec l'augmentation exponentielle de la population des asiles, le développement de la psychiatrie de ville, qui culmine avec le dernier pas décisif, franchi par Freud quant au principe (tout le monde peut être concerné par l'analyse, et pas seulement ceux qui présentent des symptômes pathologiques), mais surtout accompli avec l'épanouissement, pendant la deuxième moitié du XXe siècle, des « thérapies pour normaux ».

Un tel travail généalogique nous permettra, comme de coutume, de comprendre que l'affirmation du statut du trouble mental comme maladie à guérir n'est pas de l'ordre de la *découverte* d'une vérité (« les lumières de l'aliénisme dissipent les ténèbres antérieures ») et d'un progrès moral nécessaire, suivant le récit canonique (« la République libère les fous de leurs chaînes »), mais est une construction sociale. Nous avons bien ici affaire à l'*invention* d'un nouvel ordre symbolique, qui est à la fois la réponse à une demande sociale (que faire des fous dans une société moderne ? Puis : comment aider les individus qui éprouvent de la difficulté à supporter leur condition ?) et le fruit de stratégies intéressées (positionnement des médecins comme piliers indispensables de l'ordre social, puis aspiration des thérapeutes profanes à recueillir au moins quelques miettes des bénéfices associés à cette position).

Il est donc inutile de discuter pour savoir si les troubles mentaux sont *vraiment* des maladies ou si la psy permet *vraiment* de guérir : les concepts de maladie ou de santé sont suffisamment extensifs et imprécis pour que nous puissions y faire entrer la psy si ça nous chante et si nous sommes assez forts pour l'imposer. Et nous pouvons tout aussi bien, aux même conditions, décider au contraire de rapprocher la pratique de la psy de tout autre chose (comme on n'a pas manqué de le faire, par exemple avec les maîtres philosophes de l'antiquité ou surtout avec les confesseurs ou directeurs de conscience de l'âge classique). Pourquoi l'un plutôt que l'autre? C'est une affaire non de vérité, mais d'utilité, au sens le plus large de ce mot : nous devons nous interroger sur les conséquences, sociales, morales ou... politiques de telle ou telle vision, de telle ou telle assimilation.

Nous pouvons alors ébaucher un bilan de la version médicale de la psy, dont le résultat peut se résumer ainsi : il n'est pas difficile de comprendre que cette version puisse séduire, à la fois les «malades», leurs «médecins» et les tiers, de comprendre le bénéfice qu'ils peuvent en tirer; mais il n'est pas non plus difficile de voir les effets pervers qu'une telle «solution» entraîne.

Pour la société, c'est-à-dire pour tout un chacun, l'assimilation du trouble mental à une maladie entraîne un double effet[7]. D'une part de *subjectivation* : le problème auquel on est confronté est *à l'intérieur* de l'individu, il réside précisément «dans sa tête» et non pas dans son environnement ou dans ses relations avec celui-ci. Le trouble, qui pourrait déboucher sur un désordre, est ainsi endigué, localisé, enfermé dans les limites d'un individu particulier[8]. D'autre part, un effet d'*objectivation* : ce qui se passe à l'intérieur de l'individu et qui ne va pas n'est pas de l'ordre du sens, de l'esprit, du moral, au sens ancien du mot, mais du corps, du fonctionnement, de la mécanique mentale. Le trouble cesserait ainsi d'être menaçant, non seulement pour l'ordre social immédiat, mais pour l'individu lui-même : quelque chose *lui arrive* dont il est victime, il n'est pas à blâmer ni à craindre mais à plaindre, à protéger et à aider. Cet effet trouve un aboutissement ultime avec l'apparition des médicaments psychotropes, et tout particulièrement la dernière génération des antidépresseurs : la preuve que ce qui m'arrive est bien une «chose», c'est qu'elle cède devant une autre «chose» (un comprimé[9]).

Ces effets de l'assimilation médicale en tant que telle seront renforcés et complétés par la pratique du «diagnostic», qui se propose de dire de *quelle* maladie précisément souffre celui qui est ainsi devenu un patient. Il nous faut d'abord signaler combien cette pratique, en matière de psy, souffre de nombreuses faiblesses conceptuelles et méthodologiques qui renvoient davantage à l'univers des médecins de Molière qu'à celui de la médecine moderne. C'est pourquoi il paraît préférable de parler non pas de diagnostic (qui cherche à *savoir* quelle est la maladie) mais de *désignation* psychopathologique (qui consiste à *attribuer* au patient une des catégories nosographiques admises à un moment donné). Mais, encore une fois, ce qui nous intéresse est moins le caractère plus ou moins véridique de cette désignation que ses effets : *qu'est-ce que ça change* de «savoir» que quelqu'un est hystérique, schizophrène ou borderline ? Certains prétendent que cela permet de déterminer le traitement adapté et de l'appliquer de manière appropriée. Pour ma part, je n'ai jamais rien lu ou entendu qui permettrait de valider une affirmation aussi optimiste : aucun lien systématique, validé et partagé par la communauté des psy, entre symptôme, diagnostic et traitement (à l'exception des traitements chimiques, dont la légitimité repose en grande partie sur le lien avec la nosographie[10]).

Par contre, il n'est pas difficile de voir l'utilité sociale d'une telle pratique : pour le psy et pour les tiers, c'est rassurant (on sait à qui l'on a affaire) et simplifiant (la décourageante complexité des comportements est réduite à un terme unique). Cela vient définitivement localiser le trouble dans la personne concernée : dans cette médecine-là, on ne dit pas « il a une hystérie » (et encore moins « il a attrapé une hystérie » !), mais *il est* hystérique. On affirme ainsi de manière particulièrement nette et définitive la limite claire entre les gens sains et les autres (avec l'effet péjoratif que garde toujours, quoi qu'on en dise, toute désignation de ce type : je ne connais personne qui se sente honoré d'être traité de paranoïaque ou d'obsessionnel). Pour l'auteur du diagnostic, c'est aussi une source de prestige : il est capable de « voir à travers » l'apparence (c'est bien ce qui désigne le dia-gnostic) la vérité de l'être. Même pour le « malade », la désignation peut être apaisante : ce trouble qui le taraude et l'inquiète, il sait enfin *ce que c'est*, il est entre les mains de quelqu'un qui a su le reconnaître et qui saura s'en occuper.

La médicalisation du trouble mental serait-elle ainsi « tout bénéfice » ? À l'évidence, non : ses effets pervers sont manifestes et réellement préoccupants. Il va de soi que les deux effets de subjectivation et d'objectivation ont aussi une face négative. Le premier conduit à faire l'impasse sur tout ce qui, dans l'environnement de la personne, ses conditions de vie, ses relations aux autres, pourrait éclairer le trouble, en être partie intégrante, voir même en être le ressort essentiel. Quant à l'objectivation, en affirmant que le « malade » est l'objet d'un processus pathologique qui s'impose à lui et dont il souffre, elle conduit à le déposséder de ce qui lui arrive, à lui retirer toute possibilité de s'approprier sa propre expérience, d'en faire une part de ce qu'il est et de ce qu'il veut devenir (processus d'appropriation qui est pourtant une composante essentielle de nombreux processus psychothérapeutiques). Accessoirement, cela peut conduire à renforcer les personnes « saines » dans leur illusion que, elles, elles sont toujours parfaitement maîtresses de leur propre comportement.

En ce qui concerne la désignation psychopathologique, au-delà des relents peu sympathiques des « bénéfices » évoqués plus haut, elle risque surtout de conduire à un véritable enfermement de la personne dans la catégorie nosographique qui lui a été assignée : le soignant tend à ne plus la voir telle qu'elle est, mais à travers le filtre de la catégorie[11], ce qui conduit à renforcer mécaniquement le diagnostic. La personne elle-même finit par se conformer de plus en plus au comportement « typique » de la maladie qui est censée être la sienne, par un très classique « effet Pygmalion » (à ceci près que, là où le célèbre sculpteur réussissait à donner vie à un objet à force de le voir vivant, le « soignant » transforme en chose un être vivant, à force de ne le voir qu'au travers de la catégorie où il l'a situé). Les modes psychiatriques, entraînant à certaines époques un sur-diagnostic de certaines « maladies », peuvent ainsi déclencher de véritables épidémies[12].

Pour toutes ces raisons, je pense qu'il n'est pas souhaitable de maintenir l'assimilation de la psy à une spécialité médicale soignant des maladies ou troubles dits « mentaux ». Et d'une certaine manière, cela est heureux pour le projet de ce livre : s'il en était ainsi, la prise en compte de la dimension politique dans le travail psy ne saurait avoir aucune pertinence. Tournons-nous donc maintenant vers d'autres visions possibles.

À LA RECHERCHE DE LA NORMALITÉ

Si nous revenons à notre sondage imaginaire sur les représentations de la psy, peut-être la réponse qui viendrait en second serait-elle la suivante : « C'est pour les anormaux », les gens qui n'agissent pas ou ne ressentent pas « comme tout le monde » mais « bizarrement ». D'où l'on devrait déduire que le sens de la psy est de favoriser le retour à la normale. Le problème est que ce mot a de multiples sens pas forcément compatibles entre eux.

Le premier sens est médical, où normal s'oppose à pathologique. Nous venons de le discuter.

Le deuxième est moral, c'est celui que nous évoquons quand nous disons : «Tu as fait cela, ce n'est pas normal». C'est une manière d'exprimer à la fois notre désapprobation (je ne peux pas accepter ça) et notre désarroi (je ne peux pas comprendre ça). Bien entendu, cela peut s'appliquer aussi à nous mêmes. Ma conviction est que cette version, malgré son apparence un peu frustre et brutale, est la plus proche de l'essentiel. Nous le retrouverons au terme de notre réflexion, à la fin de ce chapitre.

Le troisième sens de «normal» est statistique : la norme, c'est la situation la plus fréquente, la «pointe» de la courbe en cloche ; et l'anormalité, c'est au contraire l'exception, la rareté, les marges. Je pense que, indépendamment bien sûr de toute référence formelle à la science statistique, cette dimension est plus présente qu'on ne le dit généralement dans les représentations sociales : être «en psy» ou en avoir besoin, c'est avant tout être «pas comme les autres», se trouver confronté à la difficile situation du minoritaire ou du marginal. Il est pourtant clair que de nombreuses constatations devraient nous amener à nous affranchir d'une telle vision[13]. Tout d'abord, bien sûr, le fait que de nombreuses formes d'anormalité statistique ne sont, à l'évidence, pas pathologiques, soit parce qu'elles renvoient à diverses formes d'excellence (le génie, par exemple[14]), soit parce qu'elles sont tout à fait indépendantes du registre des valeurs ou des comportements. Ensuite, le fait que le sentiment d'anormalité, souvent exprimé par un client lors d'une première séance de psy, est fréquemment erroné : il pense être le seul, ou un des rares, à vivre une expérience que le psy rencontre pourtant fréquemment dans sa clientèle et ailleurs.

Il faut aussi prendre en compte le fait que, dans une vie humaine telle qu'elle est inévitablement, *la souffrance est normale* : les conditions constitutives de l'expérience de l'enfant, la confrontation de l'adulte aux modèles normatifs, la nécessité de mettre en place des mécanismes de défense ou des pratiques addictives pour tenir le coup, les événements difficiles presque inévitables dans une vie, tout cela, qui conduit fréquemment la personne à franchir pour la première fois la porte du psy, n'est pas l'exception mais la règle. Enfin, il faut prendre en compte l'opinion souvent exprimée selon laquelle l'état visé par la pratique psy, état «sain», «optimum», «épanoui» ou «équilibré», est lui non pas fréquent ou probable, mais rare et fruit d'un processus exceptionnel. Citons seulement Freud : «Notre théorie ne revendique-t-elle pas justement pas l'instauration d'un état qui n'est jamais présent spontanément dans le moi et dont la création originale constitue la différence essentielle entre l'homme analysé et celui qui ne l'est pas ? »[15], qui précise ailleurs qu'il « faut se rappeler que cet état idéal ne s'observe même pas chez les normaux et, ensuite, qu'on se trouve rarement en mesure de pousser le traitement jusqu'à un moins approchant cet état »[16].

Enfin, le dernier sens du mot « normal » est sociologique : est normal ce qui est conforme aux normes, c'est-à-dire aux manières de penser, de sentir et d'agir qui, dans un cadre social donné, sont considérées comme requises par les autres membres du groupe ou par les institutions. Un comportement anormal est un comportement *déviant*, qui entraînera le plus souvent des sanctions ou des actions correctrices : la psy serait une de ces pratiques correctrices. Il y a deux manières de décliner cette réflexion.

Le première relève de la tradition maintenant ancienne de la sociologie critique de la psy : cette dernière serait un moyen de contrôle social, un appareil idéologique au service de l'État et des classes dominantes, visant à tuer dans l'œuf ou à réduire au silence toute velléité de remise en cause de l'ordre établi par l'invention de modes de vie et de pensée alternatifs. Cette vision a eu son heure de gloire dans les années 1970[17] et a donné lieu à une abondante production culturelle, notamment cinématographique[18]. Elle a été considérablement renforcée par la découverte de l'usage que le régime soviétique avait pu faire de la psy contre ses dissidents. Et il ne fait pas de doute que certains aspects des pratiques psy, et pas seulement au sein de la psychiatrie institutionnelle, méritent cette remise en cause.

Mais on peut reprocher à cette approche critique et dénonciatrice de s'enfermer dans une simplification excessive des phénomènes normatifs. Elle s'inscrit dans une vision romantique opposant d'un côté l'individu, nécessairement libre et positif, de l'autre la société, nécessairement dominante et répressive, ce que résume assez bien cette inscription murale de 68 : « Quiconque n'est pas moi est un agent de répression à mon égard »[19]. L'individu n'aurait le choix qu'entre affirmer son indépendance (et ce serait bon) ou se soumettre à la contrainte (et ce serait mauvais). Il nous faut au contraire prendre en compte les faits suivants : que les individus n'existent pas sans l'expérience sociale qui les a formés et qui les forme encore en permanence ; que les normes ne se présentent pas toujours comme des contraintes, mais parfois comme des soutiens, des guides, des points de repères, des conditions pratiques à l'ajustement social, etc., et que l'absence de norme (anomie) peut être douloureuse ; que les normes ne sont pas monolithiques, qu'un individu est en permanence soumis à un système complexe de normes entre lesquelles il doit arbitrer ; que les normes changent sans cesse dans le temps, y compris sous l'influence des comportements déviants, qu'elles dépendent de la position sociale où l'on se trouve et qu'on peut se déplacer d'une position à l'autre.

Prendre en compte cet ensemble de complexités conduit à inverser la vision du rapport entre psy et normes sociales, à renoncer à prendre le point de vue « de la société » (une fois de plus indûment personnalisée) qui voudrait obliger les individus à rester ou à rentrer dans le moule, pour prendre celui de l'individu, qui cherche à conduire sa vie en se situant, comme il peut et à sa manière, dans l'univers normatif où il évolue. On quitte ainsi le registre de la mise en forme ou du contrôle pour se diriger vers celui de l'éthique, que nous retrouverons plus loin.

CONSTRUCTION ET DÉVELOPPEMENT

Si nous nous détournons maintenant des discours « naïfs » recueillis pas notre sondage imaginaire, pour nous tourner vers les psy eux-mêmes, nous rencontrons un autre ensemble de représentations que l'on peut qualifier de *génétiques*, en ce sens qu'elles reposent sur une vision de la *genèse* de la personne. Avec l'essor de la modernité et de l'individualisme s'est en effet imposée une représentation de la vie humaine comme construction progressive, au travers des vicissitudes de la vie, d'un être unique et en perpétuelle évolution, même si les premières années sont généralement perçues comme déterminantes[20].

La plupart des théories psy comportent un tel volet génétique qui décrit le passage progressif de l'enfant nouveau-né (ou nouvellement conçu) à l'adulte plus ou moins « réussi » : toutes envisagent en effet également le fait que le processus ne se déroule pas toujours « bien ». La fonction de la pratique psy serait ainsi de « corriger » une trajectoire qui se serait, pour une raison ou une autre, écartée de la bonne route.

On peut distinguer deux grandes versions d'un tel schéma. L'une, qui domine largement les thérapies humanistes d'origine nord-américaine, repose sur la notion de *développement* et a surtout été développée par Rogers[21] et son école. On postule que le nouveau-né possède en lui dès le départ tout le potentiel nécessaire qui n'a ensuite qu'à se *réaliser* dans une croissance naturelle qui, si l'environnement le permet, conduit tout droit à un état *optimal*, de plein épanouissement personnel. Les conditions d'environnement sont totalement neutres quant à l'orientation que prendra la personne et se réduisent à des conditions minimales de protection et de nourriture, essentiellement relationnelle (la reconnaissance positive inconditionnelle). Si cet environnement présente des carences, le développement sera freiné ou biaisé, et la personne rencontrera des difficultés.

On le voit, la métaphore n'est plus ici médicale mais biologique. Le développement psychique est conçu sur le modèle du développement organique, ou d'une version imaginaire de celui-ci : tout est dès le départ dans la graine, et pour peu que le sol, la lumière et l'eau soient présents, la plante s'épanouira. Ce schéma est très attrayant : il dispense de toute question sur la direction que doit prendre l'individu (il suffit de laisser faire la nature) et il limite l'action (en psy, mais aussi en éducation ou en politique) à une attitude purement «permissive» ou «restauratrice». Mais ces avantages sont aussi des inconvénients : l'évitement du choix est aussi négation de la liberté. De plus, cette vision repose à nouveau sur le schéma romantique opposant la nature individuelle et la société : le bonheur ne peut venir que d'un épanouissement naturel de l'individu, la société n'est au mieux qu'un cadre neutre, et si elle intervient, c'est comme obstacle. Il va de soi que, ainsi conçue, la psy ne peut intégrer une prise en compte du politique (sauf à titre purement extérieur, comme le fait volontiers Rogers : il faudrait que la société évolue de manière à être plus favorable au développement humain).

Le second type de vision génétique en psy repose non plus sur l'idée de développement mais de *construction*[22] : il ne suffit pas de laisser l'individu «pousser», il faut l'aider à se construire, dans un processus qui ressemble moins au travail de l'ingénieur (avec des plans déterminés à l'avance) qu'à celui du bricoleur (qui avance peu à peu, en fonction des moyens disponibles et réajuste en permanence son projet)[23]. Pour cette construction, il faut des matériaux et ceux-ci seront essentiellement fournis par les relations à autrui et les structures symboliques. Cette vision n'est pas aussi séduisante que la précédente (elle est moins rassurante) mais elle n'en présente pas les inconvénients, notamment la fermeture des choix et le préjugé naturaliste ou individualiste : elle est davantage compatible avec une ouverture vers le politique.

Mais nous apporte-t-elle réellement une réponse à notre question : qu'est-ce que le psy, à quoi sert cette pratique ? De deux choses l'une : ou bien, comme dans certaines versions de la psychanalyse, on aboutit à une description de référence du «développement normal», avec sa succession de stades, les conditions d'un passage satisfaisant de l'un à l'autre, et les conséquences prévisibles sur le résultat final d'un dysfonctionnement à un moment donné. On est alors strictement dans le cadre d'une version génétique du modèle médical : à chaque étape de la construction peuvent survenir un nombre déterminé de problèmes, qui débouchent sur autant de catégories pathologiques[24].

Ou bien, comme dans d'autres versions de la psychanalyse et dans certaines versions des thérapies humanistes, la construction est essentiellement indéterminée : il n'y a ni direction privilégiée, ni stades nécessaires, ni conséquence univoque d'un événement vécu. Le modèle est ouvert : on avance à tout moment, comme on peut et dans la direction qu'on peut, avec les moyens du bord, en exerçant des choix plus ou moins délibérés mais toujours dans un contexte contraignant et avec une grande part d'aléatoire. Et la psy est, parfois, un de moyens de cette construction. Mais qu'est-ce qui en fait la spécificité parmi tous les autres?

BONHEUR ET ÉQUILIBRE

Il est une réponse sur laquelle le grand public comme les acteurs expérimentés, professionnels et clients, pourraient tomber d'accord : la psy ça sert à être heureux, ou en tout cas moins malheureux. Cette réponse me paraît profondément juste, en quelque sorte sur le principe, et il est toujours bon de la répéter. Le problème est qu'elle est bien imprécise : que signifie-t-elle en fait?

Nous pouvons dans un premier temps nous tourner vers une définition simplement subjective et dire qu'être heureux, c'est se sentir heureux, c'est éprouver un sentiment de bonheur. Malheureusement pour la simplicité du raisonnement, mais au fond heureusement, les choses ne sont pas si simples. Les psy savent bien par exemple que certaines formes de troubles se manifestent précisément par des déclarations catégoriques de bien-être, comme dans les états dits de bonne santé pathologique (la personne bardée de défenses qui affirme que «tout va bien») ou les états d'euphorie maniaque (qui ont une fonction de défense contre la dépression). Plus profondément, on peut s'interroger sur la signification culturelle ou idéologique de la poursuite du bonheur, dont on se demande parfois si c'est une quête naturelle des individus, ou une nouvelle norme sociale à laquelle chacun est prié de se conformer, un devoir de bonheur[25]. Car, au fond, une juste perception de la réalité de notre condition ne devrait-elle pas plutôt nous conduire à un sentiment au moins plus mélangé? On connaît l'impitoyable diagnostic de Freud :

« Le bonheur est absolument irréalisable, tout l'ordre de l'univers s'y oppose ; on serait tenté de dire qu'il n'est point entré dans le plan de la "Création" que l'homme soit "heureux" ». Et il ajoute : « Vous trouverez grand avantage, en cas de réussite, à transformer votre misère hystérique en malheur banal »[26]. Je préférerais dire pour ma part que le bonheur humain authentique ne peut pas prendre la forme d'un état de bien-être permanent, d'une élimination totale de la souffrance morale, mais le résultat est le même : comment alors le reconnaître ?

Est-il possible alors de proposer une définition objective de la vie heureuse ? De nombreuses tentatives ont été faites dans ce sens.

Certaines sont simplement tautologiques. Par exemple, selon le psychanalyste Jean Bergeret, le bien portant est « un sujet aussi conflictuel que les autres, mais qui n'aurait pas eu à affronter des difficultés internes ou externes supérieures à son équipement affectif héréditaire ou acquis, à ses facultés personnelles défensives ou adaptatives et qui se permettrait un jeu assez souple de ses besoins pulsionnels, de ses processus primaires et secondaires, sur les plans tout aussi personnels que sociaux, en tenant un juste compte de la réalité... et en se réservant le droit, aussi, de se comporter de façon apparemment aberrante dans des conditions exceptionnellement "anormales" »[27]. Ou bien, selon les analystes transactionnels Bary et Huffort, « un client est prêt à terminer sa thérapie s'il est capable d'échanger sainement des caresses, s'il a une estime saine de lui-même, des autres et de la vie en général, s'il peut regarder en face la vérité de ce qui lui est arrivé dans le passé sans déformation défensive, s'il peut accomplir les tâches liées à l'étape de croissance qui est la sienne, si ses schémas de transactions et de caresses avec ses relations proches et intimes sont sains, et si son dialogue interne est un guide nourricier plutôt qu'un carrousel de condamnations et d'excuses[28] ». Au-delà de la sophistication des formulations, que nous disent ces deux textes, sinon que quelqu'un qui va bien en général est quelqu'un pour qui les diverses choses en particulier se passent bien, ou pas trop mal ?

On rencontre parfois des propositions plus fortes, comme par exemple celle de Rawls[29], pour qui un individu est heureux quand sa vie est conforme au projet qu'il en avait. C'est simple, trop simple : cela suppose une vision extrêmement simplifiée de la vie humaine (que tout le monde a un projet et un seul, que ce projet est autonome et non le fruit d'une imposition quelconque et qu'il est suffisamment conscient et stable pour servir de référence pour l'évaluation), qui peut être appropriée pour la réflexion politique de Rawls, mais qui ne pourra guère nous accompagner loin dans le monde de la psy, où les choses ne sont pas, mais alors pas du tout, aussi simples. Dans la tradition philosophique, on trouvera aussi de nombreuses réponses qui se ramènent au bout du compte à l'idée suivante : est véritablement heureux l'homme qui vit comme il doit vivre... ce qui nous entraîne vers des considérations morales vers lesquelles nous devrons revenir. Le bonheur, en tout cas, n'apparaît pas ici comme un véritable critère.

Je pourrais multiplier les exemples, en puisant dans toute l'histoire de la philosophie puis de la psy et tous aboutiraient à la même conclusion : même si, intuitivement, nous tenons à l'idée que la pratique psy est liée à la quête du bonheur personnel, nous ne parvenons pas à donner un sens précis à cette visée, qui reste une intuition précieuse mais pauvre.

CHANGER

Devant la complexité de toutes ces questions et les apparentes impasses sur lesquelles elles débouchent, certains psy ont fait le choix de modifier radicalement la définition même du problème : peu nous importe, disent-ils, le sens que nous ou nos clients pouvons donner à la pratique psy. Nous ne sommes pas des guérisseurs, des normalisateurs ou des marchands de bonheur, mais des *techniciens* capables de répondre à une demande de changement : des gens viennent nous trouver en souhaitant changer quelque chose à leur vie, ou plus précisément à leur propre comportement, et notre tâche consiste à leur apporter le service demandé, à leur permettre d'opérer effectivement ce changement. Nous n'avons ni à définir nous-même ces changements, ni à porter un jugement sur leur caractère plus ou moins «sain», «normal» ou «heureux», mais seulement à connaître et savoir appliquer les méthodes qui permettront de les obtenir et de les stabiliser le plus simplement et le plus rapidement possible. La psy est une technique de modification des comportements, c'est tout, et nous n'avons pas besoin d'autre chose.

Cette prise de position introduit au sein du monde de la psy un profond clivage, à tel point qu'on en viendrait souvent à penser que, de part et d'autre, on ne fait pas le même métier, qu'il faudrait trouver deux termes différents pour désigner les uns et les autres. J'ai moi-même, dès les premières pages de ce livre, annoncé mon choix de ne pas prendre en compte dans ma recherche la version «modificatrice» de la psy, en disant simplement que c'était trop «autre chose». Il semble évident, en tout cas, qu'une tentative de mise en relation de la politique et de cette conception ne risque pas d'aller loin. Quelqu'un veut changer quelque chose à sa vie, il va voir un spécialiste qui lui apporte une prestation technique adaptée : on ne voit pas ce que le politique viendrait faire là-dedans. Or, les tenants de cette vision sont convaincus que leur définition du psy est celle qui devrait être admise par tous, voire que les autres approches sont dangereuses ou relèvent de la charlatanerie. S'ils ont raison, toute notre entreprise n'a aucun sens. Il nous faut donc examiner sérieusement cette interpellation.

Commençons par préciser un peu la géographie de cet « autre monde de la psy ». J'y distinguerai cinq contrées. La plus ancienne est liée à la longue histoire de l'hypnose et des techniques de suggestion (notamment le magnétisme de Mesmer au XVIIIe siècle et toute la lignée des médiums ou magnétiseurs du XIXe [30]). On sait que Freud, à ses débuts, a utilisé ces techniques, puis qu'il les a abandonnées, pour partie en raison de ses difficultés personnelles à les mettre en œuvre, pour partie dans le souci de laisser davantage libre cours au processus spontané des associations d'idées et des processus transférentiels, ce qui lui semblait déboucher sur des résultats thérapeutiques plus profonds et plus stables. Pendant toute la première partie du XXe siècle, la pratique de l'hypnose a subi un discrédit presque total dans l'univers psy, en raison du succès de la psychanalyse, mais aussi sans doute parce qu'elle se montrait totalement rétive à toute tentative de traitement expérimental[31], et s'est trouvée cantonnée au domaine de l'illusionnisme, du spiritisme et des parasciences. Depuis quelques années, elle refait surface, en lien avec l'apparition de nouvelles variantes méthodologiques[32] et un travail de réhabilitation théorique, mené avec beaucoup de persévérance par Léon Chertok avec le soutien d'Isabelle Stengers[33].

La seconde source, également assez ancienne, est très différente : elle se situe au cœur du projet de construction d'une psychologie scientifique, notamment aux États-Unis au début du XXe siècle. Régnait à l'époque une vision extrêmement exigeante de ce projet, nommée béhaviorisme ou comportementalisme, principalement instaurée par Watson et dont le représentant le plus catégorique et le plus connu fut B.F. Skinner[34]. Selon eux, la psychologie, pour être scientifique, devait s'interdire de faire la moindre référence à des états mentaux inobservables, et traiter uniquement de ce qu'elle pouvait voir et contrôler : le lien entre les conditions d'environnement et les comportements. Une telle vision était évidemment incompatible avec la totalité des conceptions antérieures de la psychothérapie et il a fallu concevoir une nouvelle approche, nommée thérapie comportementale, consistant à appliquer au changement des comportements les enseignements des études de laboratoire, notamment dans le domaine de l'apprentissage. Ultérieurement, dans la deuxième moitié du siècle, la psychologie scientifique a évolué, les dogmes comportementalistes ont été atténués et se sont développées des théories et des recherches réintroduisant des états mentaux sous la désignation de structures ou de processus *cognitifs*. Les thérapies comportementales sont devenues thérapies cognitivo-comportementales.

Dans les années cinquante émerge un troisième courant, dans le cadre des recherches, florissantes à l'époque, sur la thérapie familiale. Au Mental Research Institute de Palo-Alto, notamment sous l'influence de Gregory Bateson, se développe une vision dite *systémique* des processus familiaux, selon laquelle les phénomènes pathologiques seraient à situer non dans le fonctionnement interne des individus mais dans les processus relationnels caractéristiques des systèmes eux-mêmes[35]. Cela implique des modalités d'intervention thérapeutique adaptées, très différentes des interventions classiques, notamment avec un recours fréquent à des interventions contre-intuitives, provocatrices, paradoxales. L'univers de la thérapie systémique est très divers et très mouvant : à côté de certaines pratiques restant ou redevenant assez proches des interventions classiques d'inspiration psychanalytique, certains ont développé une approche rigoureusement technique, refusant toute autre question que celle de la quête d'une efficacité maximale. C'est notamment le cas du centre de thérapie brève de Palo-Alto, qui a poussé dans cette direction aussi loin qu'il est possible, tout en en donnant une véritable justification qui pourra nous servir de référence dans la suite de notre réflexion[36].

Je dois également signaler le courant de la Programmation Neuro-Linguistique (PNL) qui se propose de faire la synthèse des trois précédents en développant des techniques de reprogrammation des comportements utilisables non plus dans le cadre de l'univers psychiatrique ou médical, face à des troubles caractérisés, mais comme technique de développement personnel accessible à tous et applicable à tous les domaines de la vie personnelle et relationnelle.

Enfin, bien que très éloignées des précédentes, nous rencontrerons aussi ici les recherches de l'ethnopsychiatrie qui, dans son souci de pratiquer un traitement rigoureusement symétrique entre les pratiques thérapeutiques d'ici et d'ailleurs (les thérapies traditionnelles), a du se doter d'une définition aussi neutre que possible, par exemple celle-ci : « Toute procédure d'influence destinée à modifier radicalement, profondément et durablement une personne, une famille ou simplement une situation, et cela à partir d'une intention thérapeutique »[37].

Aujourd'hui, l'ensemble formé par ces cinq courants occupe un territoire croissant, concurrençant sérieusement l'autre ensemble que j'ai nommé classique, où je regroupe la psychanalyse, ses différents dérivés et les multiples formes de thérapies humanistes. On entend fréquemment dire que ces approches classiques appartiennent déjà au passé et qu'elles vont progressivement être éliminées, prises en tenaille entre la montée des techniques de modification comportementale et le succès des médicaments psychotropes.

Je ne sais pas ce que vaut cette prévision, mais la question est avant tout : une telle évolution est-elle souhaitable? L'abandon des approches psychodynamiques classiques au profit de techniques visant des effets immédiats mais durables, précisément définis et observables serait-il un progrès, auquel cas notre interrogation sur le lien entre psy et politique serait résolue par élimination, ou au contraire une dérive regrettable, dont l'élimination en question serait un des aspects? Il me semble que pour y voir plus clair nous devons distinguer trois débats.

Le premier porte sur le principe d'une définition claire et préalable des objectifs de changement de la psychothérapie, ce qui se cristallise parfois autour de l'idée de *contrat* : au départ du travail, le psy et son client se mettent d'accord sur l'objectif visé et l'ensemble du travail qui suivra sera rigoureusement guidé par cet accord. Pour les tenants de cette approche, c'est à la fois une garantie de rigueur (il est hors de question de prétendre avoir fait du bon travail si l'objectif n'est pas manifestement atteint) et une protection (le psy s'interdit de faire quoique ce soit qui ne serait pas justifié par le contrat, il évite ainsi d'introduire ses propres valeurs, de penser à la place de la personne ce qui serait bon pour elle). Cette argumentation est soutenue par de puissants facteurs liés au contexte culturel. La première partie renvoie à l'hégémonie, dans notre société, de la vision utilitariste ou finaliste de l'action : agir n'a de sens et de valeur que si l'on sait précisément à quoi l'on veut aboutir[38]. Le second renvoie à la quête de l'efficacité maximale, au refus du gaspillage ou de la perte de temps, mais aussi à l'affirmation de la liberté individuelle (c'est moi, client, qui choisit ce que vous allez me faire). À cela, on peut opposer une autre conception de la vie, et donc du processus thérapeutique, plus exploratoire (les buts, s'il y en a, se découvrent au fur et à mesure, et parfois il n'y en a pas : on fait les choses « comme ça, pour voir ou pour vivre », l'action trouve sa valeur en elle-même et non dans son résultat[39]), plus vagabondante, fut-ce au prix d'un peu de perte de temps, et surtout plus ouverte aux incertitudes de la rencontre de l'autre[40].

Le second débat porte sur la notion d'influence thérapeutique. Les approches modificatrices assument pleinement cette notion : à partir du moment où le but est défini et le contrat conclu, l'hypnotiseur hypnotise, le modificateur de comportement modifie, le programmateur programme. Le thérapeute est là pour exercer une action sur la personne, qui en sortira différente de ce qu'elle aurait été si l'interaction n'avait pas eu lieu. Une telle perspective heurte notre attachement à l'image de l'autonomie individuelle, et nous préférons volontiers les discours plus classiques qui affirment la neutralité du thérapeute. C'est ainsi que les psychanalystes mettent volontiers l'accent sur la rareté et le caractère quasiment secondaire de leurs interventions en séance : c'est l'analysant (ainsi nommé plutôt que patient, pour souligner justement ce trait) qui «travaille», simplement accompagné et légèrement aiguillonné par l'analyste. La règle dite d'abstention, qui interdit à l'analyste de livrer des informations sur lui-même, sur sa vie personnelle ou ses sentiments, vise à garantir en quelque sorte l'indépendance du patient, à lui offrir une surface de projection aussi neutre que possible, sur laquelle il pourra dessiner ses propres schémas, sans qu'ils soient contaminés par ceux de l'analyste. C'est bien sûr la même idée, systématisée à l'extrême, qu'on retrouvera chez Rogers avec sa thérapie dite souvent, en France, *non directive* : ici, rien ne doit venir du thérapeute sinon des encouragements à progresser, aussi neutres que possible (donc, le plus souvent, seulement sous forme de reformulation des propos du client), toute la dynamique se trouve du côté de ce dernier.

Je pense que ces discours relèvent en grande partie du déni, d'une part de la responsabilité éthique et politique du psy (la discussion sur ce point a déjà eu lieu au premier chapitre), d'autre part de la dimension profondément inter-humaine et inter-subjective du cheminement humain. Sur ce point, je rejoins les réflexions de Chertok, reprises par certains psychanalystes[41] : *bien sûr* que le psy influence son client, et heureusement ! Comment pourrait-on prétendre faire un travail un tant soit peu réaliste sur la vie humaine en en niant un aspect aussi essentiel : nous sommes faits des autres, nous n'évoluons que dans la relation aux autres, nous ne pouvons *pas* être indifférents à ce qu'ils nous renvoient ou à ce que nous imaginons de leur regard sur nous. Bien entendu, cela n'exclut pas mais justifie au contraire pleinement un certain nombre de précautions visant à éviter que l'influence thérapeutique ne soit malencontreuse.

Mais l'interpellation des approches classiques sur la reconnaissance de l'influence peut aussi se retourner contre les «modificateurs», dans la mesure où ceux-ci ont le plus souvent une vision *unilatérale* de la relation thérapeutique : il y a d'un côté le client, qui va inévitablement subir cette influence, de l'autre le thérapeute, qui va l'exercer, et qui prétend maîtriser cet exercice, le réduire rigoureusement à ce qui a été explicitement convenu. La PNL doit sans doute son succès à ce qu'un tel projet peut avoir de fascinant : être vis-à-vis d'autrui dans la position du *programmeur* (image évidemment importée du monde de l'informatique, où l'homme programme la machine, et non l'inverse, en principe), savoir « comment ça marche », pouvoir deviner ce qui se passe chez la personne à son insu (par la lecture des mouvements oculaires, par exemple) et disposer de moyens d'intervention quasiment automatiques (par exemple les points d'ancrage), etc. On ne sait trop quel est le principal reproche qu'on doit opposer à une telle vision : d'être totalement irréaliste ou d'être moralement repoussante ? Encore une fois, il ne s'agit plus ici de la reconnaissance de l'influence, qui ne peut être qu'une bonne chose, mais de la prétention à maîtriser celle-ci, et surtout à y échapper soi-même, à prétendre sortir indemne dans sa propre vie de la rencontre avec l'autre.

On comprendra finalement pourquoi j'ai fait le choix, dans ma recherche, de ne mentionner que très rarement les approches modificatrices : non par refus de reconnaître l'influence thérapeutique (que je me propose au contraire d'interpeller à de nombreuses reprises dans les chapitres qui suivront), mais par rejet d'une vision trop réductrice de cette relation qui prétend d'une part l'assimiler à un simple processus prédictible de type but/moyen/résultat, d'autre part en écarter toute incertitude et toute réciprocité.

UNE VOIE ÉTHIQUE

J'arrêterai là mon parcours parmi les réponses les plus fréquentes à notre interrogation initiale : qu'est-ce que la psy ? Que rapportons-nous dans notre panier ? Certaines réponses nous auront surtout servi à nous démarquer : d'une part d'une vision médicale qui traite les personnes comme souffrant d'un dysfonctionnement pathologique, d'autre part d'une visée modificatrice qui s'enferme dans une vision mécaniste et unilatérale du processus thérapeutique. D'autres étapes nous ont indiqué des pistes possibles, encore très imprécises : la référence à l'anormalité dans sa dimension morale (ce que je ne peux ni accepter ni comprendre) et sociale (ce qui n'est pas conforme aux normes du groupe), la recherche du bonheur et l'image d'une construction progressive de la personne, pourvu qu'elle soit suffisamment indéterminée. Il est maintenant temps de ramasser et d'organiser ces éléments et de les intégrer à une vision d'ensemble, qui pourra nous servir de référence dans la suite de notre recherche et notamment justifier le projet d'établir un lien qui ne soit pas de pure forme entre le psy et le politique.

Ma réponse à la question de ce chapitre est la suivante : *la psy est une pratique d'accompagnement de la recherche éthique*. Précisons tout de suite que ce n'est pas la seule et, dans la section suivante, je devrai aussi préciser ce qui la différencie des autres : ce que je nommerai le travail *dans le trouble*.

Mais commençons par caractériser la recherche éthique en général. Je partirai de « la question de Socrate », telle qu'elle a été commentée par Bernard Williams[42]. Cette question est simple : « Comment doit-on vivre ? ». Analysons-là en détail.

Le plus important est la présence du verbe « devoir » : nous ne sommes pas ici dans le domaine de l'empirique (nous ne cherchons pas à dire ce qui est) mais du normatif (nous cherchons ce qui doit être). Pour autant, la question est très ouverte, et le but de la recherche éthique sera bien davantage de préciser quels pourraient être la forme, le critère ou la source d'un tel devoir que de définir tel devoir précis. Ainsi, on ne précise pas la nature du devoir, mais on affirme clairement qu'on en cherche un : c'est ce qui justifiera le fait que notre exploration, dans la suite de cette troisième partie, commence par un chapitre consacré à la dimension morale.

La question, en outre, porte sur le « vivre », ce qui nous apporte deux précisions : d'une part, l'interrogation porte sur *l'action*, et non sur l'être (on aurait pu dire, pour être encore plus clair : « Que doit-on faire de sa vie ? »), nous sommes dans le domaine *pratique*, au sens philosophique. Cela a une conséquence essentielle : je ne peux pas échapper à l'interrogation (comme je pourrais le faire dans le domaine théorique, par exemple, où je peux toujours suspendre mon jugement tant que je ne suis pas sûr de mon fait). *Je vis*, et donc je suis amené à choisir *comment*, et refuser de choisir c'est aussi faire un choix (de me laisser guider par le hasard, par exemple, ou plus probablement par le pouvoir des autres). D'autre part, la question porte sur la vie en général, et non sur tel acte particulier : je suis invité à prendre la vie comme un tout, dans toute sa largeur (les différents compartiments qui la composent) et dans toute sa longueur (réfléchir à la fois à mon passé, mon présent et mon avenir, y compris bien entendu ma mort). À la suite de Foucault, on peut pointer que l'essentiel n'est sans doute pas dans le positionnement concret et détaillé vis-à-vis des différentes règles ou prescriptions sociales, mais dans la manière de « se conduire », de « se constituer soi-même comme sujet moral agissant en référence aux éléments prescriptifs qui constituent le code »[43].

La question, enfin, porte sur un « on » : je m'interroge sur la bonne manière de vivre *en général*, et non seulement dans mon cas particulier. Bien entendu, c'est essentiellement dans l'intention de m'en inspirer pour ma propre route, mais je cherche un point de référence qui dépasse ma propre singularité. Je ne me réfère même pas à un « nous », qui renverrait à un groupe particulier, une communauté culturelle particulière, mais à une visée d'universalité : *puisque je suis humain*, que dois-je faire de ma vie ?

La notion de recherche éthique étant ainsi définie, il me reste à établir qu'elle permet effectivement de répondre à la question « Qu'est-ce que la psy ? ». On notera tout d'abord qu'elle permet à la fois de justifier le refus de certaines conceptions, notamment médicale (il n'y a rien de pathologique, c'est une interrogation universelle) et modificatrice (c'est une *recherche* permanente dont chacun est le *sujet*, dans le lien avec autrui) et de rendre compte de quelques résultats plus positifs de nos explorations antérieures (la référence à la normalité morale et sociale, la quête du bonheur, le chemin de construction personnel).

Plus positivement, on peut penser que la plupart des demandes des personnes qui s'adressent à un psy pourraient effectivement être retraduites dans ces termes : *comment vivre ?* J'imagine que de nombreux psy auront du mal à admettre la dimension normative et universelle de l'interrogation socratique : ils se reconnaîtraient sans doute mieux dans une question telle que « Que vais-je faire de ma vie ? », recentrée sur le Je et sans référence à un quelconque devoir. Je pense que cela relève du déni : dans la pratique, c'est bien ce que cherchent les clients, et ce qu'offrent les psy. Comment comprendre autrement la réponse la plus célèbre de Freud à la question de la finalité de la cure : un analysant guéri, dit-il, se reconnaît au fait qu'il est devenu capable d'« aimer et travailler ». La réponse n'est-elle pas clairement normative, au meilleur sens du terme ? On vit comme on doit, dit Freud, quand on peut à la fois apporter sa contribution à la vie du groupe et nouer des relations affectives positives. Cela peut se discuter, mais il ne me paraît faire aucun doute que bon nombre de psy travaillent en référence à une forme ou une autre de normes de ce type. Et, bien entendu, cela ne serait pas acceptable s'il s'agissait simplement de se faire le défenseur de normes sociales particulières et arbitraires, si l'on ne s'appuyait sur une analyse à visée universelle de la condition humaine.

Je reviendrai plus longuement sur la prise en compte de la dimension morale dans le travail psy dans les deux chapitres suivants. Pour l'heure, je voudrais encore une fois pointer ce qui me paraît une convergence essentielle entre ce travail et les formes les plus classiques de l'interrogation morale, telle que l'a récemment développée Monique Canto-Sperber. Par exemple, elle s'interroge sur les critères à partir desquels nous évaluons la valeur éthique de notre propre vie. « Parmi ces critères, dit-elle, on trouve : l'appréciation de ce que représente un engagement fort ou une décision grave qui affecte le cours entier de la vie ; l'intuition que les raisons de nos décisions ou de nos engagements peuvent être falsifiées sous certaines conditions (en cas de croyances fausses, d'illusion à l'égard de soi-même, de manque de sincérité) ; la capacité à être reconnu comme le sujet de sa vie, au lieu d'être ballotté au gré des désirs des autres ou des événements ; l'exigence d'inventer en partie sa vie, au lieu de se conformer à un modèle de vie ; la possibilité de répondre aux coups du sort et de mettre en place de nouvelles configurations de sens ; la fidélité à l'égard des choix et engagements antérieurs ; la capacité de critique et de révision à l'égard des choix passés. »[44] Quel thérapeute ne pourrait pas se reconnaître dans une telle énumération ? Et pourquoi ne pas y rajouter, comme n'aurait pas manqué de le faire un ancien, la capacité à prendre sa place dans la vie politique de la Cité ?

LE TROUBLE, LA DOULEUR ET LE LIEN

Peut-on ainsi assimiler purement et simplement la psy à une quête éthique, dans la droite ligne de la recherche philosophique depuis l'antiquité, notamment chez les épicuriens puis les stoïciens, puis dans la pastorale et la direction de conscience chrétienne, aboutissant aux formes d'auto-examen du protestantisme et finalement aux formes laïques contemporaines ? Il y manquerait évidemment quelque chose : intuitivement, nous sentons bien que, dans l'entrée en psy, il se joue quelque chose d'autre, quelque chose de plus grave ou plus risqué. Canto-Sperber poursuit ainsi le passage précédent : « Un tel travail d'appréciation de la vie humaine est en partie guidé par des facteurs moraux, mais la plupart des critères que je viens d'évoquer sont des critères intellectuels, formulés à partir d'une exigence de rationalité et de cohérence ». Je connais peu de psy qui accepteraient de se reconnaître dans cette unique référence morale et surtout intellectuelle : il y a autre chose, évidemment. Comment le caractériser ? Il me semble que cela pourrait être éclairé par une référence à la catégorie du *trouble*.

Cela nous ramène tout d'abord bien sûr vers le « trouble mental ». Peut-être le souci de dédramatiser l'image de la psy, de s'éloigner des modèles anciens, répressifs et stigmatisants, nous conduit à perdre de vue le fait que, au départ d'une entrée en thérapie, il y a toujours *quelque chose qui ne va pas, et quelque chose de grave*. Un trouble, donc, au double sens du terme : un malaise, quelque chose qui trouble, qui perturbe moralement, parfois jusqu'à la douleur, ceux qui y participent (le futur client et son entourage) ; mais aussi un trouble de l'ordre public, quelque chose qui « ne peut pas continuer comme cela ». Pour autant, ce trouble est moins « mental » que relationnel : il porte sur la relation de la personne au monde, et bien entendu avant tout au monde des autres humains. C'est pourquoi, aussi, le travail psy sera avant tout un travail relationnel, un travail de lien, une expérience d'attachement (le fameux transfert) qui sera elle aussi très *troublante*. Ces troubles ne sont, en eux-même, aucunement « anormaux » au sens statistique. Ils renvoient à des composantes essentielles et omniprésentes de toutes les existences humaines, des points de fragilité que tout le monde partage. On peut ainsi observer que chaque entité psychopathologique, loin de désigner une catégorie de « malade », pointe vers une des difficultés de notre existence à tous : l'hystérie vers les questions de lien et d'engagement, la névrose obsessionnelle vers la quête de pureté, la mélancolie vers la culpabilité et la honte, la paranoïa vers la menace et l'interprétation, la schizophrénie vers les apories de la communication, les personnalités multiples ou dissociatives vers les fragilités de notre identité sociale, etc.

Mais la référence au trouble ne se situe pas seulement à la source. Elle sera aussi constitutive de l'entrée en thérapie : quoi de plus troublant que d'entrer ainsi explicitement dans l'univers de ceux qui ont « quelque chose qui ne va pas ? ». Ce sera l'occasion d'un véritable traumatisme. Et des traumatismes, il y en aura d'autres, apportés par le travail thérapeutique lui-même, sous des formes diverses, dépendant des techniques utilisées. Et tous ces traumatismes, on peut penser que, dans bon nombre de cas, ils ne seront pas pathogènes mais thérapeutiques : sortes de chocs salutaires, expériences extrêmes et bouleversantes, qui permettront de poursuivre ensuite autrement son cheminement personnel[45]. Nous sommes ici bien loin des sages travaux de la recherche philosophique, fut-ce à usage personnel, et beaucoup plus près des pratiques traditionnelles, de l'initiation, de la sorcellerie ou du désenvoutement[46].

Ce qui nous conduit à nouveau vers le trouble, dans un sens plus fort et plus... troublant. Comme si la pratique de la psy pointait en direction d'un « autre monde », où nous aurions aussi à trouver notre place, à conduire notre vie. Pas besoin pour comprendre cela de convoquer des croyances spiritistes ou religieuses : au cœur même de notre vie sociale, parallèlement aux aspects les plus simples et les plus prosaïques, se loge aussi la dimension du *sacré*.

Celui-ci se définit d'abord par son opposition au profane : le monde profane est le monde de la vie ordinaire, le monde sacré est d'abord un monde « tout autre », radicalement différent, vis-à-vis duquel il est rigoureusement exclu de se comporter comme vis-à-vis du premier. La seconde caractéristique du monde sacré est la puissance des forces en jeu, des forces absolument sans commune mesure avec les forces humaines. Dernière caractéristique que je citerai ici, ces forces sacrées se répartissent souvent en deux groupes que Durkheim nomme : « pures » et « impures ». Les premières sont des forces « bienfaisantes, gardiennes de l'ordre physique et moral, dispensatrices de la vie, de la santé, de toutes les qualités que les hommes estiment », alors que les secondes sont « mauvaises et impures, productrices de désordres, causes de mort, de maladies »[47]. Pour faire bref, nous parlerons de sacré positif et de sacré négatif.

Cette opposition du sacré et du profane est universelle, mais, comme on le sait, notre propre société se caractérise par une remise en cause de la place centrale du religieux dans la structuration de la vie sociale. Le sacré y reste présent et important, mais se trouve en quelque sorte marginalisé, on ne le côtoie que sous des formes diffuses, non explicites, presque honteuses. Je fais l'hypothèse que le psy est un des domaines où l'on entreprend d'aller à l'encontre du sacré négatif.

Les figures de ce sacré négatif sont dans notre culture assez diverses : on pourrait penser à la Mort, un des grands tabous d'aujourd'hui, mais c'est une réalité trop fréquente et naturelle pour être réellement écartée. La sexualité, surtout si elle est déréglée, fut longtemps une candidate sérieuse (et l'on sait combien elle occupe une place privilégiée dans l'univers psy). Mais la figure la plus proche du pur négatif, du mal incarné, est et reste bien la folie. D'ailleurs, le fou n'est-il pas toujours un peu (surtout ?), dans notre imaginaire, un dément meurtrier et un pervers sexuel ? Les tentatives humanistes répétées (l'aliénisme à son origine, puis Freud, au début de son œuvre, puis encore chaque nouvelle école à ses débuts) de rattacher cette figure au culte positif du savoir (la folie comme privation de raison) n'ont eu qu'un succès limité. Pour la plupart d'entre nous, le fou reste bien le sorcier d'aujourd'hui, qu'on craint et qu'on évite, et l'imputation de folie reste l'injure majeure (avec quelques autres renvoyant justement à une sexualité jugée déréglée). Et tout un chacun conduit sa vie avec une préoccupation omniprésente : ne rien faire qui puisse laisser penser qu'on est « dérangé » et, en cas d'incident susceptible de semer le doute, faire ce qu'il faut pour démentir et rassurer[48]. Or, la psy est bien l'institution sociale qui s'occupe de *ces gens-là* (ou, et c'est encore plus menaçant, de la part de nous qui a quelque chose à voir avec ces gens-là, cet *alien* logé dans notre poitrine qui menace à tout moment de surgir). On peut raconter ce que l'on veut sur les « thérapies pour normaux », qui concernent des gens « comme vous et moi », et qui ne visent qu'à « favoriser la croissance » : la psy, ça sent irrémédiablement le souffre.

C'est donc à une réponse bien complexe qu'aboutit notre recherche, comme si la psy était un Janus Bifrons, avec sa face claire et classique, recherche éthique et philosophique d'une voie de vie, et sa face sombre, renvoyant à la fois au trouble intime, au trouble de l'ordre social et à l'univers trouble du sacré négatif. Une chose par contre paraît claire : tous ces aspects s'ouvrent sur le politique.

Nous allons ainsi pouvoir commencer, à partir du chapitre prochain, l'exploration systématique des points de contact entre l'univers psy et l'univers politique. Une question nous servira de guide à chaque étape : à quelles conditions ces deux domaines de pratiques pourraient-ils mieux s'articuler ? Comment en particulier la psy pourrait-elle prendre mieux en compte, au sein de la vie humaine, la dimension politique, l'existence de son client comme citoyen ?

Nous commencerons nécessairement par la question de la morale, dont la place au sein des deux univers est assez semblable : incontournable, mais souvent déniée ou mal perçue. Ce chapitre se résumera essentiellement en un double plaidoyer pour la prise au sérieux de la dimension morale dans l'action politique comme dans la psy : comme, par définition, les valeurs morales sont les mêmes dans les deux univers, cela permettra d'établir une première liaison forte. Puis viendra la question de l'autonomie qui est également un point de convergence entre les deux univers : l'autonomie est une caractéristique requise à la fois du citoyen et de l'individu « développé ». Mais cette convergence masque de nombreuses questions plus spécifiques et plus difficiles dans lesquelles nous tenterons de mettre de l'ordre. Nous aborderons ensuite un thème de rencontre globalement plus délicat : l'émotion et la passion. Ici, les valeurs des deux univers tendent plutôt à s'opposer : la démocratie moderne se méfie des passions, alors que les thérapies contemporaines tendent à valoriser les émotions. Je tenterai de montrer à la fois ce que le traitement psy des émotions peut apporter à une vie politique plus riche et saine, mais aussi combien il pourrait être utile que les psy apprennent à revoir leur conception des émotions pour y intégrer davantage la dimension politique. Une fois saluée l'importance de la dimension émotionnelle, nous pourrons nous intéresser à son complément, la raison. Ici, la tension est à son maximum : alors que la politique démocratique requiert un fort ancrage rationnel des discussions et des choix, la psy se défie de la rationalité, voire cultive sciemment différentes formes d'irrationalité. Je plaiderai essentiellement pour une atténuation des préjugés anti-rationalistes de la psy, en montrant qu'ils reposent souvent sur des malentendus.

NOTES

[1] Voir plus haut, introduction.
[2] J'ai tout à fait conscience de m'attaquer à une question immense, qui demanderait à elle seule tout un ouvrage. Il ne s'agit ici que de poser un certain nombre de points de repères, sans pouvoir en envisager tous les aspects ni développer et discuter tous les arguments. On notera que la difficulté de l'entreprise est encore renforcée par le fait que la question est très rarement traitée dans la littérature psy : à de rares exceptions près, ce qui pourrait donner sens à l'activité en question est toujours de l'ordre du présupposé, le discours explicite ne portant que sur les moyens de mettre en œuvre le projet.
[3] Sur les positions psychanalytiques, voir Sandler & Dreher, *Que veulent les psychanalystes ?*
[4] M. Foucault, *Histoire de la folie à l'âge classique*.
[5] Gauchet & Swain, *La pratique de l'esprit humain*.
[6] Goldstein, *Consoler et classifier*.
[7] C. Delacampagne, *Antipsychiatrie*, p. 21 sq.
[8] On notera que c'est tout l'inverse qu'on observera dans la plupart des médecines traditionnelles (africaines, chamaniques, ou même dans les campagnes européennes) où, même pour les maladies organiques, on cherchera systématiquement la cause à l'extérieur de l'individu, dans ses relations avec les autres hommes (sorcellerie et contre-sorcellerie) ou avec les ancêtres ou les dieux. Voir par exemple : T. Nathan, *Manifeste pour une psychopathologie scientifique* ou J. Favret-Saada, *Les mots, la mort, les sorts*. Voir également d'intéressantes réflexions inspirées par ces thérapies traditionnelles dans Gentis, *Leçons du corps*, p. 165 sq., ainsi que la préface de M. Leiris à G. Rouget, *La musique et la transe*.
[9] P. Pignare, *Puissance des psychotropes, pouvoir des patients*. Il montre notamment comment les patients peuvent utiliser des médicaments comme ressource stratégique pour refuser toute tentative de subjectivation ou de psychologisation de leur trouble.
[10] Voir encore Pignare, p. 53 sq.
[11] D. Rosenham, *Être sain dans un environnement malade*.
[12] Philippe Pignare, *Comment la dépression est devenue une épidémie*. Voir aussi, sur les troubles à personnalité multiple, l'étude de cas très complète de I. Hacking : *L'âme réécrite*. Sur la schizophrénie, R. Barret, *La Traite des fous*. Et enfin, sur les pratiques

psychiatriques en direction des populations dites exclues : S. Estroff, *Le Labyrinthe de la folie*.

[13] D. Smaïl, *Illusion et réalité*.

[14] La représentation, très fréquente bien que sans fondement empirique, qui associe systématiquement génie et folie est un belle illustration de la force souterraine de cette vision « statistique ».

[15] In *L'analyse avec fin et l'analyse sans fin*, cité par Sandler & Dreher, *Que veulent les psychanalystes?*, p. 44.

[16] In *La technique psychanalytique*, cité par Sandler & Dreher, p. 43.

[17] Voir les travaux déjà cités de Foucault ou Castel.

[18] Par exemple *Family life* de Ken Loach, *Orange mécanique*, de Stanley Kubrick, ou encore *Vol au dessus d'un nid de coucous* de Forman.

[19] Cité par A. Finkielkraut, *L'ingratitude*.

[20] En dehors de la psy, une manifestation particulièrement nette du succès de cette représentation est l'extension spectaculaire du genre autobiographique. Voir P. Lejeune, *Je est un autre* ou *Moi aussi*.

[21] C. Rogers, *Le développement de la personne*. Pour une présentation plus formalisée, voir *Psychothérapie et relations humaines*. On trouvera également une bonne présentation dans le recueil de texte *L'approche centrée sur la personne*.

[22] On parle parfois de vision constructiviste, non au sens du constructivisme symbolique que nous discuterons au chapitre 11, mais par rapprochement avec le constructivisme Piagétien dans le domaine du développement cognitif : les structures mentales ne sont pas pré-construites, même sous la forme de potentialités, mais émergent peu à peu, dans l'interaction de l'individu et du monde.

[23] C'est Lévi-Strauss (*La pensée sauvage*, p. 26 *sq*.) qui a rendu célèbre cette opposition des deux styles de l'ingénieur et du bricoleur.

[24] Cette conception a été particulièrement bien illustrée par les travaux de Jean Bergeret (par exemple : *La personnalité normale et pathologique*).

[25] P. Bruckner, *L'euphorie perpétuelle. Essai sur le devoir de bonheur*.

[26] Freud, *Malaise dans la civilisation*, p. 20.

[27] *La personnalité normale et pathologique*, p. 15.

[28] Bary & Hufford, *Les six « avantages des jeux psychologiques »*, p. 10.

[29] *Théorie de la justice*, p. 590 *sq*.

[30] B. Meheust, *Somnanbulisme et médiumnité*.

[31] V. Despret, *Ces émotions qui nous fabriquent*, p. 76 *sq*.

[32] Notamment à la suite du Milton Erikson. Voir J. Haley, *Un thérapeute hors du commun : Milton Erikson*.

[33] I. Stengers, *Importance de l'hypnose*.

[34] B.F. Skinner, *L'analyse expérimentale du comportement*. Voir aussi de M. Richelle la très bonne synthèse : *B.F. Skinner ou le péril behavioriste*.

[35] Watzlawick *et al.*, *Une logique de la communication*.

[36] Fisch *et al.*, *Tactiques du changement*.

[37] T. Nathan, *Manifeste pour une psychopathologie scientifique*, et P. Pichot & T. Nathan, *Quel avenir pour la psychiatrie et la psychothérapie?*, p. 44.

[38] On en a connu une traduction particulièrement redoutable dans le champ de la pédagogie, avec l'approche dite par les objectifs, selon laquelle tout processus de formation devait être réductible à la poursuite d'objectifs précisément définis et observables. Plus récemment, le succès de la notion de projet (par exemple de projet professionnel, pour les demandeurs d'emploi), renvoie aux mêmes *a priori*. Je me permets de renvoyer à mes articles *Attention projet!* et *Tu va pas aller où?*

[39] On retrouve ici la distinction ancienne entre poïesis et praxis.

[40] C'est ainsi que l'Analyse Transactionnelle, que son souci d'une éthique «démocratique» a conduit à adopter le principe du contrat thérapeutique, a évolué vers une conception de plus en plus souple de celui-ci, le définissant comme un processus permanent. Il désigne simplement le fait que l'affirmation par le client de ses objectifs fait partie à tout moment du travail thérapeutique.
[41] T. Nathan, *L'influence qui guérit*. G. Roustang, *Influence*.
[42] B. Williams, *L'éthique et les limites de la philosophie*, p. 7 *sq*.
[43] Foucault, *L'usage des plaisirs*, p. 32 *sq*.
[44] Canto-Sperber, *L'interrogation morale et la vie humaine*, p. 232.
[45] N. Zadje, *Le traumatisme*.
[46] Aux origines grecques de la philosophie, un place était encore réservée aux dimensions «troublantes» de la recherche. Voir M. Massin, *Les figures du ravissement*.
[47] E. Durkheim, *Les formes élémentaires de la vie religieuse*, PUF, 1960, p. 584-85.
[48] Les observations d'Irving Goffman illustrent remarquablement ce point. Voir, en particulier, *La mise en scène de la vie quotidienne, II*, p. 101 *sq*.

Chapitre 8
Morale

Curieuse histoire que celle de la morale dans l'occident du XXe siècle, et notamment de sa deuxième moitié : pendant longtemps, la question semblait avoir totalement disparu du débat public et savant. La philosophie, dont c'est un des territoires les plus classiques, n'en traitait pratiquement plus[1], la politique, qui aurait pu y trouver des points de repères essentiels, n'y faisait pratiquement plus référence, et la psy, qui au siècle précédent y accordait la plus grande valeur, semblait définitivement s'en détourner.

Et puis, tout à coup, au tournant du siècle, la situation se retourne et l'on assiste à un retour massif des références à la morale ou à l'éthique[2], à vrai dire à un rythme assez différent dans les trois champs : d'abord et très rapidement en politique, où l'on voit, au début des années 90, surgir le thème de la «génération morale»; puis, progressivement en philosophie, ou la véritable explosion éditoriale attendra les dernières années de la décennie; très peu encore en psy, qui semble se montrer particulièrement rétive à ce thème. Essayons donc de comprendre ce qui s'est passé.

MORALE ET POLITIQUE : LE DIVORCE

La politique consiste à déterminer la forme que doit prendre la vie sociale, au moins dans sa composante publique (y compris la question de savoir où doit passer la distinction entre le public et le privé). Dans la mesure où cette vie sociale est fondamentalement normative (certaines choses y sont considérées comme «bien», d'autres comme «mal»), la politique est nécessairement conduite à se positionner sur de telles questions : qu'est-ce qu'il est juste d'imposer ou de permettre aux citoyens? Dans quelle mesure peut-on limiter leur liberté? Dans quelle mesure peut-on laisser libre cours aux processus normatifs spontanés, primaires, et quand est-il au contraire souhaitable de faire intervenir les institutions publiques? Quelle forme faut-il donner à ces institutions pour qu'elles produisent un ordre social satisfaisant?

Pourtant, pendant toute une période, ce n'est pas cette manière-là de penser la politique qui a été dominante, et il nous faut comprendre pourquoi.

La raison la plus apparente tient à la forme conflictuelle de la vie politique, et à la structuration des conflits sous forme d'oppositions entre «camps» : à partir du moment où l'on pense que l'essentiel de l'engagement politique consiste à prendre parti, puis lutter avec détermination pour le parti[3] qu'on a choisi, la question morale devient très secondaire : le bien, c'est la victoire de mon camp, et j'agis bien quand je contribue à cette victoire. À partir de la révolution française, les deux camps ont été nommés le plus souvent «gauche» (ceux qui souhaitent accélérer le changement social en cours) et «droite» (ceux qui souhaitent le modérer, voire l'empêcher, voire l'inverser). Pendant longtemps, la lutte opposait essentiellement républicains laïques et royalistes catholiques, mais, à partir de la fin du XIXe siècle, avec la montée du marxisme et la révolution russe, l'opposition s'est durcie en une guerre de classes entre bourgeoisie et prolétariat, entre patronat et salariat.

C'est ce contexte idéologique qui a dominé pratiquement tout le XXe siècle et où l'on a rencontré les formes les plus radicales de négation de la pertinence de toute réflexion morale en politique. On en trouvera une illustration typique dans le livre «Leur morale et la nôtre»[4] où Trotsky explique tout bonnement que tout ce qu'on appelait morale jusqu'à présent n'était qu'un outil idéologique au service du pouvoir capitaliste, qu'on devait lui opposer point par point une morale prolétarienne, dont le principe de base avait le mérite de la simplicité : est bon tout ce qui favorise l'avènement de la révolution et du communisme, est mauvais tout ce qui le retarde. Bien entendu, avec l'implosion de l'univers communiste dans les années 90, tout cela a perdu de sa force, mais, au moment où j'écris, quelques semaines après les attentats du 11 septembre 2001 aux État-Unis, se répandent des discours qui prétendent maintenant opposer dans un farouche «choc des civilisations» le camp occidental, moderne, libéral et individualiste, au camp islamique, traditionaliste et oppresseur : on parle de «croisade», et l'on justifie les victimes civiles des bombardements par la nécessité d'affirmer la capacité de «riposte» de «notre camp».

Le marxisme a contribué à l'effacement de la référence morale en politique également par un autre biais, en constituant avec d'autres doctrines ce qu'on a parfois appelé la «génération du soupçon» : à la fin du XIXe et au début du XXe siècle se multiplient les travaux et les théories qui conduisent à remettre systématiquement en cause le fondement de toutes les valeurs de notre culture. Les marxistes, en premier, avec la catégorie d'idéologie[5] : est ainsi dénommée une pensée dont le poids ne tient pas à sa valeur de vérité ou de rigueur, mais au soutien qu'elle apporte à une classe sociale suffisamment puissante pour l'imposer («l'idéologie dominante est l'idéologie de la classe dominante»). Une certaine vision de la science et de la philosophie, certaines conceptions de l'histoire, le projet politique démocratique... et de nombreux pans de la morale occidentale sont ainsi disqualifiés en tant que composantes de l'idéologie bourgeoise, voués à disparaître avec elle. Il est vrai que ladite bourgeoisie s'appliquera comme à plaisir à confirmer ce soupçon, avec des stratégies telles que celle de «l'ordre moral» (dans la période qui a suivi immédiatement la Commune de Paris) dont le projet était explicitement d'assurer le maintien de l'ordre non plus par la force des fusils mais par une reprise en main idéologique systématique, s'appuyant principalement sur l'église catholique. À peu près à la même époque, Nietzsche développe son projet généalogique, notamment en matière de morale[6] il montre que nos convictions en la matière sont le fruit d'un processus historique de construction, arbitraire par nature, et que des principes ou des valeurs qui peuvent nous paraître pleins de force aujourd'hui n'ont pas toujours existé et sont sans doute voués à disparaître dans un avenir plus ou moins proche. Freud, enfin, sème à son tour le soupçon en mettant en évidence les bases pour le moins «peu claires» de notre force morale. Mais nous le retrouverons plus loin.

Cette attitude de remise en cause de toutes les évidences culmine, au début du XXe siècle, avec la naissance et l'expansion des sciences humaines, et en particulier de la sociologie, flanquée de ses deux précieux compléments, l'histoire et l'ethnologie. C'est celle-ci qui formulera avec le plus de force le principe qui paraît devoir ruiner toute prétention d'une quelconque morale à avoir une valeur autre que seulement contextuelle et provisoire : le principe dit du *relativisme culturel*. L'idée est au fond toute simple : on rencontre de par le monde une très grande diversité des organisations sociales, mais aussi des cultures. Chaque culture comporte une conception qu'on peut qualifier de morale (une conception du bien et du mal), mais qui diffère d'une société à l'autre, d'une époque à l'autre, voire d'un groupe social à un autre. Ces cultures sont toutes des créations humaines, or tous les hommes ont la même valeur : toutes les conceptions du bien sont donc défendables. Elles sont pleinement valables dans la culture d'où elles sont issues, mais elles n'ont plus aucun sens et plus aucune valeur si on les transpose dans un autre cadre culturel. Nos valeurs à nous, occidentaux, notamment, peuvent bien nous paraître bonnes (par définition), mais nous n'avons aucune raison de penser qu'elles devraient paraître telles aux membres de sociétés différentes. Aucune conception du bien ne peut donc prétendre à l'universalité, ce qui veut dire que la morale ne peut prétendre à rien d'autre que codifier les valeurs d'une culture particulière, arbitraire et éphémère. Dans une telle perspective, il va de soi que le rapport entre politique et morale se relâche et que, pour ce qu'il en reste, il est inversé : ce n'est plus à l'action politique de servir le bien, c'est la morale qui devient un moyen d'action politique (dans le souci de préserver les sociétés et leur culture, ou au contraire de les faire évoluer)[7].

Je citerai un dernier facteur qui a contribué sans aucun doute à l'affaiblissement de la référence morale en politique : la technicité de l'exercice du pouvoir. Machiavel, déjà, avait souligné combien l'art du gouvernement était difficile, et requérait du Prince des savoir-faire qui n'avaient rien à voir avec les valeurs, mais uniquement avec le souci de l'efficacité. Peu après, les théoriciens de la monarchie absolue ont définitivement établi la doctrine de la *Raison d'État* : quand la fin le justifie (et seul le souverain peut en juger), tous les moyens d'action sont acceptables, même si la morale semblerait devoir s'y opposer. Enfin, au XXe siècle, avec la constitution d'ensembles nationaux de plus en plus vastes, d'États aux ramifications et aux modes d'action plus étendus et plus divers, il est apparu que le «bon gouvernement» n'était pas affaire essentiellement de «bons sentiments» ou de «bons principes», mais d'une capacité technique à comprendre, prévoir, concevoir, décider, organiser. Les politiques sont devenus des managers d'un type particulier, mais qui partagent avec leurs collègues des entreprises les mêmes modes de pensée (acquis d'ailleurs dans les mêmes grandes écoles[8]) et le même culte de la technicité (notamment économique) et de l'efficacité.

D'autres facteurs pourraient encore être invoqués, mais nous avons déjà de quoi comprendre pour une bonne part pourquoi, pendant des décennies, la pensée morale a été pratiquement absente de l'univers du politique.

LA PSY CONTRE LA MORALE

Au même moment, il en était de même en psy. Et comme la situation, aujourd'hui, a encore très peu changé, nous pouvons en voir les manifestations sous nos yeux : la plupart des psy ont littéralement le poil qui se hérisse (ou un sourire ironique qui se dessine) dès qu'on entreprend de leur parler de morale ou, pis encore, de bien et de mal. Pour le comprendre, il faut ici distinguer assez nettement le monde de la psychanalyse de celui des nouvelles thérapies.

Si la psychanalyse est rétive à la morale, c'est pour plusieurs raisons. J'ai déjà évoqué la première : Freud s'est trouvé pris dans le mouvement général de remise en cause de toutes les idées et valeurs antérieurement établies, et il a du pour une part sa célébrité à un succès de scandale, notamment à propos de son discours sur la sexualité. Le climat n'a d'ailleurs pas tellement changé depuis dans l'univers intellectuel : il est toujours assez facile et très valorisant de renverser les idoles. Sa démarche était de plus résolument scientiste, dominée par une vision simpliste du travail scientifique[9], dont il a repris sans examen d'une part le déterminisme, d'autre part le réductionnisme. Selon le premier, le ressort essentiel de la science est la découverte de relations causales : tel phénomène explique tel autre. On sait combien l'œuvre de Freud et de ses successeurs regorge de tentatives de formulation de telles lois causales : quand ceci survient dans l'enfance, alors telle difficulté psychique apparaîtra plus tard ; si ceci survient aujourd'hui, c'est en raison de tel événement antérieur.

Or, chacun le sait, le déterminisme fait mauvais ménage avec la notion de responsabilité morale : «La question est de savoir comment l'on devient méchant. *Par naissance ?* Mais cette méchanceté innée cesserait par là, moralement, d'en être une : naître méchant, ce serait une fatalité, pas un crime, une tare, pas une faute. *Du fait des circonstances ?* Mais ce sont alors les circonstances qui sont coupables, et chacun trouvera (ou pourrait trouver, en droit), dans l'historicité concrète de son devenir, le déterminisme qui l'explique et l'absout. *Librement ?* Mais ce choix libre supposerait une méchanceté antécédente qui l'explique, et qui devrait elle-même, à son tour, être choisie ou expliquée... De là — si l'on admet qu'il existe des méchants — une aporie singulière : nul n'est méchant volontairement (puisqu'il faut l'être déjà pour vouloir le devenir) ni involontairement (puisqu'une méchanceté involontaire n'en serait plus une).»[10]

Le réductionnisme, quand à lui, recommande au scientifique de chercher toujours à expliquer un phénomène par d'autres phénomènes d'un niveau inférieur de complexité (par exemple, les processus biologiques par des processus chimiques, et ceux-ci par des mécanismes atomiques, etc.). C'est un principe généralement fécond, à condition de ne pas s'obstiner à l'appliquer dans les cas où il s'avère inapproprié[11]. Après avoir été au début de ses travaux tenté par le très classique réductionnisme biologique, Freud a surtout pratiqué un type particulier de réductionnisme qu'on peut qualifier d'axiologique : réduire les créations humaines généralement considérées comme dotées d'une valeur élevée (la science, l'art, la politique, la morale...) à une manifestation de mécanismes élémentaires sans valeur, voire porteurs de valeurs plutôt négatives. Ce que cache mal le beau mot de «sublimation», c'est bien une entreprise de dégradation : nous apprenons ainsi que nos beaux édifices culturels, ou les comportements qui leur sont associés, ne sont que la manifestation de pulsions sexuelles ou destructrices.

Aux penchants précédents, qu'il hérite en fait largement du climat intellectuel de l'époque, Freud ajoute un trait plus particulier : une vision pessimiste de l'existence, qu'il a héritée des romantiques et de Schopenhauer, et sans doute aussi de son histoire personnelle et familiale. C'est comme s'il prenait plaisir à briser toutes nos illusions sur ce qui pourrait nous apparaître comme des qualités ou des richesses de la condition humaine, pour ne nous laisser qu'une image de misère, à partir de laquelle, nous l'avons vu, on ne peut espérer au mieux qu'accéder à un « malheur banal ». La morale, ici, tend à apparaître moins comme une illusion ou une sublimation que comme une béquille qui permettrait, au moins, de sauver les meubles et de ne pas tomber dans l'horreur de la violence ou de la mélancolie.

C'est ainsi que la psychanalyse, aujourd'hui encore, se caractérise souvent, notamment à l'égard de la réflexion morale, par une attitude systématique de désenchantement : « Ne vous faites pas d'illusions, ne vous croyez pas ceci, qui vous paraît clair, noble et sophistiqué, vous n'êtes que cela, qui n'est que confusion, négativité et mécanisme ». L'idée même d'Inconscient, dont on sait la position centrale dans la pensée psychanalytique, condense remarquablement cette vision : au cœur de notre psychisme même se loge un territoire et un ensemble de forces, absurdes, aveugles et violentes, dont nous ne savons rien, sur lesquelles nous n'avons pas de pouvoir, qui obéissent à des lois arbitraires et terribles et déterminent à notre insu toutes nos conduites : « Le moi n'est pas maître dans sa propre maison » (Freud) ou « Ça parle, là où il est impossible de dire Je suis » (Lacan). Comment, dès lors, une perspective morale pourrait-elle être prise au sérieux ?

Les raisons pour lesquelles, de leur côté, les nouvelles thérapies sont également rétives à la pensée morale sont différentes et même en partie opposées. C'est ainsi qu'au pessimisme freudien on peut opposer leur vision résolument optimiste de la vie humaine, telle que Rogers l'a exprimée avec beaucoup de clarté, et qu'ont reprise tous les autres courants, et notamment l'Analyse Transactionnelle (Berne : « Nous naissons tous princes et princesses et c'est la vie qui nous transforme en crapauds »[12]). Si l'homme est fondamentalement bon, puisqu'un processus de développement qu'on laisserait se poursuivre librement conduirait à des êtres tout à fait épanouis et positifs, on ne voit pas à quoi pourrait servir une morale, ni sous une forme doctrinaire et contraignante, qui viendrait faire obstacle à la réalisation humaine spontanée, ni sous forme de questions et de raisonnements, qui ne feraient que tout embrouiller.

Tout cela est, bien entendu, en grande partie affaire d'époque et de lieu : nous ne sommes plus dans la Vienne fin de siècle mais dans la Californie des années 50 et 60, au pays de la liberté, des hippies, de la seconde révolution sexuelle, des drogues libératrices et de la redécouverte des pratiques orientales. Toute référence à la morale ne peut qu'être rejetée comme tentative de retour des sourcils froncés de l'autorité traditionnelle et répressive. Quelques valeurs simples suffisent : *freedom, peace and love*. Tous les courants thérapeutiques nés dans ce contexte portent ainsi la marque d'un anti-autoritarisme résolu, pour lequel le simple usage de termes tels que «bien» ou «mal» est insupportable, et auquel on oppose un hédonisme confiant : que chacun se laisse guider par son plaisir et ses sentiments, et il ne pourra en résulter que du bon. C'est ainsi que quand les analystes transactionnels évoquent les États du Moi, il est manifeste que leur «préféré» est l'Enfant : la priorité semble être de libérer les forces et les richesses de l'enfant enfoui en nous, en réduisant au silence un Parent envahissant et oppressif et un Adulte bien trop sérieux[13]. Jésus n'a-t-il pas dit : «Laissez venir à moi les petits enfants»?

Un dernier facteur de rejet de la pensée morale par les nouvelles thérapies est leur subjectivisme résolu (qui était d'ailleurs déjà en germe chez Freud) : ce dont elles se proposent de traiter est ce qui se passe «dans la tête» et, au fond, peu importe que cela corresponde ou pas à quelque chose «dans la réalité». La seule vraie réalité, au fond, est la réalité subjective... et donc chacun a la sienne, et personne ne peut prétendre imposer sa vision aux autres. Je discuterai longuement cette question au chapitre 11, mais on voit tout de suite la conséquence ruineuse pour le projet d'une pensée de la morale : si je trouve que quelque chose est «bien» ou «mal», c'est mon point de vue à moi, qui peut être respectable, mais qui n'est pas nécessairement celui des autres, et à cela je ne peux rien, sinon le respecter[14].

Ainsi, la psy dans son ensemble tend à être résolument a-morale, voire anti-morale, avec deux conséquences embarrassantes pour notre projet : d'une part, elle risque fort d'être tout autant, et pour les mêmes raisons, a-politique, voire anti-politique. D'autre part, elle s'interdira d'adopter une vision d'elle même telle que je l'ai proposée, centrée sur la recherche éthique, au profit de visions réductrices de son action : soigner des maladies, permettre le développement naturel, modifier les comportements à la demande.

QUELQUES REMARQUES SUR LE RETOUR DE LA MORALE

Mais voici que, dans les dernières années du siècle, le paysage change brusquement : la morale ferait retour massivement dans notre culture. Je l'ai déjà dit, pas au même rythme dans tous les domaines : d'abord en politique, un peu dans la confusion, puis avec un regain spectaculaire des recherches et des publications philosophiques et scientifiques sur le sujet. En psy, l'évolution est également sensible, mais encore très hésitante. Je ne m'attarderai pas sur les explications possibles de ce retournement, pour surtout en interroger la nature et le sens : que s'est-il passé et où cela nous conduit-il ?

La chose la plus importante que je voudrais dire à ce sujet peut se formuler ainsi : *nous avons toujours été moraux*. Ce n'est pas parce que, pendant quelques années, il a été pratiquement interdit de faire des références explicites à la pensée morale que nous avons cessé, individuellement et collectivement, de sentir et de penser que certaines choses étaient meilleures ou moins bonnes que d'autres, de chercher pour notre part à faire des choix justes ou corrects, pour nous et pour les autres. Le malentendu peut être éclairé par deux autres idées simples. D'une part, *on ne peut pas ne pas être moral* : la capacité de distinguer, parmi les actes humains, ceux qui sont honorables de ceux qui ne le sont pas et la volonté de préférer, pour soi-même et pour le groupe auquel on appartient, les premiers aux seconds est constitutive de l'être humain et du langage. Nous n'avons pas la possibilité de débrayer cette composante de ce que nous sommes, nous ne pouvons pas y échapper. D'autre part, l'action morale *n'est pas affaire de pensée délibérée* : la plus grande partie de notre vie morale, de nos choix en faveur du bien préférentiellement au mal ne relève pas de la conscience et de la discussion mais du *fait*. Nous le faisons, le plus souvent, sans y penser. Erving Goffman, par exemple, a montré comment une multitude de comportements d'interaction totalement automatiques et irrépressibles relevaient d'une adhésion préréflexive aux valeurs centrales de notre culture, ce qu'il résume par cette affirmation à méditer : «Les valeurs centrales ne démangent pas grand monde, mais tout le monde se gratte»[15]. Autrement dit, même quand nous ne la sentons pas, la morale est là et guide notre action.

C'est tout à fait manifeste dans le domaine du politique. On a souvent pointé combien le projet communiste était essentiellement moral, et imprégné de christianisme (le refus de l'exploitation de l'homme par l'homme, le refus du calcul au profit d'un «à chacun selon ses besoins»), combien les comportements des militants communistes était moralement charpenté. Le projet apparemment iconoclaste de Nietzsche est, lui aussi, imprégné de valeurs morales[16], de même que les affirmations du relativisme culturel (dont on a beau jeu de montrer qu'il est une des plus typiques manifestations de notre propre culture morale). La valorisation même de la raison d'État ou celle de l'efficacité économique aux dépens de toute autre valeur ne sont elles-mêmes que l'affirmation de valeurs particulières.

Il en va de même en psy. MacIntyre, par exemple, a bien montré que, au-delà de ses proclamations désenchantées et de ses concepts pseudo-déterministes, Freud était resté, dans sa pratique clinique comme dans ses écrits non théoriques, un moraliste finalement très proche des modèles les plus classiques[17]. Quant aux nouvelles thérapies, elles sont elles-mêmes saturées de valeurs en actes et de jugements de valeur à peine masqués. Pour ne prendre qu'un exemple, le « il ne faut pas dire "il faut" » qu'on retrouve si souvent dans ce contexte est ouvertement paradoxal, de même que « il ne faut pas juger » est bien un jugement de valeur.

Qu'est-ce donc, alors, que ce « retour de la morale » qui nous semble pourtant si manifeste ? C'est avant tout un retour du discours moral explicite, un besoin de disposer à nouveau de mots pour nommer, affirmer, conceptualiser et discuter des valeurs et des choix qui, auparavant, opéraient dans le silence.

Quel est le sens de ce retour ? Vers quoi nous mène-t-il ? La réponse, ici, est manifestement ambivalente. Pour une part, il s'agit très clairement d'une dynamique réactionnaire, au sens strict : une aspiration à revenir en arrière, de retrouver un rapport à la morale qui était, ou qu'on imagine avoir été, autrefois plus clair et plus fort. Confrontés aux difficultés considérables de notre existence d'aujourd'hui, nous nous tournons vers les époques antérieures et nous croyons y voir un âge d'or où les valeurs morales s'imposaient à tous et garantissaient davantage de sécurité et de stabilité. Dans le champ politique, on affirmera ainsi la nécessité de redonner de la force à des institutions telles que la République, la force publique et la justice, l'école ou la famille. Dans le champ psy, on mettra en garde contre les méfaits psychiques de la dissolution des valeurs traditionnelles et contre une quête de l'autonomie parfois excessive, et la pratique thérapeutique retrouvera, et surtout assumera mieux, une composante normative[18].

Ces tendances sont bien réelles, mais je ne crois pas qu'elles soient principales dans ce retour de la morale dont nous parlons. Ce qui se passe tant en philosophie qu'en politique ou en psy, *c'est moins le retour au dogme que le progrès de l'interrogation* : prenant mieux conscience de l'enjeu et de la complexité de nos choix moraux, et de l'insuffisance des visions caricaturales opposant simplement des camps les uns aux autres, affirmant l'égalité absolue de tous les modes de vie ou proclamant l'hédonisme comme guide unique et suffisant pour la conduite d'une existence, nous voulons disposer enfin de concepts et d'éclairages pour saisir ce qui nous arrive et éclairer nos choix. Nous ne cherchons plus la paix de la certitude mais à approfondir le doute et à assumer notre lucidité.

PETITS APERÇUS SUR NOTRE SITUATION MORALE

C'est que nous ne pouvons plus avoir aujourd'hui une vision de la vie morale qui ne serait que la reproduction des expériences d'autrefois : l'histoire a eu lieu, avec ses événements et les efforts que les hommes ont conduits pour comprendre le monde et leur propre nature. Notre situation morale n'est pas et ne sera plus jamais celle des anciens : c'est ce que je voudrais rapidement souligner maintenant.

Le premier trait nouveau, je viens de le mentionner, est *la systématisation du doute*. Le retrait de la religion, la génération du soupçon, les sciences humaines, mais aussi les événements dramatiques du XXe siècle sont passés par là, et nous ne pouvons pas les ignorer : nous ne sommes plus prêts à croire facilement quoique ce soit. Nous n'admettrons plus une doctrine, une valeur ou un acte qui nous sont proposés simplement parce qu'on nous les présente comme «évidemment» bons, parce qu'ils proviennent de la tradition ou qu'ils sont largement partagés. «Si Dieu n'existe pas, alors tout est permis» : cette célèbre affirmation d'un personnage de Dostoïevski ne marque pas la fin de la morale, mais au contraire l'entrée dans son âge contemporain : puisque tout est permis, alors nous devons *choisir*, et si possible pas aveuglément. Il nous faut ce que les philosophes nomment des *justifications*. Mais nous savons en plus que toutes les justifications elles-mêmes sont problématiques : qu'on tente de trouver des fondements aux valeurs morales, ou qu'on se contente de rechercher une cohérence maximale de notre système de valeur[19], nous savons que le résultat sera toujours imparfait et sujet à remise en question. Nous avons vu par exemple au chapitre 6 que la notion de «bien», appliquée à l'acte d'engagement politique, pouvait être déclinée d'au moins trois manières différentes : faire le bien dans le monde, me faire du bien à moi, et devenir quelqu'un de bien. Les trois sens se recouvrent partiellement, mais partiellement seulement (et l'étendue même de ce recouvrement est sujette à débat) : à nous de trouver la meilleure manière de nous situer.

Cette omniprésence du doute est aussi liée à un deuxième trait : notre univers moral nous apparaît de plus en plus clairement comme *fragmenté*. Autrement dit, il n'est pas fait «tout d'un bloc» et la question de savoir ce qui est bien, question qui pourrait être simple à défaut d'être facile, est en réalité complexe : elle renvoie à des questions différentes suivant l'objet dont on traite, la perspective qu'on adopte, le lien qu'on entretient avec elle. À titre de simple illustration, je voudrais mentionner trois aspects de cette fragmentation. Premièrement la distinction entre le juste et le bon : dans le premier cas, je m'interroge sur les valeurs qui devraient s'imposer à tous (moi compris, bien entendu), qu'ils le veuillent ou non. En général, cela prendra la forme de prohibitions, tournant plus ou moins autour de la célèbre affirmation selon laquelle «ma liberté s'arrête où commence celle d'autrui». Le bon, au contraire, relève d'une adhésion positive à une forme de vie qui paraît moralement souhaitable, et dont je peux chercher à convaincre les autres, dont je peux même penser qu'il serait souhaitable de les y conduire sans leur demander leur avis (dans l'éducation des enfants ou l'action culturelle, par exemple), sans que pour autant j'imagine d'en sanctionner le refus.

Deuxième fragmentation, en termes cette fois de perspective : la valeur d'un acte réside-t-elle dans sa nature même ou dans ses conséquences ? Notre culture est fortement conséquentialiste, principalement en raison de l'impact de la philosophie utilitariste : bien agir, c'est agir de manière à ce qu'il en résulte un effet positif. Mais une telle vision ne peut suffire : d'une part, il est généralement impossible de connaître réellement toutes les conséquences d'un acte, même *a posteriori* et encore plus *a priori*; d'autre part, il est des cas où des actes nous paraissent inacceptables, même s'ils permettent un résultat positif[20]. Notre morale est donc aussi, en partie, déontologique : certains devoirs s'imposent à nous, indépendamment des conséquences.

Enfin, troisième exemple de fragmentation, qui porte ici sur la question de la «circonscription morale» pertinente : il est entendu que je dois me soucier d'autrui. Mais jusqu'où cet «autrui» doit-il être englobant ? Dois-je être totalement impartial, ou puis-je accepter une dose de partialité ? Notre première réponse sera probablement universaliste, et c'est ici l'influence du christianisme qui est déterminante : tout homme est mon prochain. Pourtant, à nouveau, cette option extrême est difficilement praticable : comment pourrais-je réellement accorder autant d'importance à ceux qui sont à l'autre bout du monde qu'à ceux qui sont à mes côtés ? Puis-je refuser de donner au mendiant qui est en bas de chez moi au prétexte que son niveau de vie est déjà très supérieur à celui des pauvres d'Afrique ou d'Asie ? Et si je vois deux hommes se noyer devant moi et que je ne peux en sauver qu'un seul, et si l'un d'eux est mon frère, considérera-t-on que j'ai bien agi si je sauve l'autre ou si je choisis entre les deux au hasard ?

On le voit, pour peu que nous ouvrions les yeux, la tranquillité morale n'est plus guère à notre portée. Et le « retour à la morale », tel qu'on le constate et tel que, pour ma part, je l'appelle de mes vœux dans le domaine de la pratique psy, ne peut consister en un retour à l'affirmation péremptoire de valeurs et de jugement : il ne peut s'agir que d'accompagner chacun dans sa tentative d'être un peu plus lucide et conscient, pour que ses choix, tout en restant incertains, soient au moins éclairés.

LA PSY, L'ÉGOÏSME ET L'HÉDONISME

On en est pourtant loin. La pratique de la psy, dans l'état actuel des choses, ne va pas souvent dans le sens d'une prise au sérieux des interrogations morales, pas plus des interrogations collectives qui traversent à un moment donné la société sous forme de débats publics, que de celles, très réelles et présentes, qui habitent souvent l'esprit du client. On l'a vu, c'est même le premier reproche que l'accusation[21] lui adressait : déboucher sur des attitudes égocentriques et égoïstes.

C'est incontestable et sans doute, pour une part, inévitable : à partir du moment où l'on engage un « travail sur soi », dans une dynamique qui est quand même avant tout celle d'une recherche du bonheur ou d'une réduction du malheur, à partir du moment où l'on consacre beaucoup de temps et beaucoup d'argent à s'interroger sur sa propre vie, ses propres sentiments et son propre passé, il est probable que cela débouche sur une réduction de l'attention portée au « reste du monde », voire sur un « culte du moi » acceptable dans la mesure où il est finalement bénéfique et s'il reste partiel, conscient et temporaire.

Il est tout aussi légitime que, à titre en quelque sorte de geste technique, les psy encouragent leurs clients à se libérer d'un certain nombre de scrupules, d'inhibitions, d'interdits ou de sentiments de culpabilité qui font obstacle à leur prise de conscience ou à la construction de leur liberté. Chacun le fait à sa manière, le psychanalyste en les invitant à dire tout ce qui leur passe par la tête, sans se soucier, entre autres, de savoir si c'est moralement acceptable ou au contraire inconvenant ou choquant, le « nouveau thérapeute » de manière généralement plus active et explicite, mais, à nouveau, cela ne pose guère de problème tant que cela reste un acte thérapeutique spécifique, adapté à un enjeu délimité, et non une vision du monde ou un système de pensée.

Or, cela peut réellement aller jusque-là : la psy crée, par la pratique et les discours, un univers dans lequel les questions morales finiraient *par ne plus du tout pouvoir être posées*. Or, il est inévitable que les clients, dans la construction de leur nouveau cheminement, soient confrontés à des interrogations morales essentielles, qui ne se réduisent pas à l'écrasement de l'individu par un Surmoi tyrannique ou par une société oppressive, et qu'ils souhaitent pouvoir les élaborer dans le cadre thérapeutique, tout simplement parce que c'est indissociable de leur quête globale. Or, ces questions n'ont généralement pas du tout droit de Cité dans l'univers de la psy. Ou alors, comme on ne peut généralement pas les éviter, elles sont quand même traitées mais en quelque sorte obliquement, sur le mode du passage à l'acte (de la part du thérapeute) et sous une forme dogmatique, par un jugement à l'emporte-pièce.

Je voudrais dire un mot particulier sur une attitude qui, principalement dans les nouvelles thérapies humanistes, constitue, me semble-t-il, le principal obstacle à une prise au sérieux des questions morales : le discours hédoniste présenté comme, par définition, libérateur et apaisant. «Suis ton plaisir, répète-t-on, et tu seras heureux». Or, l'affaire, depuis que les premiers philosophes s'en sont emparés, il y a 25 siècles, devrait être entendue : recherche du plaisir et recherche du bonheur ne se recouvrent pas et peuvent même s'opposer. Rappelons rapidement les principaux arguments : tout d'abord, un plaisir immédiat peut entraîner évidemment beaucoup de déplaisir ensuite (et réciproquement) ; d'autre part, les plaisirs possibles sont multiples, et souvent en conflit les uns avec les autres, et je ne peux choisir uniquement en comparant les degrés de plaisir : ils sont le plus souvent incommensurables ; ensuite, les plaisirs sont éminemment malléables, éducables ou manipulables (y compris par les autres et sans que je m'en rende bien compte, d'où le risque de prendre pour de l'hédonisme ce qui n'est que du conformisme) ; symétriquement, plutôt que de chercher toujours d'avantage de plaisir (ce qui risque d'être une quête sans fin et finalement toujours frustrante), je peux chercher le bonheur dans la réduction de mes désirs (c'est la voie bouddhiste, par exemple) ; enfin, on peut facilement faire l'expérience d'un renoncement à un plaisir au profit d'une acte moral (altruiste, notamment) qui sera une bien plus grande source de satisfaction.

AU CŒUR DE LA VIE MORALE, L'ENGAGEMENT

Toute la seconde partie de ce livre est consacrée à la question de l'engagement politique. Mais je m'en suis tenu jusqu'à présent au sens le plus simple de cette expression : s'engager au sens d'agir pour ou avec, s'engager *dans*. Mais ce mot a un second sens, plus difficile et éminemment moral : s'engager vis-à-vis de l'avenir, s'engager *à*.

La question est délicate car elle ressemble à une réduction volontaire d'autonomie : aujourd'hui, je décide de réduire ma liberté de demain, de m'interdire de sortir d'un lien qui, certes, me semble aujourd'hui le mériter, mais qui pourrait m'apparaître autrement le moment venu. Ainsi, à ce moment-là, je ne pourrais pas faire le choix qui me paraîtrait pourtant le plus approprié, simplement parce que, antérieurement, j'aurais pris un engagement que je me refuserais à trahir ? Comment cela pourrait-il se justifier ? La question est essentielle dans les trois domaines que nous sommes en train d'explorer : en philosophie morale, en psy et en politique.

La question est centrale en psy, et c'est la question du lien et de la fidélité au lien : qu'est-ce qu'être *attaché* à quelqu'un, à un groupe ou à une entité quelconque ? C'est la question de l'appartenance et de l'héritage : comment puis-je réellement m'assumer comme individu libre et fondamentalement solitaire tout en continuant à me sentir relié aux autres et au monde ? C'est aussi bien sûr la question de l'amour, sous toutes ses formes : comment puis-je me laisser toucher par le visage de l'autre[22] ? Et l'interrogation sera bien sûr présente au cœur même du travail psy, avec la question du lien thérapeutique : qu'est-ce qui me lie à cette personne à laquelle je décide de remettre une partie de ma vie pendant des années ?

On retrouvera enfin la même tension dans le champ politique. Certes, le citoyen devrait théoriquement être un acteur purement rationnel et autonome, capable à chaque moment d'apprécier la situation présente et de faire le choix le plus juste. Mais, pour de nombreuses raisons[23], ça ne peut pas être si simple : il y a des circonstances où je dois être capable de *tenir* la ligne que je me suis fixée, de garder la foi et de rester fidèle à mon combat, malgré le doute ou l'adversité[24]. Or, on le sait, cette vision de l'engagement est souvent décriée par ceux qui restent à l'écart du politique : ils y voient une abdication coupable de la responsabilité individuelle. Combien de fois n'ai-je pas entendu : « Pas question que j'entre dans un parti, après on est obligé de penser comme les autres et de les défendre quoiqu'il arrive ! »

Philosophiquement, on peut envisager de multiples justifications de l'engagement, notamment utilitaristes. Mais je me range à l'avis de Paul Ricœur, pour lequel ces justifications passent en quelque sorte à côté de la question : selon lui, la capacité d'engagement est au centre de notre être moral, de notre identité humaine au sens le plus fort. Ricœur réfléchit à l'opposition entre deux conceptions de l'identité : celle qui se caractérise par la constance (ce qu'il nomme identité *idem*) et celle qui repose sur l'affirmation de l'autonomie subjective (identité *ipse*). Dans la première perspective, être quelqu'un, c'est maintenir, c'est tenir un certain nombre de positions, de traits de caractère, d'actes qui font qu'on pourra et que je pourrai toujours m'y reconnaître. Dans la seconde, l'identité est plus mobile et repose essentiellement sur un travail narratif : je suis celui qui, à tout moment, est capable de dire qui il est en fonction de ce qu'il retient de son passé, mais le récit peut varier au fil de l'évolution personnelle, sous l'effet de l'expérience. Selon Hirschman, nous l'avons vu (chap. 5), l'engagement politique suppose nécessairement une part d'engagement de loyauté, d'*idem*. Le travail psy tend plutôt à valoriser l'identité *ipse* : il encourage le changement personnel et l'affirmation de l'autonomie personnelle. La fiction littéraire, notamment romanesque, explore les deux faces, mais les expérimentations contemporaines ont surtout insisté sur la mobilité, voire les incohérences, avec leur entreprise méthodique de déconstruction du «personnage».

Mais, remarque Ricœur, les deux faces comportent leurs limites, leur risques de dérives, et chacune peut fonctionner comme une sorte de protection contre les faiblesses de l'autre : «D'un côté, il n'est pas douteux que le "Me voici!" par quoi la personne se reconnaît sujet d'imputation marque un coup d'arrêt à l'égard de l'errance à laquelle peut conduire la confrontation de soi-même avec une multitude de modèles d'action et de vie, dont certains vont jusqu'à paralyser la capacité d'engagement ferme. Entre l'imagination qui dit : "Je peux tout essayer", et la voix qui dit : "Tout est possible, mais tout n'est pas bénéfique [entendons : à autrui et à toi-même]", une sourde discorde s'installe. C'est cette discorde que l'acte de promesse transforme en concorde fragile : "Je peux tout essayer", certes, mais : "Ici je me tiens"»[25]. Il me semble qu'on ne saurait mieux exprimer ce qu'un engagement de loyauté, et notamment dans l'action publique, peut apporter à un cheminement de recherche personnelle.

Mais l'inverse est également vrai : «De l'autre côté, l'angoissante question *Qui suis-je ?*, que mettent à nu les cas troublants de la fiction littéraire, peut, d'une certaine façon, s'incorporer à la fière déclaration :

"Ici je me tiens!" La question devient : "Qui suis-je, moi, si versatile, pour que, *néanmoins*, tu comptes sur moi?" L'écart entre la question dans laquelle s'abîme l'imagination narrative et la réponse du sujet rendu responsable par l'attente devient faille secrète au cœur même de l'engagement. Cette faille secrète fait la différence entre la modestie du maintien de soi et l'orgueil stoïcien de la raide constance à soi». On songe à la manifeste «raide constance à soi» de tant de militants ou hommes publics et à tout ce que pourrait leur apporter l'ouverture à cette «faille secrète».

Pour chacun, élaborer son propre rapport à l'engagement est un des chemins éthiques les plus difficiles, et il me semble qu'ici pourraient s'établir de véritables synergies entre la philosophie morale, le psy et le politique.

LA PSY AU SERVICE DE L'ÉTHIQUE

J'ai suffisamment critiqué la psy pour son incapacité à donner la place qui lui revient à la réflexion morale. Je voudrais terminer sur une note plus positive. Il est en effet par ailleurs incontestable que le travail thérapeutique en tant que tel peut aussi aider chacun à se construire comme être moral conscient et compétent. Je me contenterai de donner quelques indications à ce sujet, dont certaines seront reprises ultérieurement[26].

Tout d'abord, le travail psy va généralement permettre un développement de la sensibilité personnelle : sensibilité à autrui (notamment par le biais de la communication dans les groupes de thérapie ou de développement personnel), sensibilité aux émotions et aux sentiments. Il s'agit à la fois d'un travail proprement dit *d'ouverture* des sens, de découverte d'aspects du monde où nous vivons que nous n'avions pas remarqués ou que nous ne savions pas percevoir. Et, d'autre part, d'un travail de désinhibition, d'atténuation des multiples mécanismes de méconnaissance ou de défense qui nous empêchaient d'avoir un contact réel avec notre expérience. Il va de soi que cette sensibilité plus affinée pourra être mise au service de notre développement moral : nous deviendrons incapables d'indifférence à la souffrance d'autrui, plus sensibles à nos ambivalences, et simplement plus lucides et authentiques.

La psy pourra également permettre de faire un travail autour de ce que l'Analyse Transactionnelle nomme la décontamination des sentiments moraux parasites. Les sentiments moraux sont essentiellement la culpabilité et la honte. Ces sentiments sont parfois authentiques : je ressens de la culpabilité quand j'ai fait quelque chose de mal, de la honte quand je ne me suis pas montré à la hauteur de ce que je crois qu'on attendait de moi. Dans ces conditions, ce sont des guides précieux pour ma conduite morale. Mais ils peuvent aussi être parasites, c'est-à-dire être provoqués par des mécanismes qui n'ont pas réellement de pertinence dans la situation présente : je ne devrais pas me sentir coupable ou honteux, et c'est pourtant ce qui m'arrive. Le parasitage peut venir à la fois (et souvent conjointement) du passé (je ressens aujourd'hui des sentiments qui viennent de mes expériences passées) et des autres (je suis envahi par des sentiments qui ne sont en fait pas les miens). Tout en éprouvant les sentiments parasites, nous pouvons avoir une conscience vague de leur caractère inadapté, néfaste pour nous, ce qui peut nous conduire à rejeter toute pertinence aux sentiments moraux en général. Le travail psy pourra permettre de « faire le tri » et, une fois remises à leur place la culpabilité ou la honte parasites, de redonner toute leur justification et leur valeur à la culpabilité et à la honte authentiques.

Enfin, et dans le même ordre d'idée, le travail psy va généralement conduire à un assouplissement des structures caractérielles. Beaucoup d'entre nous vivent avec ce que Reich avait si bien nommé une *cuirasse*, à la fois corporelle et psychique, qui gêne le libre mouvement des membres, des émotions et des pensées. Cette cuirasse se manifeste avec une force particulière dans le domaine moral : elle débouche sur des jugements dogmatiques à l'emporte-pièce, bien peu adaptés à la complexité de notre univers moral, tel que j'ai tenté d'en donner tout à l'heure quelques aperçus. Le travail thérapeutique, en rendant moins nécessaire la conservation des mécanismes défensifs, en ouvrant sur de nouveaux possibles dans le champ du corps et des relations à autrui, viendra assouplir cette cuirasse et nous rendre capables de jugements moraux plus subtils et plus mobiles.

NOTES

[1] Canto-Sperber, *L'interrogation morale et la vie humaine*, p. 139-188.
[2] Je traiterai à peu près toujours les deux termes comme synonymes : on sait qu'ils désignaient sensiblement la même chose, le premier dans l'univers latin, l'autre dans l'univers grec. La seule différence qui me conduira parfois à préférer l'un ou l'autre relève de la connotation : morale pointe davantage vers le cadre collectif, éthique vers la recherche individuelle.

[3] Je ne pense pas seulement aux partis politiques proprement dit, mais à toutes les causes auxquelles on peut être amené à adhérer, et qui reposent sur des formes d'organisation différentes : associations, syndicats, ONG, etc.

[4] En dehors du texte original, réédité il y a peu, on pourra se reporter au long commentaire qu'en fait Colette Audry : *Les militants et leur morale*.

[5] Marx & Engels, *L'idéologie allemande*.

[6] F. Nietzsche, *Généalogie de la morale*.

[7] Je n'engage pas ici une discussion critique du relativisme culturel et de son application à la politique et à la morale : elle nous entraînerait trop loin de notre chemin. On trouvera un dossier assez complet dans *La guerre de Dieux*, de Renaut et Mesure.

[8] P. Bourdieu, *La noblesse d'État*.

[9] I. Stengers, *La volonté de faire science*.

[10] A. Comte-Sponville, *Vivre*, II, p. 32.

[11] Atlan, *À tort et à raison*, p. 53 sq.

[12] Cité par C. Steiner, *Des scénarios et des hommes*, p. 21.

[13] Plus encore que Berne, c'est Steiner, figure du mouvement contre-culturel californien, qui exprime le mieux cette tendance dans l'univers de l'Analyse Transactionnelle. Voir *Des scénarios et des hommes*.

[14] P. Ranjard, *Groupite et non-directivite*.

[15] *La mise en scène de la vie quotidienne*, t. II, p. 179.

[16] Y. Quiniou, *Nietzsche ou l'impossible immoralisme*.

[17] MacIntyre, *L'Inconscient*, p. 125 *sq*.

[18] On pourra ici se reporter à l'ensemble de l'œuvre de Tony Anatrella.

[19] Je fais ici allusion aux deux approches de la justification morale qui s'opposent dans la philosophie contemporaine : le fondationnalisme et le cohérentisme. Voir Tappolet, *Émotions et valeurs*, p. 73-125.

[20] Nagel raconte par exemple l'histoire suivante : « Par une nuit d'hiver, vous avez un accident sur une route désolée. Les autres passagers sont sérieusement blessés, la voiture hors de service et la route est déserte ; vous courez donc sur la route jusqu'à ce que vous trouviez une maison isolée. Il s'avère que la maison est habitée par une vieille femme qui s'occupe d'un de ses petits enfants. Il n'y a pas le téléphone, mais il y a une voiture dans le garage et vous essayez désespérément de l'emprunter en lui expliquant la situation. Elle ne vous croit pas. Et, terrifiée par votre colère, elle court s'enfermer dans la salle de bain au premier étage en vous laissant seul avec l'enfant. Vous tambourinez en vain contre la porte et cherchez les clefs de la voiture sans succès. Il vous vient alors à l'esprit que vous pourriez la persuader de vous dire où elles se trouvent si vous tordiez le bras de l'enfant devant la porte de la salle de bain. Devriez-vous le faire ? » (*Le point de vue de nulle part*, p. 211).

[21] Chapitre 1.

[22] Je fais ici référence à la pensée de Michael Levinas, dont on trouvera une présentation dans A. Finkielkraut, *La sagesse de l'amour*, ou dans C. Chalier, *Pour une morale au-delà du savoir*.

[23] Voir, pour une partie d'entre elles, le chapitre 5.

[24] Bien entendu, il y a aussi des circonstances où je devrais savoir renoncer et lâcher. Je veux juste dire que ce renoncement ne peut pas être justifié par la première déception ou la première contradiction.

[25] Ricœur, *Soi-même comme un autre*, p. 197-198.

[26] Notamment quand nous parlerons des émotions, au chapitre 10.

Chapitre 9
Autonomie

Le choix de l'autonomie comme second concept frontière entre le monde de la psy et celui du politique s'impose comme une évidence : quoi de plus nécessaire, pour un citoyen, que cette capacité de former soi-même son jugement ? Quoi de plus précieux, parmi les fruits d'un travail de développement personnel ou de thérapie, que cette capacité de conduire soi-même sa propre existence ? Et, qui plus est, cette convergence n'est pas illusoire, elle ne repose pas sur la synonymie trompeuse de deux concepts qui seraient en réalité différents, en raison de leur appartenance à des univers de préoccupation distincts : c'est bien de la même chose qu'il s'agit, de la même quête, abordée par des voies différentes, mais étroitement complémentaires. Dans les deux univers, aussi, l'exigence d'autonomie se présente comme une évidence, tant dans sa nécessité que dans son contenu : on ne peut pas être un citoyen à part entière, on ne peut pas être une personne accomplie, si l'on n'est pas autonome, c'est-à-dire si l'on ne se gouverne pas soi-même. Mais, dans les deux cas, apparaîtront peu à peu des questions rien moins qu'évidentes.

L'INDISPENSABLE AUTONOMIE DU CITOYEN

Le concept d'autonomie, il n'est pas inutile de le rappeler, est initialement un concept politique. Il caractérisait la situation non des individus mais des collectivités : un groupe est autonome s'il se gouverne lui-même, c'est-à-dire si les lois, les règles ou les normes qui s'imposent à lui ne viennent pas de l'extérieur (hétéronomie) mais sont choisis par lui. Ce n'est que tardivement, au XVIIIe siècle, essentiellement sous l'influence de Rousseau puis de Kant, que le mot a pris son sens actuel dominant, qui caractérise la situation d'un individu. Cette émergence est indissociable de la construction de la vision moderne de la démocratie.

Qu'est-ce, en effet, que la démocratie ? Tout le monde le sait, c'est le pouvoir au peuple : une démocratie, c'est un régime politique où c'est le peuple lui-même qui gouverne. Mais cette simple définition est en fait ambiguë, tant qu'elle ne précise ni de quel peuple il s'agit, ni la manière dont il exerce son pouvoir. Par exemple, il y avait il n'y a pas si longtemps en Europe des «démocraties populaires», ce qui semble être un pléonasme. C'était bien, selon le discours officiel, le peuple qui gouvernait, à ceci près que d'une part, il ne s'agit pas de toute la population, mais seulement du «peuple populaire», le prolétariat (le pléonasme n'en était donc pas un); et que, d'autre part, ledit prolétariat gouvernait par l'intermédiaire de sa «forme organisée», le parti communiste. Dans une telle optique, le nazisme pouvait aussi se réclamer de la démocratie : c'est bien le peuple qui gouvernait, mais seulement le vrai peuple, le peuple allemand authentique, expurgé des présences étrangères, et par l'intermédiaire de son porte-parole naturel, le Führer.

À l'évidence, ce n'est pas ce que nous appelons une démocratie. Pour que nous acceptions d'employer ce terme, il faut d'une part que tous les individus adultes composant la société soient considérés comme membres du «peuple» souverain, sans aucune discrimination ni inégalité, et, d'autre part, que la formation des choix collectifs se fasse par convergence de positions individuelles exprimées librement. Cela signifie que le projet de construction d'une démocratie passe par un double travail : d'une part la construction de l'égalité politique et, d'autre part, la construction de l'autonomie individuelle.

Il faut prendre la mesure du caractère inouï, presque fou, que représente, à l'échelle de l'histoire de l'humanité, ce double projet, et tout particulièrement le second. Si nous considérons l'individu des sociétés pré-démocratiques, traditionnelles ou primitives, que ce soient celles qui survivent encore aujourd'hui ou celles dont l'histoire nous permet de reconstituer la vision, ce que nous observons, c'est tout le contraire : des êtres étroitement enserrés dans le réseau des relations sociales imposées, qui n'exercent leur liberté que dans un univers profondément normatif, dont Gauchet[1] a bien résumé les principes : «L'extérieur comme norme et l'immuable comme règle». Ce n'est pas nous qui décidons comment vivre (mais les dieux, les coutumes, les mythes), et rien, si tout va bien, ne devrait fondamentalement changer.

Et c'est également Gauchet qui, après Dumont[2], a donné le récit le plus frappant de la manière dont, au fil des siècles, s'est construite l'idée d'autonomie et les conditions sociales de son apparition. Deux processus historiques majeurs résument cette évolution. Tout d'abord, l'histoire religieuse, avec le passage de la religion primitive aux religions transcendantes, puis, à cette religion infiniment paradoxale qu'est le christianisme, «la religion de la sortie de la religion», pour terminer enfin, au

XXe siècle, par le retrait soudain et massif de la religion comme cadre de la vie humaine. Ensuite, l'histoire de la famille, matrice essentielle de l'hétéronomie traditionnelle, institution mère de toutes les autres, le pouvoir des parents sur les enfants et des hommes sur les femmes servant de modèle à tous les autres pouvoirs, du seigneur, du prêtre, du patron, etc. La fin du XXe siècle, on le sait, a vu l'aboutissement du processus de désinstitutionnalisation de la famille, celle-ci n'étant plus, en tout cas dans notre droit, qu'un domaine parmi d'autres de contractualisation libre entre des individus posés comme autonomes.

Est-ce à dire que le processus est achevé, que le progrès politique est abouti, en tout cas en ce qui concerne la construction des conditions sociales de l'autonomie individuelle ? À l'évidence, non : il subsiste, et il subsistera sans doute toujours un décalage entre la construction juridique de l'autonomie et les conditions réelles de son exercice. D'une part parce que l'expérience effective des relations sociales, dans la famille, les communautés religieuses, les groupes d'appartenance, les collectifs de travail, etc., est loin de toujours réaliser l'idéal de l'affranchissement de l'individu. La lutte pour l'émancipation, partout où les personnes sont encore soumises à des formes de domination relevant de modes traditionnels de sociabilité, n'est pas achevée. D'autre part et surtout parce qu'à ces formes traditionnelles de domination tendent à s'en substituer d'autres, qui semblent formellement compatibles avec les idées de liberté, mais qui maintiennent une partie de la population loin des conditions effectives de l'autonomie, en raison de l'instauration de nouvelles formes de dépendances, essentiellement cognitives (disposer des moyens de savoir et de raisonner, ce qui suppose l'accès à l'information et à la culture) et matérielle (difficile d'être réellement autonome mentalement si on ne dispose pas des conditions minimum d'autonomie économique et pratique).

La lutte pour la construction et l'égalisation des conditions d'accès à l'autonomie des individus reste donc un des aspects centraux de l'action politique aujourd'hui.

LA PSY ET L'AUTONOMIE

Les psy, eux aussi, vont attacher une importance centrale à la question de l'autonomie. En fait, cette question sera présente dans leur univers sous deux formes apparemment contradictoires.

D'une part, la construction de l'autonomie est un des buts sous-jacents à la plupart des démarches de travail sur soi. Quelles que soient par ailleurs les difficultés auxquelles je suis confronté, quels que soient par ailleurs les autres buts de développement personnel que je me donne, j'aurai aussi le souci de reprendre les gouvernes de ma propre vie, de pouvoir enfin décider moi-mêmes de ce que je souhaite en faire. C'est à la fois un but en soi (il est difficile de se sentir bien, dans notre culture, avec l'idée que ce que nous vivons est décidé par d'autres, ou est purement contingent), et une condition d'accomplissement de tous mes autres projets.

Mais, d'autre part, l'expérience de l'autonomie est aussi une source de difficulté et de souffrance personnelle : devoir se gouverner soi-même, ce n'est pas facile, et c'est souvent douloureux. «Le déclin de la religion se paie en difficulté d'être soi. La société de sortie de la religion est aussi la société où la question de la folie et du trouble intime de chacun prend un développement sans précédent. Parce que c'est une société psychiquement épuisante pour les individus, où rien ne les secourt ni ne les appuie plus face à la question qui leur est retournée de toutes parts en permanence : pourquoi moi ? Pourquoi naître maintenant quand personne ne m'attendait ? Que me veut-on ? Que faire de ma vie quand je suis seul à la décider ? Serai-je jamais comme les autres ? Pourquoi est-ce que cela — la maladie, l'accident, l'abandon — tombe sur moi ? À quoi bon avoir vécu si l'on doit disparaître sans laisser de traces, comme si, aux yeux des autres, vous n'aviez pas vécu ? Nous sommes voués à vivre désormais à nu et dans l'angoisse ce qui nous fut plus ou moins épargné depuis le début de l'aventure humaine par la grâce des dieux. À chacun d'élaborer ses réponses pour son propre compte»[3].

La psy va ainsi se trouver devant la double tâche à la fois d'encourager et de valoriser la progression de l'autonomie, d'autre part de soigner les souffrances engendrées par cette recherche. Sur le premier axe, elle chemine de concert avec le projet politique démocratique, sur le second, il peut lui arriver d'être en tension avec lui. Mais, dans les deux cas, elle travaille sur le même objet privilégié : là où le politique se préoccupe de lever les obstacles externes à l'autonomie, la psy se préoccupe des obstacles internes, car ce sont eux qui, à la fois, freinent la progression vers une autonomie personnelle plus achevée, et expliquent certaines des souffrances.

C'est que le projet d'autonomie se heurte à ce que l'on pourrait nommer des résistances anthropologiques : «Le plus grand problème de la société des individus consiste en ceci qu'elle repose sur un principe abstrait établissant comme source de toute légitimité l'existence d'être libres et égaux, mais qu'il lui faut, d'autre part, gérer des individualités concrètes qui sont, elles, sexuées, primitivement dépendantes et, accessoirement, mortelles. Ce qui n'est pas prévu dans la Déclaration des droits de l'homme [...] Qu'est-ce qu'être d'un sexe et quid de l'autre sexe dont on n'est pas ? Qu'est-ce que l'enfant que je ne suis plus mais que je continue à porter ineffaçablement en moi ? Dans l'autre sens, qu'est-ce que devenir adulte ? En quoi la mort vers laquelle je me dirige est-elle la mienne ? »[4]. On pourrait ici paraphraser la phrase déjà citée de Freud sur le bonheur en disant qu'il y a peu de choses pour lesquelles l'homme soit aussi peu fait que l'autonomie.

Il va donc falloir s'attaquer, dans le travail psy, à ces obstacles internes, qui seront essentiellement de deux ordres, étroitement liés. Tout d'abord *l'histoire*, qui renvoie à ce que Gauchet nomme la dépendance primitive : l'homme naît, et reste finalement assez longtemps, *mineur*, c'est-à-dire objectivement incapable d'une autonomie achevée (c'est la raison pour laquelle il n'est alors, dans le domaine politique, pas encore reconnu comme citoyen à part entière). Cette minorité se manifeste bien entendu particulièrement aux premiers âges de la vie, et dans deux sphères : dans la sphère relationnelle puisque, au départ, l'individu n'existe et ne se construit que dans une dépendance extrême à la relation à autrui, et notamment aux adultes qui l'élèvent (le plus souvent, le père et la mère) et aux autres êtres qui grandissent auprès de lui (essentiellement les frères et sœurs) ; et dans la sphère cognitive, puisque, à cette époque, l'enfant ne dispose pas encore des capacités de réellement comprendre le monde où il vit (son intelligence n'est pas encore construite).

Or, il se trouve que cette histoire va laisser des traces, qu'elle va continuer à exister en soi, même lorsqu'on sera devenu adulte : tout travail psy repose sur cette idée[5], mais c'est l'Analyse Transactionnelle qui le formule le plus simplement avec la théorie structurale des États du Moi : en chacun coexistent, à côté de l'être qu'il est aujourd'hui et qui vit et agit au présent (l'état du moi Adulte), la trace des « autres significatifs » auprès desquels il s'est construit (l'état du moi Parent) et la trace de ce qu'était sa vie psychique autrefois (l'état du moi Enfant). La persistance de ces traces du passé n'a bien entendu pas que des inconvénients : c'est elle qui donne à chaque personnalité sa couleur unique et nous évite d'être de purs robots semblables et prévisibles. Mais il est évident qu'elles peuvent constituer des obstacles puissants à l'autonomie : parfois, ce n'est pas moi, tel que je suis aujourd'hui, qui décide de mes actes, de mes pensées, de mes sentiments, mais un autre, celui que j'ai été autrefois, ou les autres auxquels j'ai alors eu affaire.

Il faudra donc travailler sur ces traces, pour mieux en prendre conscience, parfois pour mieux les accepter, ou pour s'en délier (le travail d'analyse consiste bien à défaire les liens) et éventuellement construire de nouvelles croyances et de nouveaux liens, moins handicapants.

Le deuxième objet de travail de la psy, c'est *le corps.* Le citoyen abstrait, le sage de la philosophie sont, on l'a souvent pointé, des être idéaux, uniquement gouvernés par une pensée juste, au double sens, cognitif et moral. Or, pour le meilleur et pour le pire, nous ne sommes pas de purs esprits. Nous sommes des corps, et notre pensée n'est qu'une des manifestations de ce corps, forcément inséparable de ses autres composantes. Ce corps va se rappeler à nous principalement sous deux formes, qui opposeront des obstacles puissants à notre autonomie. D'une part, la conscience de notre finitude ; nous savons que la durée de vie de notre corps, et donc la nôtre, est limitée : nous n'avons pas toujours existé, et un jour, nous n'existerons plus. La conscience de ces faits est la source d'une profonde angoisse et, pour nous en protéger, nous sommes tentés de faire appel à divers subterfuges qui feront souvent mauvais ménage avec la conscience claire qui est la condition première de l'autonomie. D'autre part, le corps sera source de l'expérience de la passion, c'est-à-dire de vécus subjectifs qui s'imposeront à nous sur le mode de la passivité : ils « nous tombent dessus » (ou ils « nous montent de l'intérieur ») sans que nous y puissions rien. Ce sera le cas des sensations, de plaisir et de douleur, des émotions de tous ordres, des désirs, de certains sentiments éthiques. Ils pourront parfois être si intenses et incoercibles qu'ils sembleront prendre directement les commandes de notre vie, nous imposer nos actes, nos croyances, nos valeurs, ce qui, bien entendu, ne va pas dans le sens de l'autonomie.

Il faudra donc, en psy, travailler également sur ces ancrages corporels de notre existence : à nouveau, en prendre conscience, apprendre à les identifier, accepter leur présence, découvrir les formes sous lesquelles ils interviennent dans notre vie, nous rendre moins vulnérables à ces interventions.

TRAVAIL PSY, POLITIQUE ET AUTONOMIE

Voici donc apparemment un domaine de convergence parfaite entre le psy et le politique. Les deux visent le même objectif, la capacité de chacun à se gouverner lui-même, et ils se répartissent d'une certaine manière le travail de construction de cette autonomie : le politique s'occupe des obstacles externes, sociaux, tandis que le psy s'attaque aux obstacles internes, liés à l'histoire et à l'ancrage corporel.

Mais tout n'est pas si simple. Comme nous le verrons plus loin dans ce chapitre, certaines difficultés nouvelles pourront survenir de la complexité même du projet d'autonomie, qui n'est quand même pas si évident que ce que nous en avons dit jusqu'à présent. Mais, dès à présent, nous pouvons pointer deux difficultés immédiatement apparentes quand à cette prétendue complémentarité entre le psy et le politique.

La première est assez évidente : il n'est pas sûr que le régime de division du travail que nous avons esquissé (l'externe pour le politique, l'interne pour le psy), soit tout à fait satisfaisant, notamment s'il se traduit par une occultation par chacun de ce qui relèverait du champ d'intervention de l'autre. Autrement dit, il n'est pas sûr que l'on doive totalement cloisonner d'un côté le politique, où il ne serait jamais question des obstacles internes à l'autonomie, de l'autre le psy, où il ne serait jamais question des dimensions sociales. Tout simplement parce que ces obstacles ne sont distincts que dans notre analyse.

Dans la réalité de l'existence humaine, ils sont étroitement associés et imbriqués et forment ce que V. de Gaulejac a nommé des complexes socio-affectifs[6]. Ces parents que j'ai aimés et haïs, qui m'ont plus ou moins désiré et plus ou moins «bien» élevé, avaient aussi une existence sociale, une place dans l'histoire, un travail, des convictions socio-politiques, des expériences de la domination, de l'échec ou de la réussite sociale, de l'humiliation et du mépris; et les deux sortes d'ingrédients se sont mêlés dans la construction de ce que je suis devenu. Réciproquement, ces valeurs politiques auxquelles je suis attaché, ces engagements (ou ces absences d'engagement) qui sont les miens, la volonté que j'ai eue d'acquérir tel ou tel type de ressources favorables à mon autonomie, mon attachement au passé collectif ou ma volonté de rupture, mon individualisme ou mon sens de la communauté, tout cela s'insère aussi dans une histoire personnelle et dans des vécus corporels. Vouloir dissocier, d'un côté les enjeux internes, qui relèveraient du psy, de l'autre les enjeux externes qui seraient renvoyés au politique, cela fait éclater artificiellement un tout intégré, et risque de priver de toute efficacité mes tentatives, dans l'une ou l'autre sphère.

Il n'est pas difficile d'imaginer comment le travail psy pourrait mieux intégrer la dimension «externe» : le projet de sociologie clinique et les séminaires *Roman familial et trajectoire sociale* de Gaulejac[7], ou mieux encore la psychothérapie intégrative de Pagès[8], qui associe étroitement travail d'analyse, travail psycho-corporel et prise en compte des trajectoires sociales, en donnent une idée. Il est sans doute plus difficile de concevoir la manière dont un travail proprement politique pourrait davantage s'ouvrir aux paramètres «internes», mais peut-être suffirait-il de prendre la question au sérieux pour voir se dégager quelques pistes, notamment autour d'une clarification des positionnements personnels des acteurs politiques, ou des enjeux des relations entre eux. Ici encore, on pourrait s'inspirer des travaux de Gaulejac, notamment avec ses séminaires sur «Choix idéologiques et trajectoire sociale», ou de l'expérience des interventions institutionnelles telles qu'elles se sont surtout développées dans les années 70 (analyse institutionnelle, sociopsychanalyse[9], théâtre de l'opprimé[10]...).

Première idée, donc, pour améliorer la convergence entre travail psy et travail politique en faveur de l'autonomie : réduire le cloisonnement entre les domaines. Mais il y a plus sérieux : le risque que, dans certains cas, la convergence se mue en antagonisme, que le souci du psy d'apaiser les souffrances internes ne conduise à des actions opposées à l'idéal politique d'autonomie. C'est que, nous l'avons vu, le psy rencontre l'autonomie sur son chemin à deux titres : comme but du travail thérapeutique, mais aussi comme source de souffrance psychologique. Il faut nous attarder maintenant un peu plus sur cette souffrance.

Pour en donner une première illustration, nous pouvons partir du grand travail de Durkheim sur le suicide[11]. La thèse de l'ouvrage est simple, et s'inscrit dans le projet d'affirmation de la nécessaire autonomie de la science sociologique par rapport à toutes les autres sciences humaines : le recours au suicide n'est pas un acte purement personnel mais signale un dérèglement des liens sociaux. Si quelqu'un décide de mettre fin à sa vie, c'est que sa position dans la société est devenue intenable. Comme, par ailleurs, il ne peut pas y échapper, il ne peut que faire le choix de cesser de vivre. Pour rendre compte des différents cas de figure que ce principe général peut recouvrir, Durkheim élabore une typologie des dérèglements du lien social, à partir d'une distinction entre deux variables : d'une part, l'intégration (je me sens plus ou moins membre du groupe, plus ou moins attaché aux autres), d'autre part, la régulation (mes actes sont plus ou moins gouvernés par les normes du groupe). Comme chaque dimension peut donner lieu à deux dérèglements, par défaut ou par excès, cela donne quatre types de suicides : si je suis trop intégré au groupe, je pourrais être conduit au suicide altruiste (je me sacrifie à l'intérêt collectif, c'est typiquement le suicide «à la japonaise»[12]) ; si je suis insuffisamment intégré, je serai tenté par le suicide égoïste (puisque rien ni personne ne me retient à la vie, je fuirai dans la mort les souffrances de la vie que je n'ai aucune raison de continuer à supporter); si ma vie est trop contrainte par le groupe, elle finit par ne plus présenter d'intérêt, et c'est le suicide fataliste.

Mais c'est surtout le quatrième type qui intéresse Durkheim, et nous aussi : que se passe-t-il en cas de défaut de régulation, c'est-à-dire lorsque la vie de l'individu est trop peu guidée par les règles sociales, ce que Durkheim nomme anomie (absence de normes)? Ce qui, à première vue, pourrait être décrit comme une libération pourra en réalité être difficile à supporter. C'est qu'il va être confronté à « la perte dans l'infini du désir, le vertige devant l'ouverture illimitée de l'horizon du possible »[13] : il ne sait plus ni dans quelle direction conduire sa vie, ni à partir de quand il pourrait s'estimer satisfait de ce qu'il a obtenu. Durkheim développe notamment un exemple qui, je pense, parlera directement à chacun, celui de l'anomie conjugale. À partir du moment où est établi le principe du libre choix par chacun de son conjoint (par opposition aux mariages arrangés d'autrefois), et dès lors que le divorce est légalisé, voire relativement facile (comme aujourd'hui), chaque homme et chaque femme se trouve confronté à la fois à l'indétermination du choix (un choix très large de nouveaux conjoints possibles s'ouvre, au moins potentiellement, à lui) et à l'infini du désir (à partir de quand pourra-t-il réellement penser qu'il a « trouvé », que sa quête peut cesser?) À nouveau, on peut y voir une libération, et c'en est en effet probablement une, mais ce peut-être aussi la source d'un grand désarroi, auquel on pourra finir par choisir d'échapper par la mort volontaire[14].

Mais, au fond, ce que Durkheim nomme anomie, n'est-il pas très proche de cette autonomie dont nous parlons et que nous recherchons, en psy comme en politique? Il s'agit bien d'inviter l'individu à faire ses propres choix sans qu'ils soient guidés de l'extérieur, il s'agit donc bien de réduire au maximum la régulation sociale des actes individuels, donc de développer l'anomie, avec son lot de souffrances psychiques, et donc de nouvelle clientèle pour la psy (on sait combien souvent l'entrée en psy trouve son origine, au moins à titre de facteur déclenchant, dans l'une ou l'autre des vicissitudes de la vie conjugale).

Il y a une autre manière, plus radicale, de souligner la souffrance qui peut résulter du projet d'autonomie. Que signifie en effet ce mot d'ordre de « se gouverner soi-même ». La phrase a un sujet et un complément et tout est clair si les deux sont distincts : A gouverne B. Comment serait-il possible que A gouverne A? Qu'est-ce que cela pourrait bien vouloir dire? On pourrait tenter de s'en tirer à bon compte en imaginant que, quand je dis que je me gouverne moi-même, je veux dire en réalité que c'est une partie de moi qui gouverne le reste. Par exemple que ma conscience, ma volonté ou quelque autre partie «supérieure» gouverne mon corps, mes passions, ou toute autre partie «inférieure». Mais serait-on alors réellement fondé à parler d'autonomie ? Si ma volonté domine ma paresse, si mon Moi domine mon Ça, puis-je dire que je me gouverne moi-même ? Certes non car ma paresse ou mon Ça font tout autant partie de moi que ma volonté ou mon Moi, et ont donc autant de titre à participer au gouvernement de moi-même. Pour que l'autonomie soit réelle, il faut que celui qui gouverne et celui qui est gouverné soient rigoureusement identiques : moi, tout entier.

Mais peut-on *vivre* ainsi ? Nous sommes dans une situation de pure auto-référence telle que la décrivent par exemple les linguistes quand ils doivent définir le pronom personnel de la première personne du singulier : «Est je qui dit je»[15]. Le sujet n'est rien d'autre que ce qui se dit sujet, il n'a aucun autre ancrage que lui-même. Analysant longuement cette phrase, Dufour[16] montre, d'une part, combien elle est constitutive de notre vision de l'individu moderne et du projet démocratique et, d'autre part, de quelle manière elle débouche sur le vide et, par conséquent, sur la folie. Le sujet prétendument autonome se trouve dans la position des deux inspecteurs Dupond/t[17], flottant en apesanteur dans la fusée lunaire et qui, quand on leur demande de se tenir avant le redémarrage des moteurs, s'accrochent l'un à l'autre en disant : «Nous nous tenons!» : ils ne sont tenus en réalité à rien d'autre qu'à eux-mêmes, et finiront par se casser la figure.

S'appuyant sur un raisonnement très proche, Régis Debray avait déjà montré, il y a quelques années[18] que l'idée même d'autonomie démocratique, d'une société se gouvernant elle-même, tombait sous le coup de l'impossibilité, symbolisée là-aussi par le théorème d'incomplétude de Gödel, d'un système se fermant lui-même : il faudra donc, pour que l'histoire continue, pouvoir se référer à «autre chose», à une transcendance quelconque, religieuse, ethnique, messianique, historique, etc.

Ainsi, il semblerait que le projet d'autonomie, dans le champ politique comme dans le champ psy, soit voué à l'échec et à la souffrance, et ceci non par accident, par un défaut dû à l'histoire collective ou personnelle, mais pour des motifs purement logiques, auxquels on ne saurait échapper.

Comme je tenterai de le montrer dans la suite de ce chapitre, l'assimilation de l'autonomie à l'anomie, d'une part, à l'autoréférence, d'autre part, résulte d'une confusion conceptuelle. Mais comme cette confusion est habituellement peu perçue et moins encore dépassée, tant par les psy que par leurs clients, elle peut déboucher sur un dilemme pratique des plus redoutables : si la quête de l'autonomie débouche inévitablement sur la souffrance psychique, ne dois-je pas, moi dont le métier de psy consiste quand même avant tout à soulager ces souffrances, apporter un apaisement en allégeant le fardeau que cette quête fait peser sur les épaules de mon client ?

La tentation est compréhensible, et certains franchiront le pas : au lieu de rester une quête d'autonomie, avec toutes les difficultés que cela comporte, le travail psy prendra la forme d'un retour vers l'hétéronomie. Ceci pourra prendre deux formes, suivant que c'est le processus thérapeutique lui-même ou le contenu des échanges qui se trouve affecté.

Un client qui entame un travail thérapeutique se met, cela est parfaitement inévitable, dans une situation de forte dépendance à l'égard de son thérapeute. Cette dépendance sera un outil essentiel du travail personnel, mais elle risque aussi toujours d'être instrumentalisée directement en tant que telle. On peut d'ailleurs penser que, parfois, le client, naturellement, fera des tentatives dans ce sens : il tentera de se modéliser sur le comportement et les attitudes de son psy, il agira pour lui faire plaisir, il tentera de décoder ses valeurs, ses croyances, sa vision du monde pour adopter les mêmes, il lui demandera de hiérarchiser à sa place les différentes options qui s'offrent à lui, ou de le confirmer dans ses choix, il lira ses éventuelles publications pour s'en inspirer lui-même... et, bien entendu, il souhaitera devenir, à son tour, un psy de la même obédience. L'enjeu pourrait s'élargir si le travail psy se passe en groupe : là aussi, le client pourra, au lieu de profiter de ce cadre collectif pour affirmer et affiner encore sa quête d'autonomie, se fondre dans le collectif comme dans une nouvelle tribu où il pourra retrouver la paix et la chaleur de la fusion communautaire[19]. Ici, projet politique démocratique et travail psy risquent de ne plus faire si bon ménage : là où le premier vise à construire partout des relations contractuelles égalitaires, l'autre pourrait faire ressurgir des formes d'autorité traditionnelle ou charismatiques. Là où l'un cherche à affranchir les individus des appartenances étouffantes, l'autre pourrait à son insu les ramener vers la conformité.

Que le client soit, souvent ou toujours, à la recherche de tels raccourcis vers un apaisement à bon compte de son désarroi, cela est compréhensible et bien entendu respectable. La question est ensuite de savoir ce que va en faire le psy. Bien entendu, il ne fera pas systématiquement la sourde oreille à cette demande : si l'on a franchi sa porte, c'est généralement qu'on en avait un grand besoin et l'on a alors bien droit, au moins pour commencer, à un peu de repos. Mais la tentation pourrait être d'aller plus loin, de profiter du formidable pouvoir que confère la relation thérapeutique et l'animation de groupe, pour développer un véritable travail de suggestion, de manipulation ou de conditionnement. La tentation est grande parce que l'effet, alors, sera bien plus visible et plus immédiat que celui, toujours incertain, qui résulterait d'un travail patient d'analyse et de renvoi du client à ses propres choix. Pour le client, c'est plus rassurant, et pour le psy, c'est plus gratifiant.

Le risque de dérive, on le sait, est avéré et l'on a vite fait de parcourir le chemin qui conduit vers le gourou ou le maître à penser, dans certains courants du développement personnel, notamment ceux qui font principalement appel à des références spiritualistes, aux techniques émotionnelles cathartiques ou aux méthodes de reprogrammation cognitive[20]. Mais, même dans les pratiques «sages», en psychanalyse ou en thérapie humaniste, le risque est toujours présent. Il est d'ailleurs frappant que, ici comme ailleurs, «Satan (le gourou), c'est l'autre». Pour les tenants de thérapies humanistes, le monde psychanalytique, avec son décor et son rituel immuable, son langage ésotérique, l'attitude lointaine et secrète de l'analyste, ne peut que susciter la méfiance : à l'évidence, ne sommes-nous pas ici dans une église, n'assistons-nous pas à une messe, à un prêche ? Pour les analystes, au contraire, ce sont les pratiques des nouvelles thérapies qui méritent la plus grande méfiance : expériences intenses de groupe, travail émotionnel, contacts corporels, engagement personnel du thérapeute, c'est cette fois plutôt l'image de la secte ou de la cérémonie tribale qui apparaîtra. Le mieux, sans doute, serait que chacun commence par balayer devant sa porte en cessant de se servir des pratiques de l'autre pour confirmer machinalement les siennes, et au contraire les prendre pour ce qu'elles ne demandent qu'à être : des occasions de réfléchir et de débattre.

La tentation hétéronomique dans le travail psy peut se présenter sous une autre forme, cette fois dans le contenu même du discours. Car les psy, s'ils écoutent beaucoup, parlent aussi pas mal, que ce soit dans leurs publications spécialisées, dans le débat social général (par leurs interventions, directes ou indirectes, dans les médias) mais aussi dans le cadre thérapeutique lui-même. Ils parlent de problèmes psychologiques, bien sûr, mais ces problèmes psychologiques peuvent être parfois, voire souvent, associés à des enjeux politiques. Et les positions qu'ils prennent au nom de la vérité ou de la santé psychique ne sont pas toujours neutres sur le plan politique. Leur client va se trouver ainsi confronté à une double interpellation : en tant que citoyen, il est appelé à prendre position, rationnellement et en toute autonomie, vis-à-vis d'un certain nombre de choix à portée politique qui relèvent directement de lui-même ou de sa contribution aux décisions de la collectivité; mais en tant que client du psy, il se voit délivrer une réponse à cette question, qui se présente comme étrangère au politique (puisqu'elle renvoie à un savoir d'autorité ou à un critère de santé) et donc indiscutable. Le citoyen va-t-il se révolter contre ce qui est clairement une intrusion dans sa liberté de délibération ? Rien n'est moins sûr, tant le pouvoir thérapeutique est puissant, et tant le désarroi du sujet est plus grand encore : parfois, il sera bien heureux qu'on le délivre enfin de ce choix si difficile.

On ne sera pas surpris si les meilleurs exemples que je trouve pour illustrer ce second risque de dérive renvoient tous à la famille : d'une part, je l'ai rappelé, l'institution familiale a été l'une des dernières à être soumise au processus de démocratisation, c'est un des champ où l'autonomie a encore le plus de mal à faire sa place, et de nombreux enjeux politiques la traversent aujourd'hui encore ; d'autre part, le psy, en tant que spécialiste des traces du passé de dépendance de l'ex-enfant qu'est son client, a sans cesse à traiter de situations familiales, passées ou présentes. Le psy saura-t-il rester réellement neutre politiquement, ne pas imposer ses propres normes en la matière à ses clients-citoyens ? Hélas, les dérapages sont nombreux. Je n'en prendrai que deux exemples.

Le plus frappant est celui de la répartition des rôles éducatifs entre le père et la mère. A lire les psy, que ce soit dans la littérature spécialisée, dans les médias, ou plus nettement encore dans les ouvrages de vulgarisation éducative, ou de façon plus frappante et plus troublante encore à les entendre travailler avec leurs clients, on rencontre vite une sorte d'évidence répétée à l'infini : l'éducation des enfants, c'est de la mère qu'elle dépend. L'affirmation se rencontrera rarement sous cette forme, bien entendu, mais à chaque fois qu'un cas particulier est traité, c'est toujours vers cette affirmation qu'on est renvoyé. Quant au père, il n'est guère évoqué que lorsqu'il s'agira, dans la tradition de l'analyse freudienne du complexe d'Œdipe, d'intervenir pour favoriser la séparation entre l'enfant et la mère. Qu'il puisse jouer un rôle dans l'éducation et les soins primaires, dans le *handling* et le *holding*, etc., il n'en est pratiquement jamais question. Or, tout le monde peut le comprendre : ce qui se joue là derrière, c'est le projet de construction d'une véritable égalité civile et politique entre les hommes et les femmes, qui ne se joue plus principalement, aujourd'hui, dans les évolutions législatives, mais dans l'évolution des pratiques les plus quotidiennes[21]. Comme l'a montré Christiane Ollivier dans un livre[22] déjà ancien, largement diffusé, mais qui semble pourtant n'avoir eu aucun effet, le maintien de la répartition traditionnelle des soins précoces aux enfants est un des outils principaux de la reproduction de la domination masculine. Les psy n'en continuent pas moins de répéter à toute occasion, comme le médecin malgré lui : « La maman ! La maman, vous dis-je ! ».

Le deuxième exemple est celui de l'homosexualité. La reconnaissance politique du couple formé de deux personnes de même sexe semble pouvoir se présenter comme l'aboutissement logique du processus séculaire de modernisation de la famille : à partir du moment où le mariage est un contrat libre entre deux personnes, qui sont libres de le contracter et de le dissoudre, on pourrait se demander pourquoi il ne devrait concerner que les couples formés d'une femme et d'un homme. Il ne s'agirait pas ici seulement d'un principe, déjà politique, de tolérance vis-à-vis d'une déviance, mais de l'affirmation d'un principe de non-discrimination : un citoyen n'est pas sexué. Mais les psy ne l'entendent pas de cette oreille. Dans leur pratique, ils ont encore très souvent, quoiqu'ils en disent explicitement, une vision pathologique de la relation homosexuelle qui, elle, contrairement à la relation hétérosexuelle qui n'a jamais à être interrogée, devrait s'expliquer par des anomalies des relations précoces, correspondrait à des faiblesses fondamentales de la personnalité, serait associée nécessairement à d'autres troubles personnels. Et dans le débat public, comme on a pu le voir dans les récents débats français sur le PACS ou sur l'homoparentalité, ils ne se privent pas d'intervenir pour mettre en garde contre les « enfants symboliquement modifiés »[23] voués nécessairement à la psychose s'ils devaient être éduqués par des parents de même sexe. Sabine Prokhoris et quelques autres ont fait justice de telles prises de position, et je ne peux que renvoyer à son travail remarquable[24]. Je ne sais pas, bien entendu, s'il est effectivement souhaitable d'autoriser les couples homosexuels à avoir des enfants : c'est bien un choix politique, et il ne saurait par définition y avoir de réponse certaine. Ce qui est sûr, c'est que ce n'est pas aux psy d'en décider, mais aux citoyens.

AUTONOMIE, LIBERTÉ NÉGATIVE ET INDÉPENDANCE

Revenons maintenant à la réflexion de fond sur le concept d'autonomie. Capacité à se gouverner soi-même, avons-nous dit, qui semble devoir déboucher sur les deux redoutables écueils de l'anomie et de l'autoréférence, et donc sur les tentations de retour à l'hétéronomie. Mais ces écueils ne sont pas inévitables, pour peu que nous prenions le temps d'approfondir notre compréhension du concept. Il me semble qu'il y a un double risque de confusion.

D'une part, l'autonomie n'est pas la liberté négative. Rappelons que la philosophie politique libérale classique[25] oppose deux conceptions de la liberté : l'une, positive, caractéristique des cultures antiques grecques et romaines (on parle aussi de «liberté des anciens»), repose sur une vision affirmative d'une «vie libre» qui est en même temps conformité à des exigences de vertu. On ne naît pas libre, on le devient, pourrait-on dire, c'est le fruit d'une construction, d'une éducation, permise et encouragée par le groupe. Au contraire, la liberté négative (la «liberté des modernes») n'est définie que par l'absence d'empêchement : c'est la possibilité de faire ce que l'on veut, pourvu qu'on ne porte pas atteinte à la même liberté chez les autres. Notre culture contemporaine, marquée par la vision libérale, met surtout en avant cette seconde forme de liberté.

Qu'en est-il de l'autonomie? Lorsque Rousseau lui donne son sens moderne, c'est pratiquement par opposition à la vision libérale qui est en train de triompher autour de lui. Il ne s'agit pas d'autonomie de l'action (décider librement de faire ce que l'on veut), mais d'autonomie de la volonté (être capable de vouloir le bien par soi-même). La véritable condition de la liberté, pour Rousseau, n'est pas l'absence de règle, mais au contraire l'adhésion volontaire aux règles.

Kant approfondit cette intuition. Pour lui, les obstacles à l'autonomie relèvent certes parfois des contraintes externes (être soumis à un tyran, même bienveillant), mais aussi et le plus souvent de sources internes : les croyances (notamment religieuses), les passions, ou le souci du regard des autres. A quoi bon s'affranchir des limites externes à ma liberté, si c'est pour être soumis à des tyrans internes d'autant plus impérieux que j'en serai le complice? Cette réflexion rejoint celle des critiques contemporains de la liberté négative, par exemple Taylor[26] : une telle vision de liberté est en contradiction avec toutes les intuitions qui nous conduisent à faire de la liberté une valeur. Comment pourrais-je être attiré par une forme de vie qui place sur le même plan tous les actes, pour peu que l'individu les ait désirés, sans envisager une quelconque hiérarchisation de la valeur des différentes sortes d'actes? Comment pourrais-je maintenir l'idée que l'autonomie est une qualité essentielle du citoyen, si cela doit consister simplement à pouvoir faire ce que je veux?

L'autonomie, au contraire, est le concept qui se présente pour désigner une vision plus exigeante de la liberté : il s'agit bien de mettre des limites (*nomos*) à ma décision individuelle. Simplement, je deviens capable de les fonder moi-même (*auto*) et non de les recevoir de l'extérieur. Cela signifie que la construction de l'autonomie comporte inévitablement une dimension morale, dont j'ai déjà parlé dans les trois chapitres précédents.

Nous pouvons nous demander d'où viendra cette règle à laquelle je consentirai à me soumettre : devrai-je la trouver en moi-même ? Ou au contraire la trouverai-je auprès des autres ? La seconde solution semble à écarter immédiatement : comment pourrais-je me prétendre autonome si je dépends des autres pour savoir le bien ? D'où la seconde confusion, fréquente, entre autonomie et indépendance.

Cette confusion est extrêmement fréquente. Par exemple, un analyste aussi avisé que Dumont définit l'individu moderne comme un être « indépendant, autonome, et par suite essentiellement non social »[27]. Voilà assurément une vision qui augure mal de ce que pourrait être un citoyen moderne !

Il n'est pas difficile de voir d'où vient cette confusion. Elle hérite d'un puissant courant philosophique dont Alain Renaut a retracé l'histoire[28] : de Descartes (chez qui l'on relève encore des hésitations) à Leibniz, puis de Hegel à Nietzsche se dessine l'image d'un individu splendidement isolé, autosuffisant, n'entretenant avec les autres que des relations purement fonctionnelles, voire pas de relation du tout. La vision la plus frappante en est peut-être donnée par les monades de Leibniz, ces entités abstraites, uniques par essence et « qui n'ont point de fenêtre par lesquelles quelque chose puisse entrer ou sortir ». Pour Leibniz, « nous sommes dans une parfaite indépendance à l'égard de l'influence de toutes les autres créatures », au point que « notre individu » est « comme un monde à part se suffisant à lui-même »[29]. Aucune place, dans une telle vision, pour l'autonomie comme soumission à une loi que l'on s'est soi-même donnée : les actes de la monade ne sont que « autodéploiement de sa déterminité propre ». Ce qui, commente Renaut, représente non pas une pointe extrême de la construction de la subjectivité mais un retour vers des déterminations transcendantes : si je ne me donne pas ma propre loi, il ne me reste qu'à me soumettre à la causalité.

On retrouvera pourtant des propos semblablement « monadologiques » chez tous les philosophes que j'ai cités et chez leurs disciples contemporains, notamment nietzschéens, mais aussi chez de nombreux psy, en particulier dans le courant dit humaniste. Rogers a beau avoir affirmé que « le noyau de la personnalité humaine est fondamentalement positif, *socialisé*, dirigé vers l'avant, rationnel et réaliste »[30], sa vision du développement personnel reste essentiellement autocentrée. Owen Flanagan[31] a bien pointé la tonalité nietzschéenne du positionnement, tout en haut de la pyramide des besoins de Maslow, de l'autoréalisation : ainsi, le point ultime du développement humain se réduirait à «devenir ce que je suis vraiment»? Même la psychanalyse, qui a pourtant tant contribué à nous faire saisir la nature essentiellement intersubjective de notre être, reste, dans sa théorie génétique, ancrée dans une vision individualiste : «Son schéma de base est celui du passage d'un *état d'indifférenciation* premier, à base d'ignorance de soi et de ses propres limites, à une différenciation progressive de l'individualité [...] d'une fermeture originelle de la monade psychique à son ouverture sur la réalité». Or, selon Gauchet à qui j'emprunte ces lignes, ce schéma est faux : «Il y a une ouverture primordiale de la psyché humaine sur la réalité, une différenciation originaire de l'individualité qui *coexistent* avec la fermeture hallucinatoire et l'indistinction des frontières personnelles»[32].

Il n'est pas difficile de comprendre la séduction que peuvent exercer de tels discours : n'est-ce pas une bonne nouvelle d'apprendre que je suis «comme un monde à part se suffisant à lui-même» et que je n'ai qu'à laisser s'autodéployer «ma déterminité propre»? Cela me libère d'au moins deux fardeaux existentiels parmi les plus lourds. D'une part, l'angoisse de la finitude, car si je suis un monde autosuffisant à moi seul, peu importe qu'il y ait ou pas d'autres mondes, et peu importe même que mon monde ait une durée d'existence limitée : s'il n'y a pas d'extérieur, la mort ou l'avant naissance n'ont proprement aucune existence, je ne peux pas en souffrir. D'autre part, la responsabilité : je n'ai plus à me demander si je dois agir ou pas, et en fonction de quelles valeurs, mais seulement à me réaliser tel que je suis.

CONSTRUIRE L'AUTONOMIE DANS LE LIEN

Nous pouvons maintenant faire retour vers la pratique psy, avec une vision enrichie de la visée d'autonomie : celle-ci n'est pas capacité à agir sans contrainte, mais à se donner soi-même et consciemment de «bonnes» contraintes; elle n'est pas non plus indépendance, isolement, mais acceptation et valorisation de notre sociabilité fondamentale. Il va de soi qu'une telle vision est plus favorable à une convergence entre le travail sur soi et le développement de la citoyenneté. Comment cela va-t-il se traduire dans la pratique psy?

Cela suppose d'affirmer clairement et de prendre en permanence en compte la distinction entre l'autonomie (qui reste le but à atteindre, ou plus précisément la direction à suivre) et l'indépendance (qui est un mythe néfaste); et donc d'intégrer à tout moment notre inévitable et nécessaire dépendance à l'égard d'autrui, une dépendance dont je voudrais détailler un peu les différentes facettes.

Mentionnons pour commencer la dépendance *pratique*, qui est assez évidente : nous avons besoin des autres pour mener à bien nos projets, donc pour mener une vie satisfaisante, heureuse. Nous avons besoin des informations qu'ils peuvent nous communiquer, des compétences dont ils peuvent nous faire profiter, des biens matériels qu'ils peuvent nous fournir, des services qu'ils peuvent nous rendre... et des autres personnes avec lesquelles ils peuvent nous mettre en relation. Nous avons besoin d'eux pour produire, pour nous donner du plaisir, pour nous soigner, pour faire des enfants, etc. Et ces dépendances sont réciproques, mais non symétriques : l'autre a aussi besoin de moi, mais pas de la même manière, pas des mêmes choses et pas dans les mêmes buts. Entre nous va ainsi s'instaurer un échange, qui est aussi une relation de pouvoir, au sens où l'ont défini Crozier[33] ou Foucault[34] : je dois obtenir quelque chose de l'autre, alors que, le plus souvent, il est libre de me le refuser ; à moi, donc, de jouer sur sa propre dépendance à mon égard pour arriver à mes fins... tandis que lui fera de même avec moi. Or, dans le discours et dans la pratique psy, le pouvoir est généralement dévalorisé : il est souvent considéré comme une « chose sale » qu'il n'est pas très recommandable de pratiquer, et encore moins de rechercher. La politique, au contraire, est évidemment un univers où le pouvoir a une grande importance, et l'engagement politique implique comme premier aspect l'intention d'exercer plus largement son propre pouvoir. Une revalorisation, dans la pratique psy, de la relation de pouvoir comme un des lieux essentiels de reconnaissance de mon lien à autrui, comme lieu de confrontation ouverte et responsable de nos deux projets et de nos deux libertés, est ainsi une des conditions d'une meilleure convergence entre travail sur soi et développement de la citoyenneté[35].

Notre dépendance est ensuite *cognitive* : nous avons besoin des autres pour *savoir*. Non pas simplement pour recevoir un savoir, des informations, des savoirs ou des savoir-faire, mais aussi et surtout pour construire notre propre savoir, notre propre connaissance du monde, notre propre vérité. Cela concerne d'abord la connaissance instrumentale, technique, logique : notre intelligence se développe au contact des autres, par la confrontation avec eux[36]. Mais cela va au-delà : nous avons aussi besoin des autres pour connaître la vérité de nos émotions et sentiments, pour développer notre authenticité[37], et aussi pour affiner notre jugement esthétique, ou encore pour élaborer nos valeurs. Il est rare que le travail psy reconnaisse pleinement cette dimension communicationnelle de la rationalité ; souvent, le travail sur la relation est dissocié du travail sur la vérité : celle-ci serait à trouver par soi-même, à l'intérieur de soi ; ce serait en m'écoutant, plus attentivement, plus profondément, sans me laisser distraire par les autres, que je pourrais laisser advenir ma vérité. Or, ce qui caractérise précisément le champ politique, en démocratie, c'est l'affirmation que la vérité ne peut-être *que* relationnelle : une situation de choix politique, c'est une situation où il n'existe aucun moyen technique ou scientifique de savoir ce qui est vrai, juste ou bon, et où la seule manière de trancher est le débat entre citoyens. Un travail psy davantage ouvert à la construction communicationnelle de la vérité sera donc, ici encore, plus favorable à la citoyenneté[38].

Notre dépendance à autrui est aussi *morale*, c'est-à-dire que nous avons besoin des autres pour agir *bien*. Pour une part, cette question relève du raisonnement précédent : dans la mesure où le bien relève d'un savoir, dans la mesure où les valeurs peuvent être fondées rationnellement, nous avons besoin des autres pour les dégager et les mettre en œuvre. Mais, comme nous le verrons[39], ce fondement ne suffit pas : notre vie morale est aussi dans une dépendance plus directe vis-à-vis d'autrui, par l'intermédiaire de la vie émotionnelle et de l'échange des regards. Ici encore, la psy est souvent portée à rejeter cette emprise d'autrui, directe ou indirecte, sur notre vision du bien : nous sommes portés à penser, dans la lignée de la vision individualiste, qu'elle devrait seulement venir de nous, de l'intérieur de nous. La culpabilité, et plus encore la honte, comme effet direct sur nous-même des jugements de valeur d'autrui, est couramment dévalorisée. Certes, il est vrai que c'est une expérience souvent injuste et destructrice, mais pourrait-on imaginer un citoyen qui soit insensible à la honte ?

Mentionnons aussi notre dépendance *identitaire* : nous avons besoin des autres pour savoir qui nous sommes, et ce que nous valons. La première question renvoie à des mécanismes divers d'établissement et de garantie sociale de l'identité personnelle : appartenance réelle ou symbolique à un groupe, partage des récits personnels, relations affectives, etc. La seconde au besoin essentiel de la reconnaissance : ce que nous valons, à nos propres yeux, dépendra largement de ce que nous vaudrons aux yeux des autres, ou plus exactement de ce qu'ils nous en communiqueront. Ces deux formes de dépendance identitaire heurtent également la vision individualiste qui domine souvent la psy : comment ce que je suis, et qui ne demande qu'à ce qu'on le laisse se réaliser, pourrait-il être défini par autrui ? Comment ma valeur, la valeur de mon existence, pourrait-elle dépendre du regard des autres ?

Je dirai enfin quelques mots d'une dernière forme de dépendance, plus difficile à saisir et sans doute d'autant plus fondamentale, qu'on pourrait nommer *essentielle* (parce qu'elle serait liée à la simple essence de l'homme et de la relation humaine) ou *civile* (en ce qu'elle est présente dans toute simple rencontre entre deux hommes). Les autres formes de dépendance pouvaient encore être décrites dans un cadre individualiste : il y aurait des individus préexistants qui auraient besoin les uns des autres, pour différentes raisons. Ce dont il s'agit ici, c'est de notre nature *toujours-déjà* sociale, du fait qu'avant d'être des individus, nous sommes des êtres sociaux. On peut l'expliquer par des arguments évolutionnistes (l'espèce humaine est par nature une espèce sociale) et le confirmer grâce aux travaux récents sur le développement précoce de l'enfant[40] (avant même que la personnalité psychologique soit construite, il a un comportement social). On peut aussi l'illustrer par de nombreux aspects de la vie adulte : la nature primitivement performative du langage[41], notre attention extrême aux rituels d'interaction[42], notre sensibilité à l'hypnose, à la suggestion ou à la transe[43], le caractère essentiellement social de nos émotions[44], etc. Nous sommes ici aux antipodes du modèle individualiste, et la question de la participation politique ne peut qu'être transformée : nous ne sommes pas d'emblée des individus qui envisagent de s'ouvrir à leur univers social, mais des êtres primitivement sociaux qui se construisent peu à peu comme sujets autonomes, non pas contre mais grâce au lien avec les autres.

Ce qu'avait déjà annoncé Kant en posant les deux impératifs catégoriques de la raison pratique : universalisation (les règles que je me donne doivent pouvoir être celle de tous) et non instrumentalisation d'autrui (qui doit toujours être pour moi non seulement un moyen, mais une fin). Ainsi, commente Renaut, « l'individu qui vise l'autonomie (qui vise à s'instaurer comme sujet) transcende, dans cette visée même, sa singularité en se pensant comme membre d'un monde commun à tous les êtres qui possèdent, au même titre que lui, la structure de la subjectivité ; loin qu'elle exprime le fantasme d'un sujet absolu, la visée de l'autonomie suppose l'ouverture à l'autre, donc la communication »[45].

L'INSTITUTION, L'HÉRITAGE

Nous avons ainsi éloigné de nous l'un des deux périls sur lesquels semblait déboucher le projet d'autonomie : il ne s'agit pas d'anomie (absence de norme) mais de norme interne, elle-même construite dans le lien à autrui. Reste le second péril, celui de l'autoréférence. « Me gouverner moi-même», «est je qui dit je», ça ne tient pas debout, comme nous l'ont opportunément rappelé Dupond et Dupont.

Nous rejoignons ici les critiques dites communautariennes de la vision kantienne de l'autonomie[46]. Cette vision, disent-ils, est bien belle, mais, telle quelle, elle décrit quelque chose d'*impossible* : le sujet que rêvent Kant et ses successeurs est le fruit d'une construction intellectuelle, mais l'on omet de se poser la question des conditions *concrètes* de la construction *réelle* d'un tel être. Et ces conditions sont *sociales*, non pas au sens étroit que nous avons pris en compte dans la section précédente, renvoyant simplement à l'existence et à l'importance des liens interpersonnels, mais au sens le plus fort : pour devenir sujet, l'homme a besoin non pas seulement d'autres hommes, d'autres sujets posés là comme par magie, tombés du ciel auprès de lui, mais d'une *société*, c'est-à-dire d'un groupe doté d'institutions et d'une histoire.

Dire qu'il en a besoin est encore trop dire, ou trop peu, car cela évoque l'idée d'une extériorité entre l'individu et la société : or, l'individu n'existe *pas* autrement qu'au sein d'une société particulière. Il est « né quelque part », et son être tout entier est imprégné par cette origine. Dès lors, travailler sur soi, ou « devenir ce qu'on est vraiment », si l'on veut, c'est travailler *aussi* sur cette imprégnation, sur cette appartenance à un univers social sans lequel, non seulement je ne serais pas ce que je suis, mais je n'existerais pas.

Or, les pratiques et les discours psychologiques ont parfois tendance à encourager au contraire à la coupure vis-à-vis de l'origine : comme si la liberté du sujet ne pouvait se construire qu'en le déliant du cadre où il s'est construit, un peu comme un bâtiment qui, une fois terminé, doit être débarrassé de ses échafaudages. Est alors promu un idéal de liberté totale du choix par l'individu de sa propre vie, qui va du rejet de la filiation (je pense à la pratique fréquente du choix d'un nouveau prénom, défini par la personne elle-même au détriment de celui qu'elle a reçu de sa famille) au rejet de la culture (les discours fréquemment dévalorisants sur la culture occidentale, au profit d'une aspiration à se fondre dans des cultures différentes, notamment indiennes ou extrême-orientales). De telles pratiques me paraissent éminemment contestables sur le seul terrain de la psy, étant donné ce qu'elle véhiculent de rejet de soi (le prénom que j'ai porté, la culture où j'ai baigné), d'illusion (le rêve de vol social, d'apesanteur historique, dont on sait qu'il est précisément caractéristique de la culture des classes moyennes, d'où sont principalement issus les clients de la psy[47]) mais aussi de rapport au monde douloureux et agressif : « L'origine de la haine, dit Sibony, c'est la haine des origines »[48].

À ces pratiques de coupure, j'opposerai des pratiques d'intégration, permettant de reconnaître en soi ce qui nous vient de notre ancrage social. Reconnaître dans le double sens du mot : voir et nommer, mais aussi remercier (ce qui ne veut pas dire passer sous silence, par ailleurs, ce qu'on a pu recevoir de mauvais, ni renoncer à s'en détacher : on n'est pas du tout obligé de choisir de manière exclusive l'un ou l'autre). Il ne s'agit pas par là d'en rabattre sur la visée de construction de l'autonomie, mais au contraire d'appuyer celle-ci sur un fondement solide, parce que réel. Reconnaître ce fondement ne veut pas dire s'y soumettre, mais s'en emparer, passer, vis-à-vis de lui, de la passivité ignorante à l'activité consciente. Ce travail de reconnaissance pourra porter sur les deux aspects de la réalité sociale au sens fort : au présent, les institutions, et dans le temps, l'héritage du passé.

Retrouver la relation aux institutions, c'est reconnaître que, dans le monde où je vis, il y a des « choses » qui me dépassent, qui s'imposent à moi sans que je leur aie rien demandé et vis-à-vis desquelles je ne peux pas prétendre être indifférent, ni nier leur autorité sur moi (même si, bien entendu, je décide parfois de m'y opposer). On aura reconnu une des formulations les plus courantes des « nouvelles religiosité » contemporaines, et l'on peut évoquer ici l'hypothèse de Durkheim selon laquelle le sentiment religieux est la forme que les hommes ont donné à leur perception confuse et intuitive de la force des faits institutionnels[49]. Si la quête « néo-religieuse » est si présente parmi les clients de la psy, c'est peut-être simplement parce que celle-ci ne les aide pas à reconnaître ces faits institutionnels dans toute leur présence et toute leur importance. Car les « choses sociales », si on apprend à les reconnaître et à les comprendre, sont quand même plus aisément identifiables que les vagues divinités d'aujourd'hui. Parmi celles qu'il peut être précieux de réintroduire dans un travail sur soi, je citerais : *la loi* (et les appareils qui permettent de l'édicter et de l'appliquer), *la famille* (même si elle s'est en grande partie désinstitutionnalisée, elle reste bien l'une de ces réalités qui s'imposent avec autorité à tout individu à sa naissance) et *la culture* (au sens de manières particulières de penser, de sentir et d'agir qui constituent un groupe comme différent de tous les autres). Je ne crois pas qu'il soit souvent question de ces institutions dans le travail psy[50], alors que je suis convaincu que cela pourrait être une contribution précieuse à la construction de l'autonomie.

Mais la société existe dans l'histoire. Et l'histoire de chaque individu s'inscrit dans une histoire qui le dépasse, en «largeur» (tout ce qui s'est passé, aussi, autour de lui pendant le déroulement de sa vie) et surtout en «profondeur» : une histoire qui a commencé longtemps avant lui, et dont il hérite en entier. Reconnaître cet héritage est une autre condition d'un développement véritable de l'autonomie. Je pense, bien entendu, au travail sur l'histoire familiale transgénérationnelle, dont l'importance est aujourd'hui largement reconnue dans l'univers psy[51]. Mais d'autres ouvertures seraient possibles : vers l'histoire sociale (replacer le déroulement de ma vie dans le contexte socio-politique de mon époque) et vers l'histoire culturelle. Sur ce dernier point, je crois que beaucoup de clients de la psy pourraient gagner à reconnaître ce qu'ils doivent, par exemple, à l'histoire judéo-chrétienne (plutôt que de continuer à seulement la honnir pour ses méfaits répressifs, dans la plus pure tradition reichienne, qui finira bien par devoir être interrogée), mais aussi à l'histoire philosophique et politique nationale ou à l'histoire du mouvement ouvrier.

Je ne voudrais pas terminer cette section sans mentionner deux autres critiques communautariennes de la vision kantienne de l'autonomie, car elles débouchent sur des enjeux politiques décisifs, qui ne sont pas non plus sans pertinence pour le développement personnel.

D'une part, l'autonomie met en avant le libre choix, par chacun, de sa forme de vie. Mais pour que cette possibilité de choix soit réelle, il ne suffit pas de supprimer les contraintes qui y feraient obstacles. Il faut aussi que je sois réellement en capacité, d'une part, de m'interroger sur la valeur de ma forme de vie actuelle, d'autre part, d'imaginer des formes de vie alternatives[52]. Ces deux capacités sont insuffisamment garanties par la seule puissance de ma réflexion critique et de mon imagination, ou celle de ceux qui partagent avec moi la même forme de vie. Pour que je puisse réellement être en mesure de choisir ma vie, il faut que plusieurs modèles possibles s'offrent à moi. Dans un univers mono-culturel, où tout le monde partage les mêmes manières de penser, de sentir et d'agir, l'autonomie ne peut être qu'un leurre, elle ne peut que conduire au «choix du nécessaire»[53], qui n'est évidemment pas un choix du tout. Or, le fonctionnement libéral de la société, par le simple jeu des forces marchandes et des relations de domination sociale, conduit à une réduction progressive de la diversité culturelle : les cultures traditionnelles, non occidentales, sont éliminées pour la plupart, folklorisées et phagocytées pour celles qui s'avèrent «vendables», les minorités sont poussées à s'assimiler, les modes de vie marginaux sont combattus ou récupérés. La seule diversité qui persiste, et qui tend même sur certains points à se creuser, est celle qui oppose la vie des pauvres à celle des riches. Mais il va de soi que ce n'est pas par choix qu'on va vers l'un ou l'autre. La préservation d'une véritable possibilité de choix des formes de vie, exigence convergente de nos aspirations politiques et psychologiques, ne sera possible que par une action volontariste, politique, portée par une mobilisation des citoyens[54]. Voilà un domaine, au moins, où psy et politique pourraient sans difficulté se donner la main.

D'autre part, et pour en venir finalement au plus évident, pour qu'une société progresse et permette à ses membres de progresser vers l'autonomie, il faut qu'elle existe, et qu'elle survive. Raymond Aron l'a clairement expliqué : « L'idéal d'une société dans laquelle chacun choisirait ses dieux ou ses valeurs ne peut se répandre avant que les individus ne soient éduqués à la vie collective [...] Pour laisser à chacun une sphère privée de décision et de choix, encore faut-il que tous ou la plupart veuillent vivre ensemble et reconnaissent un même système d'idées comme vrai. [...] Avant que la société puisse être libre, il faut qu'elle soit »[55]. Autrement dit, si l'on veut un individu autonome, il faut construire et protéger la société démocratique qui seule le rend possible, et comme personne ne s'en occupera à sa place, c'est au citoyen, s'il veut protéger et approfondir son autonomie, d'être partie prenante de la construction de cette société et de sa protection contre ce qui pourrait venir la menacer[56]. Ici encore, travail psy et travail politique sont, ou devraient être, profondément alliés.

LE NOUVEAU COMBAT DE LA PSY

J'ai donc argumenté, pendant toute la deuxième partie de ce chapitre, contre une approche individualiste de l'autonomie, au profit d'une approche humaniste, ouverte au lien des hommes entre eux, et d'une approche communautarienne, prenant en compte l'ancrage essentiel de toute vie humaine dans des institutions et dans une histoire.

Ce plaidoyer, à n'en pas douter, est daté. C'est que le contexte historique dans lequel nous sommes aujourd'hui a profondément changé en quelques décennies. La psy, en particulier, s'est construite dans un univers social qui n'était pas du tout celui que nous avons aujourd'hui sous les yeux. Quand Freud élabore la psychanalyse, dans la vieille Europe du début du XXe siècle, il constate avant tout les méfaits de la répression excessive des pulsions, notamment sexuelles, et de la censure[57]. Quand les thérapeutes humanistes, dans l'Amérique du milieu du siècle, construisent leur propre approche, c'est à nouveau les obstacles à l'épanouissement individuel dus à des conditions éducatives, politiques et morales trop étroites qui les frappent. Quand l'Analyse Transactionnelle se diffuse en Europe dans les années 70, de nombreux thérapeutes tendront à faire de l'état du moi Enfant leur «chouchou», et prendre sa défense contre un Parent trop oppressif, image de la société[58]. Dans cette période fondatrice, on peut avoir des raisons de penser que l'autonomie individuelle doit se construire contre le cadre social, et notamment par un retour à l'ordre naturel.

Il en va de même pour le combat politique démocratique. Par exemple, pour les républicains qui, en France, au moment où Freud invente la psychanalyse, tentent d'instaurer pour de bon la république, il va de soi que la première chose à faire est d'affranchir les individus de leurs appartenances sociales trop étroites, familiales, villageoises, provinciales, religieuses ou corporatistes, de rompre leur fidélité à une histoire trop singulière, pour ne valoriser en eux que la part du citoyen abstrait, universel. Même le patriotisme, qui est quand même un attachement singulier, n'est légitimé que parce qu'il est présenté comme la forme la plus avancée du progrès vers la rationalité et vers l'universel. Encore aujourd'hui, de nombreux aspects des politiques publiques, notamment en matière d'éducation ou d'action sociale, sont encore dominées par cette visée d'émancipation vis-à-vis de toute contrainte sociale (autre que celle de l'État, toujours perçu comme, par nature, voix de l'universel).

Pourtant, notre société, la société mondiale doit-on dire maintenant, a changé. Bien sûr subsistent encore des attachements collectifs, notamment ethniques et religieux, qui peuvent être perçus comme des menaces pour la démocratie. Mais un autre problème est apparu, qui risque d'occuper de plus en plus le devant de la scène : à force d'être déliés, affranchis de leur histoire et de leurs appartenances, les individus *errent*, sans chaleur et sans repères. Ils n'ont pas accédé à cet individualisme flamboyant qu'on leur promettait, mais à l'individualisme négatif, bien décrit par Castel[59]. En un mot, ils ont les inconvénients de l'individualisme (la désaffiliation, l'isolement, la vulnérabilité, le désarroi), sans en avoir les avantages.

C'est une toute autre souffrance que celle qui était provoquée par la répression sociale (il est d'ailleurs parfaitement possible de cumuler les deux, comme peuvent en témoigner beaucoup d'adultes des classes moyennes aujourd'hui, vivant dans un milieu fortement individualisé et atomisé, mais élevés il y a quelques années dans un contexte familial traditionnel). Et, de plus en plus, c'est elle qui conduira les personnes vers la psy, et éventuellement aussi vers l'engagement politique. Face à cette évolution de la demande, il me semble que la psy comme la politique, et pourquoi pas ensemble, doivent adapter leur offre : continuer, bien sûr, à favoriser l'émancipation là où cela est nécessaire, mais aussi offrir du lien, de l'autorité institutionnelle, de l'histoire.

NOTES

[1] Gauchet, *Le désenchantement du monde*, p. 20.
[2] Dumont, *Essais sur l'individualisme*.
[3] *Le désenchantement du monde*, p. 302.
[4] *Essai de psychologie contemporaine*, I, p. 168.
[5] Un certain nombre de méthodes thérapeutiques ont prétendu ne faire référence qu'au présent, à l'« ici et maintenant » (notamment la Gestalt Thérapie et les thérapies cognitives). Mais il s'agit d'un affichage de principe, destiné pour partie à se démarquer des autres méthodes, restées plus proche de la psychanalyse, pour partie à créer des conditions plus propice, croit-on, à l'efficacité thérapeutique. Mais, dans les faits, c'est bien sur les traces du passé qu'on travaille, plus ou moins explicitement.
[6] V. de Gaulejac, *La névrose de classe*.
[7] *Ibid.* Voir aussi du même auteur : *Les sources de la honte* et *L'histoire en héritage*.
[8] M. Pagès, *Psychothérapie et complexité*.
[9] voir les travaux du groupe Desgenettes, conduit par Gérard Mendel (*L'acte est une aventure*).
[10] Voir notamment, de Augusto Boal, *L'arc en ciel du désir*, qui fait le lien entre lutte contre l'oppression externe et détachement des liens internes.
[11] E. Durkheim, *Le suicide*. A propos de cette recherche, je m'appuie aussi largement sur les analyses de Pierre Besnard, *L'anomie*, p. 21-139.
[12] M. Pinguet, *La mort volontaire au Japon*.
[13] P. Besnard, *L'anomie*, p. 111.
[14] Durkheim cite de nombreux autres exemples de situations anomiques, qu'il met tous en corrélation avec une élévation de la fréquence des suicides. CQFD.
[15] E. Benveniste, *Essais de linguistique générale*, « De la subjectivité dans le langage ».
[16] D.-R. Dufour, *Folie et démocratie*.
[17] Hergé, *Objectif lune*. Comme les analystes de l'œuvre d'Hergé l'ont déjà abondamment montré, les deux inspecteurs sosies et homonymes ne sont précisément qu'une représentation de la fausse altérité du sujet dans sa relation à lui-même.
[18] R. Debray, *Critique de la raison politique*, p. 255 *sq.*
[19] Soumission à l'autorité et plaisir de la fusion dans le collectif, ces bénéfices peuvent aussi, on s'en souvient, être aussi trouvés dans l'action politique. Voir chap. 2.
[20] M. Lacroix, *Le développement personnel*. On regrettera au passage que, dans le seul ouvrage explicitement consacré à une analyse critique du développement personnel, Lacroix se soit uniquement intéressé à ces formes les plus discutables.
[21] Je renvoie à nouveau aux travaux de J.-C. Kaufmann. Voir aussi C. Delphy, *L'ennemi principal*.
[22] *Les enfants de Jocaste*.

[23] Titre du Nouvel Observateur, reprenant celui d'un article de J.-P. Winter paru dans *Le Monde des Débats*.
[24] S. Prokhoris, *Le sexe prescrit*. Voir aussi Borillo *et al.*, *Au-delà du PACS*.
[25] La distinction a été formulée notamment par Isaac Berlin, dans un texte nommé «Deux conceptions de la liberté» en 1958. Il est longuement présenté et commenté dans Spitz, *La liberté politique*.
[26] *Qu'est-ce qui ne va pas avec la liberté négative?*, in *La liberté des modernes*.
[27] L. Dumont, *Essais sur l'individualisme*, p. 35.
[28] Renaut, *L'ère de l'individu*.
[29] Cité par Renaut, *L'ère de l'individu*, p. 139.
[30] R. Rondeau, *Les groupes en crise?*, p. 24. C'est moi qui souligne.
[31] *Psychologie morale et éthique*, p. 28.
[32] M. Gauchet, *Essai de psychologie contemporaine*, II, p. 194.
[33] Crozier et Friedberg, *L'acteur et le système*.
[34] M. Foucault, *La volonté de savoir*.
[35] Et il n'est pas besoin, pour cela, d'aller traiter des enjeux proprement politiques : dans le matériau communément traité en psy (relations de travail, relations conjugales, relations parents-enfants...), ce ne sont pas les occasions qui manquent d'illustrer la fécondité d'une analyse des relations humaines en termes de «bonnes» relations de pouvoir. D'autre part, sur ces terrains comme dans le champ politique, on prendra soin de rappeler que la manière la plus simple et souvent la plus efficace d'exercer du pouvoir, c'est encore de demander simplement et clairement à l'autre ce qu'on attend de lui.
[36] Doise & Mugny, *Le développement social de l'intelligence*.
[37] Voir chapitre 10.
[38] Nous y reviendrons plus longuement au chapitre 11.
[39] Chapitre 8.
[40] Stern, *Le monde interpersonnel du nourrisson*.
[41] C'est-à-dire le fait qu'il ait avant tout pour fonction de réguler les relations humaines, et non de transmettre des informations. Voir les travaux de pragmatique linguistique, notamment O. Ducrot, *Dire et ne pas dire*, ou J. Searle, *Les actes de langage*.
[42] Goffman, *La mise en scène de la vie quotidienne*, II, p. 101-179.
[43] I. Stenger, *Importance de l'hypnose*.
[44] Voir chapitre 10.
[45] Renaut, *L'individu*, p. 63.
[46] Sur l'ensemble de ce débat, on se reportera à l'excellent dossier réuni par Berten *et al.*, sous le titre *Libéraux et communautariens*.
[47] Pour l'une des rares études spécifiquement consacrées à ce groupe social, voir C. Bidou, *Les aventuriers du quotidien*.
[48] Cité par Guillebaud, *La refondation du monde*, p. 89.
[49] Durkheim, *Les formes élémentaires de la vie religieuse*.
[50] On y parle bien sûr souvent de la famille d'origine, mais celle-ci est réduite à un ensemble de relations interpersonnelles.
[51] Par exemple : Ancelin-Shützenberger, *Aïe, mes aïeux*; Tisseron, *Le psychisme à l'épreuve des générations*.
[52] Cette analyse est proche de celles de Kymlicka avec la notion d'expérimentalisme moral. Voir Berten *et al.*, *Libéraux et communautariens*, p. 275 *sq*.
[53] Expression souvent employée par Pierre Bourdieu pour désigner le fait que les «choix» opérés par les acteurs sociaux sont souvent, en fait, totalement prévisibles étant données les contraintes qui pèsent sur eux.
[54] C'est un des ressorts des politiques multiculturelles. Voir Taylor, *Multiculturalisme*.
[55] *Études politiques*, p. 211.

[56] C'est la position républicaine, défendue notamment par Skinner. Voir Spitz, *La liberté politique*, p. 127-177.
[57] Freud, *Malaise dans la civilisation*.
[58] Hostie, *Analyse Transactionnelle, l'âge adulte*.
[59] *Les métamorphoses de la question sociale*.

Chapitre 10
Passions

Pour notre recherche de possibles convergences entre travail politique et travail psy, le cas de l'autonomie était un des plus favorables qu'on puisse imaginer, puisque l'idée figure au premier plan des valeurs de l'un et l'autre domaine. Nous abordons maintenant un cas plus difficile, où la rencontre existe, mais plutôt, au départ, sur un mode négatif.

COMMENT S'EN DÉBARRASER

Notre culture, en général, n'aime pas les passions. Presque par définition : la passion, c'est ce qu'on subit passivement, bien que cela vienne de soi, de son propre corps. À l'évidence, cela heurte nos idéaux d'autonomie de l'esprit et de modération. Être esclave de ses passions, c'est déjà être un peu fou. Le sage, au contraire, est un homme maître de lui-même, et cela aussi bien dans le domaine politique que sur le plan de la vie personnelle.

Le citoyen idéal, tout particulièrement, se méfie de ses passions : c'est avant tout un être rationnel et paisible. Cela s'exprime avec beaucoup de clarté dans les projets d'éducation civique et morale développés par la République au début du XXe siècle : dans la plus pure tradition de l'éducation morale classique, on met en garde les enfants contre tous les excès auxquels pourraient les conduire leurs émotions : « Le citoyen, tel qu'il se dessine dans les manuels laïques, a discipliné ses sens et s'est rendu maître de lui-même. L'éducation morale et civique vise à instaurer des normes sociales et politiques qui contraignent le citoyen à un contrôle de soi, l'amènent à gouverner ses conduites, ses émotions et ses passions. Les règles de morale divulguées par l'école primaire contribuent à l'élaboration d'un modèle de comportement social et psychologique fondé sur *la mise à l'écart des excès : le citoyen est une personne mesurée et modérée*»[1]. Si la religion, d'ailleurs, est volontiers dévalorisée, ce n'est pas par rapport à la piété, qui mérite le respect, mais par rapport aux excès de passion auxquels elle donne lieu, par exemple lors des guerres de religion. La seule émotion un peu forte qui soit acceptée et encouragée, c'est l'amour de la patrie : à cette passion-là, l'enfant est bien invité à s'abandonner. Mais c'est parce qu'elle serait une émotion naturelle et douce (directement calquée sur l'idéalisation de l'amour filial).

Ce discours se retrouvera tel quel aujourd'hui dans les commentaires sur la vie politique : un homme politique digne de ce nom se devra de toujours garder son calme, de ne céder à aucune émotion visible, qui pourrait faire douter de la sûreté de son jugement et de ses décisions. Tout écart sera immédiatement sanctionné par ses adversaires et par les commentateurs. Par exemple, l'image de Laurent Fabius sera sérieusement écornée après son débat télévisé avec Jacques Chirac, en 1986, où il aura donné l'image d'un individu peu maître de lui-même, au comportement de « roquet », selon les mots de son adversaire. Quand celui-ci, en 1998, lors d'un voyage en Israël, laisse exploser une vertueuse colère contre les forces de sécurité qui empêchent les Palestiniens de s'approcher de lui, la condamnation sera moins nette car l'émotion est déclenchée par un sentiment d'indignation tout à fait sympathique, mais les commentaires n'en seront pas moins un peu condescendants. Pour prendre un dernier exemple, lorsque Lionel Jospin, en 2001, interpellé à nouveau sur son « passé trotskiste », laisse voir son énervement et improvise une contre-attaque contre son adversaire-président, ses adversaires ne manquent pas de relever qu'« il a pété les plombs ».

On trouvera une autre illustration de ce rejet de la passion par la pensée démocratique dans les textes qui comparent les différents systèmes politiques : à la République, qui à la fois produit et requiert des hommes sages, tranquilles, raisonnables, on oppose les autres régimes, et notamment la tyrannie de l'Ancien Régime, soumise au contraire aux plus terribles et plus dégradantes passions : attachement déraisonnable à de futiles enjeux d'« honneur » purement superficiels, dépravation des mœurs familiales et sexuelles, peurs superstitieuses des pauvres, cupidité des riches. Mais, pour les républicains du début du XXe siècle, soucieux d'asseoir une république sage et respectueuse des valeurs familiales, d'ordre et de propriété, les révolutionnaires de 89 et surtout des années suivantes ne valaient guère mieux.

Ce type de discours vient de loin[2]. Platon, déjà, caractérisait chacun des régimes qu'il critiquait par les passions qui y dominaient : dans la *timocratie* (gouvernement par les guerriers) règne la passion de la gloire et de l'honneur; dans l'*oligarchie*, ce sont la convoitise, le lucre, le désir illimité de richesse; la démocratie (rappelons que Platon est un anti-démocrate convaincu), elle, est ouverte à l'extrême densité des désirs, et contribue à les rendre toujours plus intenses. Notamment, les désirs superflus seront plus honorés que les désirs nécessaires. Dans la *République* qu'il imagine et propose en modèle, par contre, les passions perdent toute puissance, voire toute raison d'être, puisque le pouvoir sera seulement celui de la Vérité. Saint Augustin, de la même manière, opposera à la Cité des hommes, entièrement gouvernée par le désir de domination et par les passions sensuelles, la Cité de Dieu où règne «cette doctrine céleste qui, purifiant le cœur par la foi, élève le sentiment humain vers les choses célestes et super célestes grâce à une humble piété, et le libère de l'orgueilleuse tyrannie des démons»[3]. L'œuvre de Machiavel sera aussi souvent invoquée ici : on y montrera comment les puissants peuvent manipuler les passions du peuple ou des familles pour asseoir un pouvoir sans partage. Marx et l'art communiste soviétique, pour prendre un dernier exemple, opposeront au comportement emporté et véhément du bourgeois la force tranquille du prolétariat, dont témoigne une abondante et monotone iconographie.

Or, cette dévalorisation de la passion, on la retrouvera, avec encore plus de force, dans les discours sur le développement de soi. Certes, les techniques psy insistent au contraire fortement sur la nécessité de prendre en compte la part émotionnelle de la vie humaine, pour apprendre à l'intégrer et à la «gérer». Nous y reviendrons. Mais si ce discours a besoin de s'affirmer de manière si répétitive, c'est parce qu'il intervient dans un univers social et culturel dominé par une aspiration millénaire : le rêve d'*ataraxie*[4], l'atteinte du bonheur par l'absence de trouble, par l'affranchissement des passions.

Catherine Chalier a consacré un beau chapitre à cette quête philosophique qui se propose de «dominer l'élan démesuré et irrationnel des passions, apaiser ses terreurs et sa mélancolie, par la conscience de leur caractère imaginaire»[5]. La voie d'accès au bonheur ne saurait en aucun cas être l'engagement dans le monde, et surtout pas l'engagement politique : «Le philosophe (il s'agit ici de Spinoza) refuse en effet de nommer *bien* ce qui entretient la division, la convoitise, la jalousie, la haine. Il abandonne donc aux passionnés — aux ignorants — la frénésie des honneurs et de la gloire, il leur laisse la cupidité et il renonce à l'amour de ce qui passe. Car pourquoi vouer ses forces et son intelligence à obtenir ce qui, nécessairement, décevra? Pourquoi lutter, dans l'âpreté, et parfois l'embrasement, d'un combat sans fin et exempt de toute merci, pour une reconnaissance fugitive venue d'hommes eux-mêmes fugitifs?»[6].

La solution ne saurait se trouver dans une quelconque action sur le monde extérieur, mais avant tout dans un *travail sur soi*, un travail intérieur : « Ce n'est pas dans l'âme d'autrui qu'est ton mal ; ce n'est pas non plus dans une modification ou une altération du milieu extérieur. Où est-il donc ? À l'endroit où est en toi ce qui juge de ce qui est mal »[7]. Cette idée traverse toute l'histoire de la philosophie occidentale classique, d'Épicure à nos jours, en passant par Descartes ou Spinoza.

Cette aspiration est aujourd'hui plus que jamais vivante, et elle n'est pas propre aux philosophes : elle habite toute notre culture. Olivier Mongin y a consacré une troublante étude intitulée *La peur du vide. Essai sur les passions démocratiques*. Il y analyse, au travers de l'actualité, de la publicité et du cinéma, la fascination apparente de notre époque pour l'orient et ses promesses de sérénité, pour la famille comme ultime refuge (bien entendu mythique) de la tranquillité et de la sécurité, et surtout pour le désert. Il souligne surtout le caractère défensif de ces mythes : « Dans le désert, tout paraît bien calme. Comme dans les sociétés démocratiques dont la principale occupation est d'observer l'accouchement plus ou moins violent de la démocratie dans le reste du monde. Mais le calme y est mensonger : le moindre souffle de respiration perturbe la composition des grains de sable qui composent notre environnement, un simple coup de vent et des avalanches de sable dévalent jour et nuit des dunes et modifient le paysage du désert. [...] Le désert que nous visons si mal psychiquement représente la banalité quotidienne des sociétés dont on répète inlassablement, bêtement, que "rien ne s'y passe". C'est pourtant l'inverse, et cela dérange : comme dans le désert, il se passe bien trop de choses autour de nous, de l'environnement le plus proche au plus lointain, et cela passe à un rythme hallucinant, insupportable. D'où la volonté de se protéger d'un surcroît d'émotions, de cette surcharge de rencontres et de contacts qui épuisent et désorientent. [...] Sous la peau qui enveloppe le corps magnifique du désert, il y a des sables mouvants et des tourbillons incessants qui n'aident guère à refaire surface. Du trou noir de la passion individuelle (l'expérience de la drogue) au trou noir des passions collectives (la shoah), en passant par les catastrophes affectant simultanément le privé et le public (de Tchernobyl sur le plan de l'écologie au sida sur le plan de la sexualité), nous avons pris la fâcheuse habitude de nous protéger contre les extrêmes. L'indifférence de l'homme démocratique est la contrepartie de sa peur, la congélation est la rançon d'une incandescence qui aveugle »[8].

LE MONDE (POLITIQUE) EST PASSIONNANT

Ainsi, des philosophes aux publicitaires en passant par les pédagogues, tout le monde semble d'accord sur un point : il faut éviter les passions, les émotions trop fortes. La meilleure manière d'y parvenir est de consacrer sa vie à la recherche de la paix intérieure ou familiale, en se coupant du monde. Si l'on tient à se mêler de celui-ci, notamment pour tenter de l'améliorer par l'action politique, il faut tenter de construire un régime, la République ou la Démocratie, où règneront en maîtres les valeurs de calme, de modération, de non-violence.

Le problème, comme l'a bien perçu Mongin, c'est que le monde offre quelque résistance quand on essaie de le plier à un tel dessein. Le moindre regard sur la réalité sociale, sur les mutations historiques, sur les relations entre les groupes, nous montrera au contraire combien les passions les plus violentes en constituent le quotidien.

D'abord parce que *la souffrance* existe. « La douleur, c'est démodé »[9], certes, si l'on parle du mal de tête. Mais le quotidien des relations sociales est bien loin de confirmer cette vision. On n'en finirait pas de faire la liste des expériences sociales génératrices de souffrance : frustration, absolue ou relative, des besoins de toutes sortes, des plus élémentaires (la sécurité, l'entretien physique) aux plus spirituelles (la reconnaissance des autres, la possibilité de se réaliser) ; expériences de disqualification, renvoi à des images dégradantes de soi, surtout quand on appartient aux groupes dominés (pauvres, immigrés, femmes) ; expériences de la solitude et de l'indifférence ; relations interpersonnelles marquées par la violence physique ou symbolique, par exemple le harcèlement ; souffrance identitaire de celui qui ne sait plus qui il est parce qu'il est privé des repères de sa culture ou de son travail ; souffrance du désespoir, quand aucune perspective d'amélioration de la situation ne semble crédible, et souffrance des espoirs déçus ; souffrance de la culpabilité pour celui qui est confronté au malheur des autres et qui ne sait s'il a assez fait pour l'empêcher ; souffrance de l'envie, si je vois que les autres ont quelque chose que je désire et qui m'est refusé, et que rien ne vient ni justifier, ni compenser cette inégalité. Devant une telle énumération, il me semble difficile de continuer à trouver si sages les appels à la sérénité et au refuge dans l'intériorité. « Pas d'apaisement si la prière reste muette sur l'obscurité qui sépare les hommes et sur la peur qui les habite », remarque Chalier, et elle complète plus loin : « Désirer sauver sa *propre* tranquillité — et même celle des siens — au prix d'une désertion du monde et, souvent donc, d'une justification du mal qui y règne constitue-t-il une réelle aspiration à la paix ou une façon de vouloir s'épargner tout heurt avec la vie ? »[10].

Une autre émotion omniprésente en politique sera *la colère*, parfois la haine, tant la douleur est forte. *Haine des dominés*, d'autant plus violente qu'ils finissent par ne plus savoir pourquoi, ou à cause de qui, ils sont en si mauvaise posture. Je ne résiste pas à l'envie de citer longuement ces lignes de Catherine Angot, qui relatent son expérience d'animation d'un atelier d'écriture avec des jeunes :

> «Elles sont arabes et elles me disent merde. Elles sont comme ça, autant me le dire tout de suite. Toutes nos gueules de bourgeois : merde. Elles sont comme ça. Elles crachent sur tout et disent merde à tout le monde. On leur dit : "Vous avez trop de haine, Malika, Fatma, Dali, Farida". Mais elles, elles en ont ras-le-cul. Les Arabes font la loi dans leur quartier, mais elles en ont marre d'être ghettorisées. Elles se sont battues avec des femmes de quarante ans, les hommes sont plus diplomates, ils leur disent "votre peau, votre exotisme, dans les boîtes votre allure fière". Quand elles entrent dans une parfumerie, on leur dit "mademoiselle, ici, ce n'est pas Monoprix". Elles ont envie de me dire des choses et qu'après j'en vomisse. Pas physiquement, mais dans ma tête. Elles s'en foutent. Elles ne lisent pas et ne vont jamais au théâtre, c'est pareil. Les gens qui vont au théâtre font partie de leur haine. Elles les haïssent. Au théâtre faut voir les testons qu'il y a, elles disent. Elles veulent quand même écrire, oui, pour me montrer que dans la culture y a pas que moi. Ne serait-ce que pour ça. Elles trouvent que nous sommes, dans la culture, coincés du cul, c'est tout, mais du cul vraiment. Elles en ont marre que ce soit réservé à une catégorie sociale. "Mais, oh moi, demain j'écris, je m'en fous", elles disent. "J'ai pas de culture mais j'en fais de la culture." Elles essayent. "On vous parle, regardez."
>
> Elles n'aiment pas les gens faibles, merde. Il lui fait penser à son frère. Elle, elle a piqué son frère, tout seul il ne pouvait plus. Les drogués les dégoûtent, la dégradation. Elles les comprennent pourtant. Elles comprennent leur dégoût, leur manque. Le frère, lui qui étant coquet, maniaque même, s'est promené un jour avec le pantalon baissé, dans la rue, le sang lui coulait sur les avant-bras. On lui voyait les fesses, le sexe, les poils, tout ce que vous voulez. Merde, elles en ont ras-le-cul.
>
> Dans leur famille ce n'est pas facile non plus. Leur mère leur a dit toute leur enfance de se méfier de la chair blanche. Les enfants, disaient-elles, reconnaîtront leurs parents. C'est dans la mentalité arabe. De toute façon leurs mères dès qu'il est question de saloperie et de sexe, ça ne va pas. Elles bloquent. Quand elle lui a dit la bonne femme "ici mademoiselle c'est pas Monoprix", elle a renversé tous les parfums des étagères. Elle a la haine. Sa mère prenait des barbituriques pour la faire partir, qu'elle avalait devant tout le monde. Elle veut écrire, elle se cherche et elle cherche les autres. Sa famille lira, elle s'en fout, elle la tue. Il y a six mois elle a connu un Arabe, sa mère veut qu'elle crève du sida parce qu'elle ne se marie pas. Elle lui dit merde. Elle existe. C'est pour ça qu'elle veut écrire. Parce qu'elle se cherche et qu'elle cherche les autres. Qu'elle existe. Elle veut leur dire : j'existe. Son oncle s'est pris un coup de fourchette quand il a essayé de la toucher. Elle lui a planté une fourchette dans le front qui est restée piquée dans l'arcade sourcilière.
>
> On est antipathiques, hein c'est ça ? C'est ce que vous pensez. Elles le savent, elles sont spéciales et elles ont un regard agressif sur les autres, sur la vie. Tout les dégoûte. Est-ce qu'elles sont vraiment les enfants de l'amour ? Elles ne savent pas. Elles ne croient pas. Elles n'y croient pas. Elles existent. C'est pour ça qu'elles veulent écrire. Elles en ont marre de nos romans à la con, marre. Par-devant on leur fait bonne figure mais on les encule par-derrière, elles le savent. Elles ont un regard agressif sur les autres, sur la vie, elles le savent. Elles crachent sur la mentalité arabe. Les regards inquisiteurs de leurs pères. La haine de leurs mères.»[11]

Mais il ne faut pas non plus négliger la puissance de *la haine des dominants*. Certes, à notre époque, elle ne s'exprimera jamais très ouvertement ni très violemment, puisqu'elle est généralement perçue comme illégitime. Elle pourra même être souvent déniée et ne s'exprimer qu'indirectement ou sous des formes euphémisées. Cette haine-là a une double source. D'une part, la culpabilité. On sait en effet que les bourreaux, en tout cas les bourreaux volontaires, en viennent très facilement à haïr leur victime, dans la mesure où c'est la seule manière de rationaliser un acte qui, autrement, serait injustifiable[12]. Certes, les dominants ne sont généralement pas directement les auteurs des situations dont les dominés sont victimes. Mais ils ont généralement conscience d'en profiter, ce qui suffit à susciter culpabilité et agressivité. La seconde source de cette haine, c'est la peur : les dominants ont conscience de l'agressivité que la situation injuste suscite (ou pourrait légitimement susciter) chez les dominés et, insécurisés par cette menace, ils répondent à leur tour par l'agressivité.

Mais la souffrance et la frustration ne débouchent pas toujours sur la colère et l'action agressive qui pourrait venir l'exprimer, mais souvent aussi sur *la honte*. Nous ressentons la honte lorsque notre estime de nous-mêmes est blessée, lorsque nous nous sentons « pas comme il faut ». Une des caractéristiques de la honte, c'est l'importance du regard : nous sommes honteux lorsque nous sommes vus, pris en défaut, ou lorsque nous nous imaginons que nous le sommes, ou encore quand nous nous regardons nous-mêmes de l'extérieur.

C'est un sentiment archaïque, souvent apparemment irrationnel, qui n'implique aucune interrogation sur la justice ou la responsabilité : c'est ainsi que les personnes victimes d'exclusion, de discrimination, de violences ou d'humiliation ressentent souvent de la honte. On a même parfois honte de sa naissance ou de la couleur de sa peau, ou des méfaits qu'on a subis[13]. La honte est un sentiment extrêmement douloureux et paralysant : au lieu d'inciter la personne à agir pour améliorer sa situation, elle la conduit souvent à s'« enfoncer » (voir par exemple les comportements de « trac »). C'est ce qui en fait, pourrait-on dire, un sentiment anti-politique. Mais nous verrons aussi que c'est un sentiment précieux en ce qu'il révèle notre profonde sensibilité morale à autrui[14].

Puisque nous sommes dans les émotions morales, disons un mot de *la culpabilité*. C'est un sentiment plus rationnel et plus mûr, qui renvoie à une conception du bien et du mal : alors que j'ai honte quand je ne me sens pas assez bien aux yeux des autres, je me sens coupable quand je pense, moi-même, que j'ai effectivement fait quelque chose de mal, quand j'ai enfreint un principe moral valide à mes yeux.

C'est du moins ainsi que les choses devraient se passer. Mais on constate cependant parfois des culpabilités irrationnelles, notamment dans trois cas, qui entraînent tous les trois des enjeux politiques. D'une part, comme on l'a vu, je peux ressentir de la culpabilité non pas parce que j'ai fait quelque chose de mal, mais simplement parce que je jouis de privilèges ou de chances dont d'autres sont privés[15]. D'autre part, je peux également la ressentir lorsque j'enfreins un principe moral que je ne considère pas aujourd'hui comme valide, mais qu'on m'a inculqué précocement. Même si, intellectuellement, je me considère comme «innocent», je peux continuer à ressentir, sur le plan émotionnel, une culpabilité d'autant plus intense et perturbatrice qu'elle est déniée. Cette situation peut notamment se rencontrer chez les personnes en mobilité sociale ou en migration, qui se sont intégrées à une nouvelle société, mais qui continuent à porter en eux les valeurs de leur groupe d'origine. Enfin, on a souvent observé que les victimes de malheurs d'origine naturelle (catastrophes...) ou sociale (oppressions, violences...) ressentent également de la culpabilité. Il semble qu'on puisse l'expliquer par une «croyance en la justice du monde» irrationnelle mais quasi-universelle qui conduit à un raisonnement du type «s'il m'arrive une chose pareille, c'est que je dois l'avoir méritée quelque part...»[16]. Il faut enfin prendre en compte le phénomène décrit pas Jasper sous la désignation de culpabilité existentielle[17] : le simple fait que le mal existe dans le monde où je vis ne me laisse pas indifférent.

Parfois, une culpabilité non authentique (c'est-à-dire non justifiée par une faute réelle) peut avoir une fonction positive en me permettant de sortir d'une position de passivité vis-à-vis de ce que j'ai vécu et notamment des expériences traumatisantes : si je pense n'avoir été qu'une victime impuissante, je risque de rester définitivement marqué par ces expériences, de les traîner comme un fardeau jusqu'au bout de ma vie sans jamais réussir à avoir prise dessus. Par contre, si je crois (même à tort, d'un point de vue rationnel ou réaliste) que je suis pour partie responsable de ce qui m'est arrivé, je peux me le réapproprier et en faire quelque chose qui ne sera pas uniquement mortifère, notamment dans le domaine de l'action publique[18].

Après ce premier début d'exploration, on commencera peut-être à trouver que le monde sociopolitique est non seulement passionnant, mais particulièrement sombre : n'y éprouve-t-on que des sentiments douloureux et orientés vers l'agression ou l'auto-agression? Bien sûr que non, il est temps effectivement de l'illustrer par une nouvelle série d'exemples.

Commençons par un exemple de transition, puisqu'il relève toujours en partie de la colère : *l'indignation*. C'est l'émotion que nous éprouvons lorsque nous constatons une situation d'injustice, et qui nous conduit à la dénoncer et à inviter ceux qui sont autour de nous à agir avec nous pour la faire cesser. Ce sentiment est essentiel à la vie politique, et de nombreux discours de mobilisation visent précisément à l'éveiller. Il peut lui aussi être extrêmement intense et donner lieu à des comportements emportés, irrationnels, voire parfois violents ou injustes (lorsque l'on s'en prend à celui qui n'est pourtant pas réellement à l'origine de l'injustice, mais seulement son agent ou son témoin impuissant, comme lorsque des salariés licenciés s'en prennent aux cadres de proximité ou aux élus locaux). Il transcende ainsi la séparation entre l'esprit et le corps, si l'on peut dire, puisque sa source se trouve dans des idéaux élevés, parfois très abstraits (l'égale dignité pour tous, par exemple), mais que son expression peut mobiliser toutes les manifestations végétatives de la passion la plus «tripale».

Non loin de celle-là, il faut citer ce qu'on pourrait nommer la passion de *l'utopie* : celle qui s'empare des hommes qui s'attachent à concevoir en imagination un monde meilleur, puis qui entreprennent de le faire advenir dans la réalité. Là encore, on a une source «intellectuelle», encore plus que dans le cas des idéaux moraux qui déclenchent l'indignation, puisque le plaisir qu'on a à concevoir le projet relève souvent au moins autant de critères esthétiques ou mathématiques que de critères de justice. Pourtant, la passion que les hommes qui ont conçu ce projet ou qui ont été séduits par lui vont mettre à le défendre, à le promouvoir, à le faire triompher de ceux qui s'y opposeront, pourra atteindre des excès qui ont souvent été notés. Qu'il s'agisse des hommes des révolutions française ou américaine, des utopistes du XIXe siècle, des communistes et des nazis du XXe, ils ont ressenti des enthousiasmes et déployé une énergie, et souvent une violence, qui relèvent clairement de la passion.

Parmi les émotions présentes dans la vie sociale et politique, il nous faut aussi mentionner, bien entendu, *l'amour. Les* amours, devrais-je dire, tant les modèles de l'amour sont divers dans notre culture. Et on les retrouvera tous dans l'expérience sociale et politique. A commencer par les trois formes classiques, distinguées par Aristote[19] : *philia*, l'amour fonctionnel, pourrait-on dire, celui qui m'attache à ce qui est bon pour moi (le salarié aimera son employeur qui le nourrit, l'ambitieux aimera son patron qui lui ouvre la carrière); *agapè*, l'amour universel que je suis capable de ressentir, sans aucune discrimination, envers tous les êtres (à la base de beaucoup des valeurs centrales de la démocratie); *éros*, au sens classique, cette expérience du dépassement de soi au travers de la poursuite de l'autre (un autre qui pourra aussi bien être un personnage politique fascinant ou un idéal de pureté). Et puis les formes plus récentes : l'amour-passion[20], cette fatalité douloureuse qui n'entraînera qu'une suite d'épreuves et débouchera sur la fusion dans la mort (que rappelleront bien des histoires de militantisme sacrificiel); et l'amour-liberté, ce surgissement du désir capable de bousculer tout ordre par sa seule force (ce *vent du désir* qui souffla si vigoureusement en 1968). Freud et ses successeurs, bien sûr, nous apprendront à décoder la complexité de ces configurations amoureuses, à reconnaître le père sous la figure du chef ou du dirigeant politique[21], la mère sous l'idéal de bonté et de beauté. Nous verrons les affects se déplacer de l'individu au groupe et du groupe à l'individu, et bien sûr tout cela se mêler d'une ambivalence omniprésente.

Enfin, nous ne pouvons pas terminer ce panorama sans souligner que la *joie* fait aussi partie de l'expérience politique. A commencer bien sûr par la joie toute simple de la victoire. Résultat positif d'une élection, satisfaction d'une revendication, libération d'un militant emprisonné : comme toutes les actions, l'action politique apporte parfois la joie de la réussite, qui peut-être d'autant plus grande que c'est une joie partagée, qu'elle a pu être attendue longtemps et dans l'angoisse, et aussi que cette joie du moment peut toujours être perçue comme l'ouverture vers d'autres joies à venir.

Mais l'expérience politique comporte aussi ses formes singulières de joie, notamment ces moments d'exaltation singulière, dans les périodes de révolte contre l'ordre établi, qu'Alberoni[22] a rapproché des situations d'amour naissant. On retrouve les mêmes sensations, également enivrantes, qui ont conduit d'autres à un rapprochement avec l'orgasme[23] : « L'homme qui les éprouve a l'impression qu'il est dominé par des forces qu'il ne reconnaît pas comme siennes, qui le mènent, dont il n'est pas maître [...] il se sent comme transporté dans un monde différent de celui où s'écoule son existence privée. La vie n'y est pas seulement plus intense, elle est qualitativement différente. [...] L'individu se désintéresse de lui-même, s'oublie, se donne tout entier aux fins communes. [... Ces forces] éprouvent le besoin de se répandre pour se répandre, par jeu, sans but. [...] A ces moments, il est vrai, cette vie plus haute est vécue avec une telle intensité et d'une manière tellement exclusive qu'elle tient presque toute la place dans les consciences, qu'elle en chasse plus ou moins complètement les préoccupations égoïstes et vulgaires »[24].

LE TRAVAIL SUR L'ÉMOTION

Ainsi, de toute évidence, le monde social et politique n'est pas le lieu où l'on trouvera la tranquillité de l'âme. Pour certains, ce sera une raison pour s'en détourner et se concentrer sur sa vie intérieure ou, plus prosaïquement, sur son intérieur familial. J'ai déjà dit en quoi cette voie me paraît éthiquement faible[25]. Pour qui choisira au contraire et malgré tout de s'engager, cela signifie le choix de se confronter de plein fouet aux émotions les plus intenses et les plus complexes.

C'est ici qu'une possibilité de convergence peut apparaître avec le travail psy. Car les formes modernes de travail psychologique, celles en tout cas que j'ai choisies pour m'accompagner dans cette exploration, ont toutes en commun de refuser la tentation du rêve ataraxique et d'inviter au contraire leur client à regarder en face la complexité et la richesse de sa vie émotionnelle, non pour s'en débarrasser, mais pour s'en faire une ressource.

Comme l'ont pointé de nombreux auteurs[26], nous sommes, faute d'un accompagnement éducatif approprié dans ce domaine, de véritables analphabètes des émotions. Il va donc falloir, pour la première fois, nous éduquer à vivre avec nos émotions. Mais il y aura aussi une part de rééducation, dans la mesure où l'éducation que nous avons reçue nous aura aussi appris à réprimer nos manifestations émotionnelles : «Ne pleure pas», «ne crie pas» (ni ta colère ni ta joie), tous les enfants ou presque ont entendu de telles injonctions.

D'abord, donc, *ressentir*. Les émotions sont des événements de notre corps qui ne se présentent pas spontanément à notre conscience sous une forme déchiffrable. Il va nous falloir apprendre simplement à être à l'écoute de ce qui se passe pour nous à un moment donné (l'*awareness* chère aux Gestalt thérapeutes). Cet apprentissage passera par une véritable ressensibilisation corporelle : ces obscurs signaux qui remontent de notre abdomen, de notre cage thoracique, de notre gorge ou de nos mâchoires, il va falloir apprendre d'abord à les détecter, puis à affiner la perception que nous en avons. Mais nous devons aussi développer notre sensibilité aux vécus imaginaires : ces associations d'idées, ces fantasmes, ces impulsions d'action qui nous envahissent comme malgré nous, il va également falloir les laisser venir à notre conscience sans trop vite les censurer. Éventuellement, nous apprendrons aussi à identifier les signes émotionnels émis par les autres, mais sans oublier que les sources d'erreur sont ici très grandes.

Puis nous apprendrons à *identifier* et à nommer ces émotions. Certaines approches psy proposeront pour cela des modèles très simplifiés. Par exemple, on parle de quatre émotions fondamentales, dont toutes les autres seraient dérivées : la joie, la peur, la colère et la tristesse. J'avoue ne pas très bien savoir d'où vient cette liste, qui fait bien peu justice à l'infinie complexité de notre vie émotionnelle. Si l'on voulait citer les émotions qui suscitent les réactions corporelles les plus visibles, il faudrait au moins ajouter le dégoût, la honte, le désir sexuel, la tendresse et l'excitation curieuse[27]. Mais pourquoi s'imposer cette contrainte ? Des émotions bien moins identifiables sur le plan des manifestations peuvent revêtir la plus grande importance tant sur le plan politique que psychologique. En fait, il me semble qu'une telle liste restrictive a surtout pour fonction, dans le travail psy, d'obliger les personnes à se reconnaître dans de «véritables» émotions, et à ne pas fuir, lorsqu'on leur demande ce qu'elles ressentent, vers des pseudo-réponses du type «je ressens qu'il s'est passé telle chose», ou «je ressens qu'il ne m'a pas compris». Mais passons : ce qui est sûr et précieux, c'est que le travail psy nous fournira l'occasion d'apprendre à parler de nos émotions et de celles des autres.

Nous apprendrons aussi combien les émotions ont une fâcheuse tendance à jouer à cache-cache. D'abord, elles jouent volontiers à se déguiser les unes dans les autres : je crois que je suis triste, alors qu'en réalité je suis en colère (mais je m'interdis de l'être ou de le reconnaître, pour une raison ou pour une autre). Je peux, d'autre part, parfois ressentir des émotions qui ne sont pas à proprement parler les miennes mais qui ont été induites par les autres : ils me les ont en quelques sorte «refilées». Inversement, je peux m'arranger pour utiliser l'autre pour qu'il me donne l'occasion de ressentir une émotion donnée dont j'éprouve, pour une raison ou pour une autre, le besoin (on parle alors parfois de *racket* émotionnel). Enfin, je peux ressentir aujourd'hui une émotion qui, contrairement à ce que je vais peut-être penser dans un premier temps, trouve sa source non dans l'expérience présente, mais dans une expérience passée, voire très ancienne, qui vient en quelque sorte envahir la situation d'aujourd'hui. Si je tombe dans l'un de ces quatre pièges, je risque de me méprendre (plus ou moins intentionnellement, mais bien sûr pas délibérément) sur la réalité de mon état émotionnel : on dit que je suis *inauthentique*. Ce n'est pas un jugement de valeur mais simplement la désignation d'une erreur, d'une méconnaissance. Inversement, ma formation émotionnelle me permettra de devenir toujours plus authentique, c'est-à-dire d'avoir une conscience plus claire et plus juste de mes expériences émotionnelles. Parfois, cela demandera un travail thérapeutique car cela supposera de ma part des changements profonds dans ma relation aux autres et à mon passé.

Parfois, je devrai aussi apprendre à *supporter* les formes intenses d'expression émotionnelle : quelqu'un qui pleure ou qui crie (ou qui frappe), cela peut me mettre mal à l'aise, voire me paralyser totalement dans la suite de l'interaction, ou susciter chez moi, en retour, des réactions émotionnelles gênantes. Si, moi-même, je suis saisi par un tel comportement intense, il se peut aussi que cela me mette également très mal à l'aise, sur le moment ou ensuite. J'en éprouverai souvent de la honte, ce qui risque de renforcer mes tendances au blocage des ressentis.

Il faudra aussi que nous apprenions à *accepter* ces émotions en nous, et même à les *aimer*. D'une part, nous l'avons dit, elles ont été réprimées dans notre éducation, on nous a appris que au moins certaines d'entre elles étaient mauvaises ou honteuses (la tristesse pour les garçons, la colère pour les filles, par exemple). Et puis, de toutes façons, elles nous choquent car elles heurtent notre aspiration à l'autonomie par leur caractère passionnel : nous prétendons être maîtres de nous-mêmes, et voici que « quelque chose » s'impose à nous sans que notre volonté y puisse rien. Une stratégie fréquente des psy pour faire avaler la pilule consiste à souligner leur fonction adaptative : la peur prépare la fuite, la colère prépare la défense ou l'attaque, le désir favorise la reproduction, le dégoût évite l'empoisonnement, etc. On combat ainsi l'idée que certaines émotions serait positives (celles qui sont agréables), et que d'autres seraient négatives : même celles qui sont désagréables sont positives, puisqu'elles sont utiles. Mais cela me paraît une stratégie bien pauvre : d'une part, la forme que prennent aujourd'hui pour nous ces émotions est bien éloignée de celle qu'elles devraient avoir pour être le moins du monde adaptatives, d'autre part de nombreuses émotions purement sociales (des créations historiques, comme *agapè* ou l'indignation) n'ont évidemment aucune fonction adaptative au sens biologique. Et puis, cela entérine l'idée que tout ce qui est en nous de naturel serait bon, et que tout ce qui ne le serait pas (tout ce qui viendrait du social) serait à rejeter, vision pseudo-rousseauiste que nous avons déjà discutée[28] et sur laquelle nous allons revenir très bientôt.

Il me semble que la seule voie qui puisse réellement aboutir à l'acceptation de nos émotions est celle qui nous conduit petit à petit à les reconnaître comme *nôtres*, à percevoir combien elles sont parties intégrantes non de notre espèce (la belle affaire), mais de notre personne : si elles n'étaient pas là, je ne serais pas celui que je suis. Bien entendu, cette voie-là est moins rapide, elle ne saurait passer par un simple exposé de biologie évolutionniste : ce n'est que l'expérience souvent répétée de l'expression et de la communication des émotions dans un contexte favorable (la séance d'analyse ou de thérapie, le groupe de développement), qui me permettra de les apprivoiser, ou plutôt de me laisser apprivoiser par elles. Et ce ne sera jamais totalement acquis, car notre relation à nos passions est vouée, par définition, à demeurer toujours conflictuelle : elles *me dérangent*, et c'est bien ce qui fait leur valeur.

Enfin, il faudra apprendre à *communiquer* sur les vécus émotionnels : les exprimer aux autres, recevoir l'expression des leurs, échanger ensemble pour en dégager la signification. J'apprendrai d'abord à cette occasion à faire sur les émotions des autres ce que j'ai appris à faire sur les miennes : en reconnaître les signes, les identifier et les accepter. L'échange favorisera une réalisation plus fine de ces trois tâches, puis permettra surtout de clarifier l'enjeu relationnel de ces vécus : pourquoi surviennent-ils maintenant, ici, entre nous ? Que pouvons-nous en faire ?

Tous ces apprentissages sont utiles pour toute personne, quelle qu'elle soit et dans à peu près toutes les circonstances de la vie. Cela s'applique donc, et il me semble tout particulièrement à celui qui entreprend de se mêler de politique. Que l'on soit élu local ou candidat, militant syndical ou animateur d'une association, on sera confronté souvent aux réactions émotionnelles des autres, et aux siennes propres. Ne pas nier ces réactions, ni chez soi ni chez les autres, ne pas les dévaloriser au motif qu'elles ne sont « pas raisonnables » et qu'on est ici « entre gens sérieux », c'est s'offrir une chance de faire un travail politique plus vrai, plus authentique, donc plus efficace et plus juste.

APPRENDRE LE CONFLIT

Avant d'en terminer avec cette évocation du travail émotionnel en psy, je voudrais dire un mot d'une question qui y est fortement associée, celle du *conflit*. Ce mot désigne, dans la langue française, deux choses différentes : d'une part, l'existence d'un *désaccord* (les deux parties ont des intérêts ou des désirs opposés qui sont totalement ou partiellement incompatibles, pour des raisons objectives ou subjectives), d'autre part, l'apparition d'un *affrontement* (les deux parties, ou même une seule, développent des actes qui visent à remporter une compétition, à faire reculer l'autre). Les deux aspects sont d'ordre différent (une situation de fait d'un côté, des comportements de l'autre), et sont relativement indépendants (il peut y avoir désaccord sans affrontement, si aucune des deux parties ne décide de passer à l'action, il peut y avoir affrontement sans désaccord, si le jeu d'affrontement présente une valeur en lui-même).

Deux choses, en tout cas, sont sûres : d'une part, le politique est un monde où les conflits sont nombreux (même si, contrairement à ce que défendent certains, le politique ne se réduit pas au conflit) ; et, d'autre part, le conflit est, dans notre culture, fortement dévalorisé, il est perçu comme une mauvaise chose. Ce second point s'explique, je pense, par deux facteurs culturels : d'une part, le christianisme a diffusé l'idée d'une société harmonieuse, faite de frères s'aimant les uns les autres et que rien d'important ne peut diviser tant ce qui les unit (l'amour du Christ, la perspective du jugement dernier) est supérieur ; d'autre part, la civilisation des mœurs[29] a conduit à l'idéal d'une cité paisible, non violente, où tout le monde adopterait en permanence et envers tous les autres des comportements calmes et réservés, *policés*. La première dynamique débouche sur une condamnation du désaccord (en tout cas dès qu'on lui attache une importance excessive, c'est-à-dire émotionnelle), et la seconde sur une condamnation de l'affrontement, en tout cas dès qu'il devient un peu passionné. Or, les désaccords politiques sont généralement graves, en raison des valeurs engagées et des conséquences collectives qui peuvent en découler, et les affrontements politiques sont souvent vifs, pour les mêmes raisons.

Notre éducation émotionnelle est l'héritière de ces deux dynamiques historiques (et de quelques autres) : elle est configurée pour faire de nous des individus adaptés à un monde où règnent, superficiellement, les valeurs d'harmonie et d'entente. Cela a une conséquence tout simple : *nous n'aimons pas le conflit*. Nous préférons nier l'existence des désaccords ou minimiser leur importance, et surtout nous évitons autant que possible les affrontements : nous vivons ces situations comme éminemment pénibles, dangereuses, moralement laides et dans l'ensemble infécondes, voir destructrices. Il est vrai, d'ailleurs, que les conflits sont parfois destructeurs, ne serait-ce que parce que nous nous y engageons en pensant, *a priori*, qu'ils le seront et qu'ils doivent l'être. Certains peuvent même développer des compétences spécifiques en ce domaine, provoquer intentionnellement (ce qui ne veut pas dire consciemment) des conflits et notamment des affrontements désagréables, pour utiliser stratégiquement (dans un but politique ou psychologique) cette peur du conflit[30].

Mais le principe même de la démocratie repose sur l'idée que le conflit est nécessaire et créateur : pour qu'une société soit viable et progresse, il n'est pas nécessaire que tout le monde pense ou vive pareil, que tous les actes de la vie humaine s'insèrent à leur place dans une mécanique bien huilée, dans un ordre fixé de l'extérieur et pour toujours. Au contraire, l'ordre social et le progrès peuvent émerger de la confrontation de visions différentes qui, se rencontrant et s'affrontant, permettent de dégager un consensus, c'est-à-dire non pas une unanimité (chacun peut bien continuer à penser ce qu'il veut) mais un accord raisonnable tenant compte des positions de tous et accepté par tous.

Cela signifie qu'il y a une opposition nette entre notre constitution émotionnelle, telle qu'elle résulte de notre éducation, et le projet politique auquel nous sommes pourtant associés. D'où une des motivations les plus souvent avancées pour ne pas s'engager en politique[31] : c'est un monde de chiffonniers, où l'on passe son temps à cultiver les divergences et les stratégies d'opposition, à «s'engueuler» pour des raisons pas toujours très lisibles ou authentiques, et de manière pas toujours très correcte. Bref, tout le contraire de cette qualité relationnelle à laquelle nous aspirons dans notre vie personnelle. Comme je l'ai déjà évoqué, cela peut conduire à laisser le champ politique entièrement libre à ceux qui trouvent dans le conflit des bénéfices intrinsèques, plus ou moins caractériels[32], ce qui n'est évidemment pas souhaitable. En tout cas, cela tend à écarter les femmes qui, en raison de l'éducation spécifique qu'elles reçoivent, sont souvent plus sensibles à ces désagréments que les hommes.

Le développement de l'engagement passe donc, sur le plan émotionnel, par un travail de revalorisation du conflit. Et la psy, en particulier dans les stages de développement personnel et de communication, pourrait y apporter une précieuse contribution. Or, il se trouve qu'elle ne le fait pas : comme cela a déjà été signalé plus haut par la critique[33], il règne souvent dans les groupes de psy un climat de positivité relationnelle, unanimiste, voire édénique qui rappelle beaucoup ce que Anzieu[34] avait nommé l'illusion groupale : nous sommes un bon groupe, nous nous aimons, nous avons le meilleur animateur, il nous aime et nous l'aimons. Dans un tel contexte, les conflits sont évidemment très rares et, lorsqu'ils surviennent, sont rapidement étouffés ou recodés en termes purement psy (problèmes de transfert, notamment). On peut comprendre qu'un animateur soit tenté d'entretenir un tel climat : c'est un contexte de travail agréable, et qui peut être très favorable par ailleurs à certains types de travaux thérapeutiques, qui requièrent que les personnes se sentent préalablement tout à fait en confiance. On peut aussi comprendre que les participants aspirent à ce type de climat, très doux et gratifiant. Mais cette tendance tombe très clairement sous le coup du reproche d'aveuglement : on prétend accompagner des personnes dans une meilleure appropriation de leur propre vie, en créant un climat irréaliste, dont sont écartés certains des paramètres essentiels de cette vie, en l'occurrence, ici, le conflit.

C'est contre cette dérive unanimiste des pratiques psychosociologiques que s'étaient notamment insurgés, dans les années 60-70, les animateurs des divers courants d'Analyse Institutionnelle[35] : eux, au contraire, souhaitaient que le conflit soit présent et pris au sérieux dans leurs interventions, et pas seulement le conflit interpersonnel mais le conflit social et politique, celui qui oppose les classes sociales ou les sexes, à propos de la répartition du pouvoir et de l'argent. Comme on le sait, ce courant a pratiquement sombré corps et âme dans la vague de dépolitisation des années 80. Il y a pourtant là une expérience dont on pourrait s'inspirer pour la réinsuffler, partiellement, dans les pratiques d'aujourd'hui.

NOUS DEVONS ÊTRE UN PEU PLEURARDS

Nous pourrions nous en tenir là pour ce chapitre. Cependant, je trouve qu'il reste toujours une ambiguïté dans ce travail psychologique sur les émotions : le but, finalement, n'est-il pas toujours le même, *s'en débarrasser*? Dire qu'on se propose d'avoir une conscience claire de ses émotions et de les « gérer » ou d'en faire une « intelligence », n'est-ce pas dire, au fond, dans la plus pure tradition des voies de sagesse traditionnelle, qu'on vise à leur ôter ce qui fait d'elles, précisément, des émotions et des passions : leur force impérieuse, irrationnelle ?

S'il me paraît nécessaire de revenir encore sur cette question, c'est qu'elle ne me semble pas neutre *politiquement*. Une manière un peu crue de formuler l'intuition qui m'anime serait la suivante : *la raison est (plutôt) « de droite » alors que l'émotion est (plutôt) « de gauche »*. Je me réfère ici à l'une des définitions classiques de l'opposition entre gauche et droite en politique : la première se mobilise sur l'idée qu'il est possible d'agir volontairement pour améliorer les conditions de la vie sociale, alors que la seconde considère qu'il vaut mieux l'éviter (soit parce qu'on pense qu'il n'est pas souhaitable que les choses changent, soit parce qu'on pense que les changements spontanés, non délibérés, valent mieux que les changements volontaires). Autrement dit, l'hypothèse serait que l'émotion incite à l'engagement, alors que la raison déboucherait plutôt sur le désengagement. Une autre formulation pourrait être : l'émotion est pro-civique alors que la raison est anti-civique. Qu'est-ce que cela signifie ?

Le point de départ commun est donc le constat d'une situation sociale non satisfaisante, voire inacceptable (danger, injustice, etc.). Face à ce constat, la première réaction sera émotionnelle : peur, indignation, colère, compassion, etc. Cette réaction pourra être la source d'une mise en mouvement (c'est bien ce que désigne le mot même d'«émotion»), d'une mobilisation individuelle et collective, qui apportera son lot de nouvelles émotions encourageant à continuer (joie, amour, etc.). Inévitablement viendra cependant un moment où entrera en scène la raison : il faudra bien discuter le sens du problème auquel on s'attaque, les différents changements envisageables, les moyens à mettre en œuvre, les chances de succès et d'échec, etc. Or, l'expérience courante montre que ces discussions, si elles sont purement rationnelles, déboucheront souvent sur une démobilisation, parce que, insensiblement, on glissera vers l'une des trois figures de la rhétorique réactionnaire décrites par Hirschman[36] : *l'effet pervers* (en croyant viser quelque chose, nous risquons de produire l'inverse), *l'inanité* (quelque soient les efforts que nous déploierons, nous n'aboutirons à rien, car nous nous heurtons à des forces trop puissantes) et *la mise en péril* (notre volonté, compréhensible, d'améliorer un aspect des choses risque de remettre en cause les fondements même de notre société). Hirschman a eu beau tenter de produire des arguments rationnels à l'encontre de ces thèses, l'observation de la vie politique réelle suggère que la seule force qui puisse réellement en triompher est émotionnelle : notre tête a beau nous dire qu'il ne faut rien tenter, notre cœur nous commande de nous mobiliser. Ce que résume le principe souvent cité : «Dans une société injuste, être raisonnable, c'est s'en faire une raison».

Cette intuition peut être rapprochée d'un certain nombre de travaux. Je n'en citerai que deux, seulement à titre d'illustration. J'ai déjà (chap. 5) mentionné les réflexions de Hirschman, à nouveau, sur le choix entre «défection» (si je ne suis pas content, je m'en vais) et «prise de parole» (j'agis pour que ça change). Selon cet auteur, la première solution est tellement plus facile que, pour que la seconde ait la moindre chance d'apparaître, doivent intervenir des facteurs de «loyauté», qui semblent bel et bien relever du registre émotionnel[37]. Je mentionnerai aussi ces réflexions de Christine Delphy à propos de la mobilisation féministe, qui la conduisent à une interrogation générale sur la fonction de l'intellectuel dans l'engagement politique : «L'une de ces intuitions, c'est le rôle primordial que doit jouer la colère, dans notre travail [...] La seule raison valable d'étudier le travail ménager est que des millions de femmes, chaque jour et chaque minute, souffrent dans leur chair d'être "rien que des ménagères". En faire un problème académique, c'est nier, pire, insulter cette souffrance [...] Et la seule façon de ne pas oublier la souffrance des autres, c'est de commencer par reconnaître la sienne [...]. Ce n'est pas facile, et ne va pas de soi [...] Car il n'est pas facile, contrairement à ce qu'on croit, d'être et surtout de rester en colère. C'est un état douloureux : car rester en colère, c'est garder à l'esprit en permanence la cause de cette colère, c'est nous souvenir sans cesse de ce que nous voulons, de ce que nous devons oublier au moins par moment pour pouvoir survivre : que nous sommes, nous aussi, des humiliées et des offensées »[38].

Devons-nous alors, si nous prenons la politique au sérieux, cultiver la déraison ? Et une telle entreprise a-t-elle la moindre chance de succès dans un univers culturel dominé, depuis trois millénaires, par la volonté d'écarter ou, aujourd'hui, de « gérer » les passions ?

C'est le moment de faire remarquer que, de ce point de vue, notre univers culturel n'est pas homogène. A côté du courant que j'ai nommé « ataraxique », il est vrai largement dominant, nous pouvons en suivre un autre, qui au contraire reconnaît pleinement et met en valeur la passion. Comme pour tout trait culturel majeur, il est impossible de lui assigner une source. Dans la philosophie grecque déjà, Marianne Massin[39] a pu détecter, même chez Platon, la présence nécessaire, dans la recherche de la sagesse et de la vérité, du ravissement, de l'abandon, de la possession. Mais c'est une figure encore minoritaire et ambiguë. La première représentation fondatrice de l'« homme de passion » se trouvera chez les prophètes de l'ancien testament et aboutira à l'image proprement inouïe du Christ. Que l'on se représente ce quasi scandale : un être qui se donne pour fils de Dieu et Dieu lui-même mène une vie terrestre, où l'on retrouve sans aucun fard toute la gamme des émotions les plus humaines, colère, tristesse, doute, amertume, et aboutit à une mort que l'on désignera précisément comme passion, où l'on retrouve tout ce que la mort humaine peut avoir de misérable : une condamnation subie et injuste, vécue dans la souffrance, l'impuissance et l'angoisse. Quel contraste, par exemple, avec la mort de Socrate, buvant sereinement la ciguë malgré l'injustice de la condamnation qui le frappe, ou plus encore avec la fin du Bouddha, choisissant lui-même, à 84 ans, le moment de son « Extinction complète », qui sera suivie de funérailles solennelles, « semblables à celles des plus grands rois » ?

Bien entendu, cette image étonnante du Christ souffrant mettra quelques siècles à prendre réellement toute sa place dans la culture chrétienne (l'iconographie nous le montre d'abord sous les traits d'un roi en majesté ou d'un maître du savoir), mais elle gagnera peu à peu du terrain pour finir par donner lieu à des représentations et à des pratiques de piété toujours plus exacerbées à partir du milieu du moyen âge. Mais, surtout, elle sera peu à peu relayée par d'autres représentations, notamment dans le domaine littéraire, qui généraliseront le thème de la passion à d'autres domaines de la vie humaine, à commencer par l'amour : du *dol d'amour* de Tristan et Iseult à la fin, sombre mais grandiose, de *Don Juan*, puis aux tourments du narrateur de la *Recherche du temps perdu*, se construit l'image d'une *vérité de la passion* : le chemin d'une véritable compréhension de l'homme, et la conquête de sa propre humanité par chacun, passeraient par la reconnaissance de ces aspect misérables de lui-même.

Sur le plan philosophique, ce sont surtout les courants existentialistes qui, contre les discours longtemps dominants, ont travaillé à cette reconnaissance. J'ai déjà longuement cité au début de ce chapitre les propos de Chalier, relayant ceux de Levinas, contre la prétendue sagesse de ceux qui prétendent trouver la tranquillité dans le retrait hors du monde. On pourrait aussi longuement analyser, de ce point de vue, la contribution fondatrice de Kierkegaard. Je voudrais seulement citer un passage peu connu des *Carnets de la drôle de guerre* de Sartre, qui a fourni son titre à cette section : « Toutes ces fameuses diatribes épicuriennes et stoïciennes contre les amoureux (un grand cheval leur paraît d'une taille élancée, une boiteuse a un charme capricieux dans la démarche) ne sont que stratagèmes jésuitiques et slogans, car il est vrai que la grâce est cachée dans la boiterie de telle femme, il n'est que de l'y découvrir. Aveugles et sourds, voilà les stoïciens. Par principe, parce que la fin justifie les moyens. Le stoïcien est un pragmatiste qui recourt à la violence et au mensonge à soi pour atteindre son but. Que faire alors ? Eh bien, il faut plutôt souffrir et geindre et pleurer mais ne jamais se voiler la valeur des choses. L'authenticité exige que nous soyons un peu pleurard. L'authenticité est la vraie fidélité à soi. Ce que je dis de l'amour, je le dirai aussi de la vie. Il est dur de quitter la vie. Celui qui soudain se guinde et pense la quitter sans regret, celui-là est dupé, de façon ou d'autre »[40]. On sait combien Sartre, dans son propre engagement public, a pu se laisser diriger par ses émotions, et notamment la colère et l'indignation, même, parfois, à l'encontre de ce que sa raison aurait pu lui commander et, il faut bien le dire, pour le pire comme pour le meilleur.

RETOUR SUR L'OPPOSITION ENTRE ÉMOTION ET RAISON

Si l'acceptation de l'émotion, dans toute sa portée passive, est la condition d'une véritable existence politique, cela signifie-t-il que nous devrons systématiquement prendre son parti, et combattre la part de la raison en politique ? Je ne le crois pas, pour des... raisons qui feront l'objet du chapitre suivant. Ce qui est ici véritablement en cause, c'est le statut même de l'opposition entre raison et émotion : ce qu'il nous faut réussir à penser et à éprouver, contre des siècles de tradition, c'est au contraire le rapprochement entre les deux. Je ne ferai ici qu'esquisser cette piste de recherche, qui pourrait se dérouler sur deux plans.

Sur le plan *fonctionnel*, d'abord : la place qu'occupent respectivement raison et émotion dans notre propre vie. Nous sommes habitués à les opposer alors que, si l'on adopte un point de vue différent, il est au contraire possible de les rapprocher. Je m'appuierai ici sur les travaux de Kaufmann[41]. A partir d'objets d'enquête apparemment anodins (le soin du linge, le ménage, les seins nus sur les plages), il est parvenu à redonner toute sa place à ce qui lui paraît le socle essentiel de l'existence humaine : *l'habitude*, cet ensemble de mécanismes silencieux qui nous conduisent en permanence dans la plupart des gestes de notre vie. Du point de vue de ce qui nous occupe ici, le psy et le politique, l'habitude présente deux caractéristiques essentielles. Côté psy, elle a l'avantage d'être confortable, voire agréable : sans même m'en rendre compte, je fais les gestes qu'il faut au moment où il faut, sans y penser, et donc sans aucune pénibilité, ni mentale, ni physique. Côté politique, elle a un inconvénient, c'est d'être entièrement vouée à la reproduction : mes habitudes viennent de mon passé et tendent à reproduire aujourd'hui les conditions de mon existence d'hier. Autrement dit, l'habitude est le principal obstacle à une attitude politique, c'est-à-dire à toute tentative d'agir de manière délibérée sur mes conditions d'existence (le cas de la répartition des tâches ménagères dans le couple est particulièrement démonstratif).

Et pourtant, il arrive que l'habitude soit prise en défaut, que quelque chose de neuf survienne. Non sans peine, au double sens du mot : il faudra surmonter la puissance conservatrice de l'habitude, et assumer le désagrément psychologique d'une existence qui aura, temporairement, perdu ses repères habituels. Sur quoi, alors, pourrons-nous nous appuyer ? Kaufmann décrit deux ressorts : d'une part, la sensation ou l'émotion, qui nous préviennent parfois que «quelque chose ne peut pas continuer comme d'habitude»; d'autre part, la réflexivité, qui nous conduit, au sens propre, à mettre notre vie en questions. Certes, les deux sont un peu (et parfois très) désagréables, comparés à la paix silencieuse de la routine, mais il faut en passer par là pour prétendre conduire soi-même sa propre vie. On voit le changement de perspective : l'opposition essentielle ne passe pas entre l'émotion et la raison mais entre l'habitude, cette masse énorme et inerte, partie immergée de nos comportements, et les deux forces qui, chacune à leur manière, tentent d'en enrayer et d'en réorienter les mécanismes aveugles. Et on voit que ce changement de perspective se généralise sans difficulté de la vie privée à la vie politique : celle-ci, également, est dominée par des processus conservateurs massifs et implacables, et la raison, d'une part, l'émotion, d'autre part, plutôt que de s'opposer, se rejoignent dans la tentative, toujours difficile, de réintroduire dans l'histoire un peu de sensibilité et un peu de volonté[42].

Le projet de réduction du fossé entre raison et émotion doit aussi être conduit sur le plan *ontologique* : il s'agit de remettre en cause la différence de nature entre les deux domaines. D'une part, cela nous conduira à sortir d'une vision idéaliste de la raison désincarnée (nous y viendrons au chapitre suivant). D'autre part, nous devrons remettre en cause la vision classique de l'émotion[43]. Celle-ci, qui remonte au moins à Platon, repose essentiellement sur deux thèses : d'une part, les émotions sont des états du corps ; d'autre part, les émotions sont des instincts, elles relèvent de la vie animale. Dans la vision classique, ces deux caractéristiques sont négativement connotées : ce qui renvoie au corps et à l'animalité ne peut qu'être déprécié par rapport à l'esprit et à l'humain : « L'être ému est un être naturel, enfant ou sauvage, il est marqué par un déficit de socialisation. L'émotion est naturelle ; elle est impatiente et irréfléchie, et il importe que la société la dompte, la séduise, l'apprivoise »[44].

Cette dépréciation sera inversée par le mouvement romantique, qui, après avoir revalorisé le corps et la nature, ajoutera deux thèses nouvelles : d'une part, l'émotion est un sentiment intérieur ; d'autre part, celui qui l'éprouve ne peut pas se tromper. C'est pour l'essentiel cette dernière vision que l'on retrouve dans le traitement des émotions par les psychologies contemporaines.

Ces quatre thèses peuvent être remises en cause, notamment en s'appuyant sur les travaux des sciences sociales, et en particulier l'histoire et l'anthropologie : non, l'émotion n'est pas purement corporelle et animale, elle est pleinement sociale et culturelle et porte la marque de l'époque et du milieu où elle apparaît ; non, elle n'a pas sa source dans l'intériorité et elle n'est pas nécessairement véridique. Elle est un support essentiel de la socialisation (l'intégration de l'individu nouveau dans le groupe où il vivra), un mécanisme indispensable de régulation des relations interpersonnelles, une source de connaissance morale, particulièrement indispensable dans les circonstances, fréquentes, où le bien est rationnellement indécidable[45].

C'est dire qu'il y aurait matière à une « politique de l'émotion » qui ne conduirait pas à une remise en cause des fondements de la démocratie moderne[46], mais au contraire à leur approfondissement.

NOTES

[1] Y. Déloye, *École et citoyenneté*, p. 88. Voir aussi J. Baubérot, *La morale laïque contre l'ordre moral*.

[2] Pierre Ansart en a retracé l'histoire dans *Les cliniciens des passions politiques*. Je lui emprunte la plupart des notations qui suivent.

[3] *La cité de Dieu*, I, 32, cité par Ansart, p. 77.

[4] Le mot provient des stoïciens, mais l'idée était déjà présente auparavant dans la philosophie grecque.

[5] Catherine Chalier, *De l'intranquillité de l'âme*, p. 40.

[6] Chalier, p. 47.

[7] Marc Aurèle, *Pensées*, cité par Chalier, p. 40.

[8] O. Mongin, *La peur du vide*, p. 77 et 194.

[9] Publicité pour Aspro, citée par Mongin, *La peur du vide*.

[10] Chalier, *De l'intranquillité de l'âme*, p. 55 et 56.

[11] Christine Angot, *Les autres*. Je reconstitue ce texte à partir de fragments disséminés par Angot dans son livre, p. 29, 56, 59, 62 et 69.

[12] Voir, par exemple, cette réaction chez les sujets des expériences de S. Milgram sur la soumission à l'autorité. Prenant conscience d'avoir infligé gratuitement des souffrances à une victime innocente, ils lui adressent après coup un ensemble de reproches, sur un mode parfois très agressif, comme si cela pouvait venir justifier leur acte.

[13] V. de Gaulejac, *Les sources de la honte*.

[14] Voir chapitre 10.

[15] Problématique longuement analysée par Nagel dans *Le point de vue de nulle part*, p. 227 sq., en termes de contradiction entre recherche de la vie bonne (du bonheur personnel) et la vie juste (prenant en compte la souffrance d'autrui).

[16] M. Lerner, *The belief in a just word. A fundamental delusion*, cité et commenté par J.-P. Deconchy, systèmes de croyances, p. 348 sq.

[17] K. Jasper, *La culpabilité allemande*.

[18] Selon B. Cyrulnik (*Les vilains petits canards*, p. 173), la culpabilité, même inauthentique, peut être un important facteur de *résilience*.

[19] Pour les sources modernes, voir L. Boltanski, *L'amour et la justice comme compétence*, p. 159 sq.; Foucault, *L'usage des plaisirs*; Comte-Sponville, *Petit traité des grandes vertus*, p. 291 sq.

[20] D. de Rougemont, *L'amour et l'occident*.

[21] Freud, *Psychologie collective et analyse du Moi*.

[22] F. Alberoni, *Le choc amoureux*.

[23] Yves Frémion, *Les orgasmes de l'histoire*.

[24] E. Durkheim, *Jugements de valeur et jugements de réalité*, p. 42-44, cité par Alberoni, *Le choc amoureux*, p. 11.

[25] Voir chapitre 6 et au début de la section précédente.

[26] Par exemple, C. Steiner, *L'abc des émotions*.

[27] C'est ainsi que, en langage courant, on pourrait désigner la « réaction d'orientation » des neuropsychologues.

[28] Voir chap. 7.

[29] N. Elias, *La civilisation des mœurs*.

[30] C'est même quelque fois la seule ressource qui reste aux plus dominés, auxquels aucun des comportements considérés comme légitimes ne peut permettre de s'en sortir étant donné le jeu tel qu'il leur est imposé et qui trouveront dans la violence physique ou verbale la seule échappatoire possible pour conserver un peu de pouvoir et préserver leur dignité.

[31] La seconde porte sur le sentiment d'incompétence et d'impuissance. Nous y reviendrons rapidement en conclusion.
[32] Voir chap. 6.
[33] Chapitre 1.
[34] *Le groupe et l'inconscient*, p. 67 *sq*. Pour Anzieu, il s'agit d'une étape inévitable et nécessaire dans la maturation d'un groupe restreint. Il s'agit simplement de savoir si on s'en contente où si l'on vise à la dépasser.
[35] R. Lourau, *L'analyse institutionnelle*; Rémi Hess, *L'analyse institutionnelle*.
[36] *Deux siècles de rhétorique réactionnaire*.
[37] Hirschmann, *Défection et prise de parole*, p. 122 *sq*.
[38] C. Delphy, *L'ennemi principal*, Tome I, *Penser le genre*, p. 238-241.
[39] *Les figures du ravissement*.
[40] J.-P. Sartre, *Les carnets de la drôle de guerre*, p. 240-241.
[41] J.-C. Kauffman : *La trame conjugale*; *Le cœur à l'ouvrage*; *Ego*.
[42] On notera le parallèle entre le raisonnement qui précède et celui qui sous-tend la totalité de cet ouvrage, et que j'ai exposé au chapitre 3 : j'ai proposé de sortir de la polémique entre «psy» et «politiques» en observant que leur opposition est secondaire par rapport à une autre, vis-à-vis de laquelle ils sont assurément dans le même camp, celui qui s'oppose à l'indifférence ou la résignation de ceux qui trouvent qu'il n'est utile *ni* de s'interroger sur soi, *ni* de prétendre agir sur l'histoire.
[43] Je m'appuie ici sur deux travaux récents d'excellente qualité, celui de Paul Dumouchel, *Émotions*, et celui de Vinciane Despret, *Ces émotions qui nous fabriquent*. Je ne pourrai pourtant ici qu'effleurer les questions essentielles et difficiles qu'ils soulèvent l'un et l'autre.
[44] Dumouchel, p. 39.
[45] Tappolet, *Émotions et valeurs*.
[46] Direction qu'ont malheureusement prise les travaux, pourtant très riches sur le plan de l'observation, de Philippe Braud (voir notamment *Le jardin des délices démocratiques*).

Chapitre 11
Raison

Après avoir bien pris soin de montrer que le citoyen engagé n'est pas un pur esprit mais qu'il est et doit être traversé par les émotions et les passions, je peux en venir à une idée plus courante : le citoyen, malgré tout, doit être raisonnable, non pas au sens moral (il a bien le droit d'être un peu excessif) mais au sens cognitif; il doit être doué de raison, capable de raisonner.

LE CITOYEN RATIONNEL

Notons que toutes les conceptions de la politique ne requièrent pas cette capacité. Pour Carl Schmitt, par exemple[1], la décision politique ne saurait en aucun cas être assimilable à un choix rationnel : s'engager politiquement, ce n'est pas poser un jugement, mais choisir son camp, si l'on peut dire, et plus précisément désigner ses amis, et surtout ses ennemis. Mais, précisément, c'est là le type même du discours anti-démocratique. Dans une vision démocratique, au contraire, on pose que tous les hommes sont « amis » ou plus exactement « frères », c'est-à-dire qu'on n'est pas obligé de les aimer, mais qu'on est décidé à vivre avec eux, tels qu'ils sont, et en les respectant autant que nous entendons nous-mêmes être respectés. Ce qui ne va pas de soi, comme chacun sait. Pour que cela soit effectivement possible, le recours à la raison est indispensable, pour trois raisons au moins.

D'abord parce que la raison est la condition de la liberté de pensée, et donc d'action : elle est ce qui va me permettre de *douter* des choses, telles qu'elles m'apparaissent ou telles qu'elles me sont présentées. Qu'il s'agisse des faits (comment est le monde) ou des normes (comment il doit être), certaines idées se présentent à moi comme des évidences : « tout le monde pense comme ça », ou « on a toujours fait de cette manière », ou encore « des puissances supérieures en ont décidé ainsi ». Puisque la démocratie est le régime où les hommes se proposent de créer eux-mêmes leur forme de vie individuelle et le cadre social le plus favorable pour cela, ils ne peuvent accepter de telles évidences. Ils doivent pouvoir remettre en cause le fait qu'une opinion unanime ou simplement fortement majoritaire est nécessairement juste, que l'ancienneté d'une tradition est en soi la preuve de sa valeur, ou encore que des puissances non humaines pourraient avoir déterminé la manière dont la vie humaine doit prendre forme. La raison, comme le dit joliment Libera, c'est « la subversion du consensus »[2].

Ensuite, la raison est ce qui va permettre de faire converger les pensées des hommes pour la constitution d'un *monde commun* : pour que les hommes puissent vivre ensemble, pour que leur société soit viable, il faut bien en effet qu'ils partagent un même ensemble de savoirs, de techniques, de valeurs, de comportements, de sentiments. C'est une condition pratique (il faut que nos vies soient concrètement compatibles entre elles), mais aussi une condition symbolique : il faut que nous nous retrouvions dans cette société, qu'elle nous paraisse suffisamment proche et suffisamment nourrissante, par rapport à tous les besoins qui sont les nôtres (besoins matériels, cognitifs, identitaires, moraux, relationnels[3]...). Dans les sociétés pré-démocratiques, ce monde commun est donné de l'extérieur : il est hérité du passé (sociétés traditionnelles) ou imposé par un pouvoir « incontestable » (sociétés totalitaires). Le propre du projet démocratique, au contraire, c'est que les hommes prétendent produire eux-mêmes et tous ensemble leur monde commun. Certes, il ne faut pas exagérer ces différences et caricaturer les sociétés pré-démocratiques (mêmes dans une société traditionnelle, les hommes gardent une part de pouvoir sur leur forme de vie; même dans une société totalitaire, le pouvoir n'a jamais réussi à imposer totalement ses vues), ou se faire des illusions sur les sociétés démocratiques (où subsistent des parts essentielles de tradition et de domination). Mais il faut aussi se garder de sous-estimer l'innovation radicale que représente, dans l'histoire de l'humanité, ce projet d'auto-fondation[4] de la société humaine. Or, pour que les hommes puissent progresser dans la fondation autonome d'un monde commun, il semble évident qu'ils doivent communiquer entre eux, autrement dit *discuter*. Et parmi les multiples formes que peuvent prendre les discussions humaines, la discussion rationnelle est progressivement apparue, au cours de notre histoire, comme la plus juste (celle qui permet le plus facilement à chacun de prendre part à la discussion, à égalité avec les autres) et comme la plus puissante (peut-être en raison de l'efficacité avec laquelle elle permet de mettre en doute les évidences acquises jusque-là).

Enfin, on l'a souvent pointé, le citoyen est un être en quelque sorte double. D'une part, c'est un être humain concret, avec toutes ses déterminations particulières : biologiques (âge, sexe, constitution, couleur de peau...), familiales (tels parents, tel conjoint, tels enfants), biographiques (il n'y a pas deux déroulements de vie semblables), sociales et culturelles (l'appartenance à un ensemble spécifique de groupes, avec leurs traits culturels et leur cohésion propre). Mais, en même temps, ce citoyen doit être capable, parallèlement, de faire abstraction de toutes ces déterminations particulières pour s'élever à ce qu'on appelle un peu pompeusement *l'universel* : faire comme s'il était un homme *tout court*, un représentant de l'espèce humaine parmi d'autres et comme les autres. Plus concrètement, cela veut dire qu'on attend que, au moins à certains moments ou partiellement, il soit capable de prendre en compte l'intérêt général plutôt que son intérêt propre (ou celui de tel de ses groupes d'appartenance), qu'il soit capable de privilégier les valeurs universelles (celles qui sont valables pour tout être humain) plutôt que ses valeurs à lui (ou celles de son groupe).

Il y a deux choses à peu près sûres qu'on peut dire à propos de cette aptitude. Premièrement : que l'homme en est capable, et qu'il est probablement la seule espèce qui le soit. Certains cyniques le mettent en doute, mais je me demande sincèrement comment ils font : il me semble que cela saute aux yeux[5]. D'autant que cela ne se limite pas au champ politique : l'ensemble de l'existence humaine peut être éclairée, pour le meilleur mais aussi pour le pire, en fonction de cette capacité de prendre *le point de vue de nulle part*[6]. Deuxièmement : que l'homme a parfois bien de la peine à tenir bon dans cette voie. Les déterminations particulières, les intérêts partiaux, les valeurs spécifiques continuent à exister (et c'est heureux : un homme purement universel, impartial, serait un monstre, et un monde peuplé uniquement de tels êtres serait un cauchemar), et ils exercent en permanence leur attraction, comme des démons tentateurs. Et, il faut bien le dire, nous leur cédons souvent. Et ce qui n'arrange pas les choses, non plus, c'est que la limite entre les deux ne nous apparaît pas toujours clairement : il peut toujours nous arriver d'être sincèrement persuadés que nous faisons le choix de l'intérêt général, ou que nous défendons une valeur universelle, alors qu'en réalité nous nous abusons : c'est bien notre intérêt que nous servons, et la valeur qui nous paraît si importante est propre à un groupe ou à une expérience historique particulière.

La rationalité est ce qui va nous aider à progresser dans ce domaine. D'abord, c'est elle qui va nous obliger à «sortir de nous» pour prendre en compte des aspects plus larges, des enjeux plus ouverts. Toute l'œuvre de Piaget a précisément consisté à montrer que le développement de l'intelligence opératoire pouvait précisément être décrite comme la progression vers des capacités toujours plus puissantes de décentration, c'est-à-dire la capacité à penser en ne se mettant pas au centre du monde, mais au contraire en se considérant dans toute la singularité et toute la partialité de notre position dans ce monde[7]. Ses travaux ont inspiré quelques recherches parallèles sur le développement des capacités morales, qui ont évidemment aussi de fortes implications politiques. Piaget a surtout montré comment l'intelligence se développait par l'action du sujet sur le monde, en mettant surtout l'accent sur l'action concrète, la manipulation des objets, par exemple. Mais il va de soi que, pour l'homme, le principal domaine d'action est celui de ses relations avec les autres : là aussi, et peut-être là plus qu'ailleurs, il sera confronté à des déséquilibres cognitifs, donc à la nécessité d'une équilibration majorante[8], ressort essentiel du progrès cognitif. Et c'est notamment cette rencontre et cet échange rationnel avec les autres qui lui permettra de remettre en cause ses erreurs, de prendre conscience du caractère particulier et limité de ce qui lui était au premier abord paru comme universel.

Il me semble donc clair que, quoique l'on puisse dire, et il faut le faire, des dimensions émotionnelles de l'action politique, on ne saurait concevoir un citoyen sans de solides capacités rationnelles.

L'ÉPOUVANTAIL

Or, il arrive, et peut-être de plus en plus à notre époque, que la valeur de la raison soit remise en cause. Et, au premier rang de ceux qui instruisent cette remise en question, on trouve les psy : la domination de la raison, disent-ils, a souvent des effets négatifs sur la vie des individus. Aussi, pour progresser, pour reprendre pied dans leur vie difficile, il faut qu'ils fassent un peu taire cette voix tyrannique et qu'ils réapprennent à s'ouvrir un tant soit peu, par conséquent, à une part d'irrationnel.

Je reviendrai plus loin sur la forme que prend, dans la pratique psy, cette mise à distance de la rationalité. Mais je voudrais immédiatement expliquer que, à mon avis, elle repose sur un malentendu : ce qui est rejeté ou critiqué, ce n'est pas la raison en tant que telle mais la ou les formes caricaturales qu'elle prend parfois (voire souvent). Par contraste, je tenterai ensuite de dessiner un portrait plus aimable et acceptable de la rationalité, telle qu'un citoyen pourrait, sans crainte, l'endosser.

Il n'est pas très difficile de dresser une liste des principales formes de *caricature de la raison*. La première qui se présente à notre esprit, c'est évidemment la raison utilitaire : ne serait rationnel que l'acte qui permet d'atteindre, et de préférence au meilleur coût, le but que je me suis préalablement fixé. Un cas particulier de cette vision est la rationalité technicienne : est rationnel, donc juste, ce qui marche. On voit bien combien une vision aussi étroite peut être destructrice si on tente de rendre compte ainsi de la vie humaine[9]. C'est vrai dans le champ politique : l'exercice du gouvernement relèverait ainsi d'un simple raisonnement utilitaire et le pouvoir devrait être confié à ceux qui savent résoudre les différents types de problèmes, aux techniciens ou aux experts. C'est vrai aussi dans le champ personnel : comment pourrions-nous être tenté par une vie qui serait réduite à un ensemble de choix but/moyen, à une gestion aussi rigoureuse et efficace que possible de la sorte de «petite entreprise» que serait chaque individu? Comment pourrions-nous aimer quelqu'un dont la vie apparaîtrait réduite à cela?

Boudon[10] a exploré les différentes directions dans lesquelles pouvait être élargie notre vision de la rationalité à partir de celle-là : il faut commencer par y ajouter au moins la rationalité par les valeurs (est rationnel le fait de se comporter conformément aux valeurs qui sont les miennes), mais Boudon va bien plus loin pour aboutir à une vision purement compréhensive de la rationalité : un acte est rationnel si je peux le comprendre, si je peux en retrouver les bonnes raisons. On voit qu'un tel élargissement est bien plus que technique : il change la position même de l'idée de rationalité qui, de concept théorique devient une notion éthique. Concrètement, en effet, cela aboutit à poser la rationalité des comportements humains comme un *postulat*, et à transférer la charge de dégager les «bonnes raisons» à l'observateur (dans le cas des sciences sociales) ou à l'interlocuteur (dans le cas des discussions rationnelles courantes). Dès lors, les comportements sont toujours rationnels : la rationalité ne désigne pas certains actes plutôt que certains autres, mais un certain régime d'interlocution et d'intercompréhension (nous y reviendrons).

Une seconde forme de caricature porte non plus sur le ressort ultime du choix, mais sur la forme que doivent prendre les discours ou les raisonnements pour être considérés comme rationnels. Il arrive en effet qu'on considère qu'un discours n'est rationnel que s'il respecte les règles de la logique argumentative. À la limite, il devrait être traduisible dans le formalisme mathématique, notamment celui de la théorie des ensembles, et le raisonnement pourrait être poursuivi automatiquement, par un ordinateur. Par contre, si un élément de discours résiste à cette traduction, soit parce qu'il fait apparaître des contradictions, soit qu'il laisse un reste non codable, non logique, c'est qu'il n'est pas rationnel. On sait que le projet du positivisme logique consistait précisément à enjoindre à tous les discours prétendant à la validité (sciences et philosophie, notamment) de se conformer rigoureusement à ces exigences, sous peine d'être rejetés comme irrationnels[11]. Cette idée a été historiquement importante dans la mesure où elle a engagé le processus dit du *tournant linguistique*, par laquelle la philosophie a renoncé à produire des vérités propres (métaphysiques, ontologiques, morales, etc.) pour se consacrer à l'analyse du fonctionnement du langage dans la vie quotidienne et dans les autres disciplines. Mais ce tournant n'a été un succès que parce que, rapidement, les termes du projet ont été inversés : ce n'est pas au langage humain de se conformer à la logique, ont dit, à la suite de Wittgenstein, de nombreux philosophes, mais l'inverse. Ou plus exactement, si l'analyse des discours *tels qu'ils sont* fait apparaître une contradiction avec les règles logiques, il faut engager un processus de convergence entre les deux, pour aboutir autant que possible à un équilibre réfléchi satisfaisant[12], qui sera de toutes façons toujours imparfait.

Toujours en se centrant sur la forme du discours, il arrive qu'on fasse à la rationalité un reproche apparemment inverse : on observe que les discussions soi-disant rationnelles le sont finalement très peu. Même dans les sciences exactes[13] (et qui plus est dans les sciences sociales, la philosophie, la politique ou la psychologie), il s'agit certes d'un échange d'arguments, mais ceux-ci trouvent leur efficacité non dans leur valeur intrinsèque (rigueur logique ou conformité à la réalité) mais dans leur pure efficacité argumentative, rhétorique. Et celui qui l'emporte, finalement, n'est pas forcément celui qui a raison (celui qui défend la position la meilleure) mais celui qui «parle bien» (celui qui sait être convaincant). C'est d'ailleurs la principale critique classique de la démocratie : celui qui l'emportera ne sera pas celui qui défend la meilleure position, la meilleure proposition, mais celui qui manie le mieux les artifices du discours, le sophiste ou le démagogue. Non seulement cela peut conduire à des conclusions et à des décisions erronées, mais le processus même de l'échange soi-disant rationnel peut être porteur d'une véritable violence : «Lorsque, procédant, par inférences massives, à des conclusions dont la violence aura préalablement consisté à isoler des arguments adverses de leur contexte de cohérence et de pertinence, l'argumentation amène le vis-à-vis à une conséquence qui n'entrait nullement dans ses perspectives, elle le met ainsi hors jeu en réduisant son propos à un néant logique. Ce sont là des fautes ordinaires, propres à susciter le ressentiment, [...des] injustices routinières qui constituent autant d'atteintes imperceptibles à la reconnaissance réciproque, autant de blessures et d'obstacles à l'entente»[14].

Mais là où les classiques en appelaient à davantage de rigueur, pour écarter précisément la démagogie et la manipulation, nos contemporains sont portés à penser que cette perversion est inévitable, ce qui devrait nous amener à considérer toutes les discussions apparemment rationnelles, notamment dans le champ politique, comme des faux semblants, des petits jeux plus ou moins pervers qui peuvent être intéressants comme spectacle, mais dont il serait naïf d'attendre un progrès de la vérité. Cette critique pose, il faut bien le dire, un véritable problème. C'est qu'aucune des deux solutions les plus faciles ne semble praticable : on ne peut pas admettre sans réserve que le pouvoir politique revienne purement et simplement à celui qui manie habilement le langage et la persuasion, mais on ne peut pas non plus, nous l'avons vu, exiger que toutes les discussions prétendant à la rationalité se coulent dans les formes de la logique. Il nous faut, en quelque sorte, inventer une troisième voie. La meilleure piste, pour cela, est probablement de partir de la pratique, car nous pouvons constater que, dans les débats effectifs, et notamment politiques, il n'est pas vrai que tout puisse s'argumenter, pourvu que l'on soit un beau parleur : des normes de validité continuent à intervenir, même si elles ne sont ni si connues, ni probablement aussi aisément formalisables que celles de la logique. Cela fait incontestablement partie de l'éducation du citoyen que de devenir capable d'appliquer de telles exigences, à son propre discours comme à ceux qu'il entend.

Une autre raison fréquente de la critique de la rationalité dans notre société est le refus du dogmatisme. Celui-ci, qui se présente le plus souvent, par définition, comme *le* discours rationnel, consiste à poser que les vérités qui ont été établies par le biais d'une recherche rationnelle l'ont été une fois pour toutes, que toute prétention à défendre une position différente relèverait, *ipso facto*, de l'irrationalisme. Il n'est pas besoin d'insister longtemps sur ce point évident : ce que nous attendons au premier chef de la raison, c'est sa capacité critique, sa capacité à douter, y compris de ses productions antérieures[15].

Une autre forme de dogmatisme pseudo-rationaliste est celui qui consiste à penser que le mode de pensée et de communication rationnel est le seul qui ait de la valeur, ou en tout cas celui qui est toujours le plus approprié, à propos de tout et dans toutes les circonstances. Ce n'est évidemment pas le cas : il est des sujets ou des moments où il est bien plus utile d'avoir recours à d'autres modes de pensée et de parole. Il y en a toute une gamme sur laquelle nous avons intérêt à savoir jouer en entier, depuis les ressources que nous apporte l'art (la poésie, la musique, la couleur, la danse), jusqu'aux formes les plus simples (mais ô combien difficiles) de communication affective.

Cette dernière forme de repoussoir est sans doute celle à laquelle les psy seront les plus sensibles. Ils savent, en effet, et peuvent vérifier quotidiennement, combien un investissement excessif et exclusif de la rationalité, ou des formes simplistes de celle-ci, peuvent être un frein dans le processus d'évolution personnelle. Ils ont même, comme à leur habitude, bâti des néologismes pour désigner les mécanismes inconscients sous-jacents. Ils parleront ainsi, par exemple, d'*isolation affective* pour désigner la pathologie de celui qui reste enfermé dans un discours où l'émotion ne pénètre jamais, ou d'*intellectualisation* pour désigner un mécanisme de défense qui serait mis en œuvre par celui qui ne veut pas entrer en contact avec les zones trop sensibles de sa vie. Ils savent surtout que le jour où un de leurs clients renonce enfin à *maîtriser* ce qui lui arrive, à l'expliquer ou l'évaluer rationnellement, où il peut enfin simplement le reconnaître, accepter que cela soit *ainsi*, et ressentir ce qu'il éprouve et en parler, il vient de franchir un pas décisif dans son évolution.

UNE RAISON RAISONNABLE

Ainsi, si nous voulons être dans de bonnes conditions, à la fois pour construire une démocratie et pour favoriser le développement des personnes, il nous faut bien une rationalité, mais d'un type plus riche et plus ouvert que la caricature qu'on nous offre souvent sous ce nom.

Par simple décalque inverse des traits que nous venons de passer en revue, nous pouvons dessiner les principales caractéristiques de cette raison modeste. Pour commencer par l'essentiel, il devra s'agir d'une raison *critique*, capable de produire cette subversion du consensus chère à Libera : sa fonction principale est de nous permettre de douter, de remettre en cause ce qui nous est présenté ou ce que nous imaginons, de le *discuter* au sens fort. Mais cette capacité critique, elle aussi, doit être raisonnable. Comme le rappelle opportunément Larmore, « il faut une raison pour croire, mais il faut aussi une raison pour douter »[16]. Et puis, plus pragmatiquement, nous avons *le droit* de douter de tout, mais *nous ne pouvons pas* douter de tout : ce serait une tâche infinie, irréalisable et paralysante. Il nous faudra donc, en fonction d'une heuristique quelconque, choisir les domaines et les points précis sur lesquels nous souhaitons exercer notre raison critique. Il faudra aussi, comme je l'ai déjà dit, savoir arrêter notre remise en cause critique dès qu'elle se révélera inféconde. Pour le reste, tant que nous n'avons pas de bonne raison de douter, rien ne nous empêche de faire confiance à l'apparence des choses, à ce qui nous est donné comme vrai ou comme bien, ou encore ce que nous imaginons ou inférons.

Deuxièmement, notre rationalité devra se reconnaître clairement comme *limitée*. La notion de responsabilité limitée, *stricto sensu*, a été introduite par March et Simon[17] dans leur formalisation du fonctionnement des organisations, pour rendre compte de l'écart entre le comportement réel de celles-ci et les normes de la rationalité idéale : alors que celle-ci prescrit, avant de faire un choix, de considérer toutes les options possibles afin de choisir la meilleure (critère d'optimisation panoptique), les acteurs ne s'y prennent généralement pas ainsi : ils considèrent une à une les options qui se présentent et s'arrêtent de chercher dès qu'ils en ont trouvé une qui convient (critère de satisfaction). Mais ce n'est qu'une des limitations à prendre en considération, et qui se situe encore dans le cadre étroit de la rationalité instrumentale. Une autre limitation à prendre en compte sera le caractère toujours incertain et mobile des résultats de la réflexion : la complexité du réel étant sans commune mesure avec nos capacités de le saisir, il y a forcément toujours des paramètres que nous n'avons pas pris en compte, ou que nous avons mal appréciés, et qui font que pèse sur nos résultats une forte dose d'incertitude, et que nous pouvons toujours être amenés, un jour ou l'autre, à les modifier. Enfin, nous devons aussi pouvoir admettre tranquillement le caractère *incomplet* de notre connaissance rationnelle : tout simplement, il y a des choses que nous ne savons pas, et nous devons être capables de le reconnaître.

Notons que, dans le domaine de la connaissance pure, celui de la science, de telles limitations ne posent aucun problème de principe : notre connaissance est incertaine, peut-être qu'elle s'améliorera un jour, mais en attendant, nous devons en tenir compte. Ou bien, plus difficile encore, peut-être que nous saurons un jour, mais en attendant nous ne savons pas, voilà tout. Le domaine pratique (notamment politique ou éthique) est différent : même si je ne sais pas, ou même si mon savoir est incertain, je dois quand même décider (y compris de ne rien faire, ce qui est bien un choix, et bien sûr pas toujours le meilleur, même en situation d'ignorance ou d'incertitude).

Dans le même ordre d'idée, nous devons reconnaître que certains champs de l'expérience humaine sont particulièrement difficiles à aborder par un traitement rationnel, qu'ils sont peut-être même totalement insaisissables de cette manière, et que pour autant, cela ne les rend pas nécessairement moins dignes d'être pris en considération, respectés, voire valorisés. Et je ne pense pas ici seulement à la dimension spirituelle de la vie intérieure ou de la relation au monde, mais aussi à des aspects proprement politiques, comme par exemple la composante imaginaire des institutions sociales que Castoriadis, entre autres, s'est attaché à mettre en évidence[18].

Ceci entraîne une autre caractéristique de la rationalité modeste : puisqu'elle n'est pas capable de nous donner toujours la clef de l'action, elle doit être complétée par d'autres modes de régulation de l'activité collective, d'autres types de discussions (le simple partage des points de vue subjectifs, le recours à l'autorité, la palabre, par exemple), voire même des modes de régulation non discursifs (comme l'émotion, voire le tirage au sort...). À vrai dire, *même* quand il existe une solution rationnelle, il n'est pas évident qu'il soit toujours optimal d'y recourir : un autre mode de régulation peut s'avérer moins coûteux pour un résultat comparable, ou moins porteur d'effets secondaires non désirés.

Enfin, nous veillerons à ne pas nous faire d'illusions sur le « splendide isolement » de notre raison à l'égard des autres composantes de notre vie. D'une part, nous savons de mieux en mieux qu'aucune action rationnelle et/ou collective n'est possible si elle n'est impulsée et guidée par un ressort affectif[19]. D'autre part, nous savons depuis longtemps que nos discussions ou nos raisonnements apparemment les plus rationnels peuvent être gravement biaisés par des enjeux affectifs inconscients, relationnels (les comptes que nous avons à régler avec nos interlocuteurs, par exemple) ou identitaires (la direction dans laquelle nous tentons de faire évoluer notre image de nous-mêmes).

À l'issue de ce processus de réduction des prétentions de la raison, on peut se demander s'il en reste encore quelque chose, s'il y a lieu de considérer que le terme « raison » ou « rationalité » désigne bien une entité distincte que nous aurions intérêt à continuer à traiter comme un tout. Je le pense. C'est un mode d'action et de pensée parmi d'autres, qui n'est pas intrinsèquement supérieur, mais qui n'en est pas moins utile, voire précieux par rapport à certains de nos enjeux, notamment la politique démocratique et la recherche éthique personnelle. Il ne débouche pas sur des certitudes totales et définitives, mais il nous apportera des clarifications précieuses qui, si elles ne nous dispensent pas de la part de risque inhérente à tout choix politique ou éthique, le rendront plus ouvert, plus créatif, plus intelligent dans ce que ce mot peu avoir de plus riche.

Reste quand même à savoir ce qui fait l'unité de ce mode d'action et de pensée, ce qui le distingue des autres. Nous l'avons vu, il ne peut être caractérisé ni par son contenu (des vérités incontestables, des choix optimaux), ni par la forme de son discours (logique ou rhétorique). C'est avant tout un mode d'interlocution[20], un jeu de langage particulier, qui combine un effort résolu d'intercompréhension (je veux comprendre ce que l'autre défend, je veux comprendre pourquoi il le défend), l'exercice tout aussi résolu du doute critique (je ne le croirai que quand je penserai avoir vraiment de bonnes raisons de le croire), la recherche systématique de données factuelles susceptibles de me permettre d'écarter les idées fausses, et l'examen de toutes les possibilités de dépasser le désaccord par la formulation d'un nouveau point de vue, plus puissant que les deux positions de départ.

Si ce jeu a surtout débouché sur des résultats spectaculaires dans le domaine des sciences et des techniques, on voit combien il est profondément en harmonie avec la culture et le projet démocratiques. On voit aussi combien cela pourrait rejoindre les pratiques psy : n'est-il pas, là aussi, beaucoup question de relation, de communication, de compréhension ? Mais, comme on le sait, le rapprochement n'est pas si simple à réaliser.

LA MISE À L'ÉCART DU RATIONNEL DANS LA PRATIQUE PSY

Que va devenir la raison dans la pratique psy ? Rappelons en effet que c'est, comme dans tout ce livre, la pratique qui nous intéresse, et non les discours. On peut certes se demander dans quelle mesure les corps de doctrine élaborés par les différents courants de la psy peuvent être considérés comme rationnels et être, par exemple, rapprochés de la science. Mais ce n'est pas du tout mon propos. Ce que je voudrais savoir, c'est en quoi le fait de faire un chemin avec la psy va faire évoluer les clients par rapport à la rationalité : occupera-t-elle *moins* de place dans leur vie, *plus* de place, ou une place différente, ou n'y aura-t-il aucun effet spécifique ?

Je l'ai déjà dit, l'hypothèse qui me paraît la plus probable est la première : l'expérience de la psy conduira les clients à réduire la place de la rationalité dans leur existence. Et pour des raisons compréhensibles et, *a priori*, légitimes : la rationalité étant dans notre culture un mode d'expérience subjective survalorisé, et la psy étant un lieu où l'on s'efforce d'ouvrir des possibles, de regagner des degrés de liberté, et où l'on travaille beaucoup sur le passé et sur le corps, il est probable qu'on y valorisera surtout les modes d'expérience habituellement considérés comme secondaires ou même déniés, surtout s'ils permettent plus facilement d'entrer en contact avec les vécus archaïques et corporels. Il en découlera au moins une réduction de l'importance relative de la rationalité[21].

Mais, pour préciser et nuancer un peu ces choses, nous allons devoir entrer un peu plus que d'habitude dans la diversité des pratiques psy. Je me contenterai cependant de quelques indications, qui viseront seulement à désigner les différents aspects d'une même interrogation : quel sera l'effet des différentes formes de pratique sur la capacité de la personne à percevoir le monde tel qu'il est et à réfléchir solidement à ce qu'il convient d'y faire ?

Si nous devions suivre sur ce point les observations et réflexions de Michel Lacroix[22], le tableau serait particulièrement affligeant : la vision qu'il nous donne des pratiques dont il parle est négative sur tous les plans, et tout particulièrement sur celui qui nous préoccupe maintenant. Mais c'est une vision singulièrement biaisée : en sont exclues bien entendu la psychanalyse, mais aussi la thérapie centrée sur le client ou les thérapies psychocorporelles. Explicitement, Lacroix mentionne la Gestalt Thérapie et l'Analyse Transactionnelle comme faisant partie de son champ d'étude, mais rien dans son texte ne laisse penser qu'il connaisse réellement ces disciplines[23]. En fait, son observation et sa critique se concentrent sur deux formes de pratique psy que j'ai, pour ma part, écartées du champ de cet essai tellement elles me semblent sans rapport avec de ce dont je traite : les formes les plus débridées d'approches spiritualistes ou ésotériques (K.G. Dürckheim, principalement), d'une part, et les techniques de modification comportementale et cognitive constructivistes[24] (et plus spécifiquement la PNL, dans ses versions les plus outrancières), d'autre part. Si, effectivement, la pratique psy se réduisait à ces deux approches, l'affaire pourrait être rapidement entendue, non seulement sur l'impact de ces pratiques sur le développement de la rationalité, mais plus globalement sur leur portée politique. Les premières, en cherchant le salut dans une référence à des réalités impalpables et inaccessibles à la discussion, les secondes, en posant l'individu comme objet à transformer par des opérations techniques appropriées, ne laissent effectivement aucune place à un citoyen conscient, sujet de connaissance et d'action raisonnée. Et si, comme l'affirme imprudemment Lacroix, ces pratiques captaient aujourd'hui la moitié des budgets de formation permanente des entreprises[25], il y aurait sérieusement de quoi se faire du souci pour l'avenir de la citoyenneté !

Revenons donc à des interrogations plus sérieuses et plus réalistes, en commençant par les courants les plus anciens : la psychanalyse et la thérapie centrée sur le client. En effet, bien que la seconde se soit définie par une opposition radicale à la première, elles se positionnent de manière assez proches par rapport à notre questionnement. Il semble assez clair que la règle fondamentale de la cure psychanalytique (dites ce qui vous vient à l'esprit, sans vous préoccuper si c'est moralement convenable, logique ou intéressant) n'est pas précisément une invitation à la rationalité. De même, la forme d'échange entre analysant et analyste (l'un parle sans cesse, l'autre n'intervient qu'occasionnellement, quand il le choisit, et généralement pas selon les règles usuelles de l'enchaînement conversationnel) et le dispositif pratique de la cure (la disposition matérielle asymétrique, la fixation unilatérale des modalités temporelles et financières) n'orientent pas vers une discussion productrice de rationalité. Bien entendu, ces traits seront revendiqués par les psychanalystes comme ce qui fait précisément toute la valeur de leur méthode : c'est la seule manière de permettre aux barrières du refoulement de se lever peu à peu et aux pensées inconscientes d'émerger. Toujours est-il que l'impact direct sur les capacités rationnelles sera au mieux nul, et plus probablement négatif (l'analysant, passionné par l'expérience intense de la cure, risque de transposer à d'autres moments de sa vie le mode de pensée qu'il a expérimenté dans ce cadre). La situation de la thérapie centrée sur le client, conçue par Carl Rogers et également connue sous la désignation de thérapie non directive, est finalement assez proche. Certes, nous sommes ici dans une relation de face-à-face, généralement plus chaleureuse et négociée, où le thérapeute ne craint pas de livrer ses propres sentiments et expériences. Mais le principe même de la non-directivité (le thérapeute s'interdit toute intervention proprement dite vis-à-vis des propos de son client, telle que l'expression d'un accord ou d'un désaccord, l'apport d'un réconfort ou d'une suggestion, pour se limiter à des reformulations plus ou moins élucidantes) interdit l'enclenchement d'une dynamique de discussion qui pourrait encourager la rationalité. Ici encore, bien sûr, c'est un choix revendiqué qui repose sur une confiance précisément aveugle dans les potentialités du client, y compris sur le plan de la rationalité : il n'y aurait rien d'autre à faire que de leur permettre de s'exprimer. Toujours est-il que rien, dans la relation thérapeutique elle-même, ne sera producteur de rationalité.

Tournons-nous maintenant vers les nouvelles thérapies, celles qui ont émergé aux États-Unis dans les années 50-60. En commençant par les formes qui ont longtemps été l'emblème de ladite nouveauté : les thérapies corporelles-émotionnelles. Celles-ci sont issues pour la plupart des explorations de Wilhem Reich et ont donné naissance à des courants comme la bioénergie, la gestalt-thérapie dans sa version californienne ou la thérapie primale. L'hypothèse de base est que les obstacles au développement de la personne ne se trouvent pas tant dans des idées, des représentations ou des croyances plus ou moins inconscientes que dans des «blocages» corporels, où se trouvent en quelque sorte enkystées les expériences traumatisantes et qui empêchent l'énergie vitale de circuler librement. Se constitue ainsi une cuirasse musculaire qui fait obstacle à l'autonomie et à la fluidité émotionnelle de l'individu. Le but de la thérapie est de desserrer ces blocages, par des exercices corporels appropriés, de manière à libérer les affects et retrouver la souplesse mentale et physique. Le discours est ici le plus souvent résolument anti-rationaliste, comme l'exprime très clairement le mot d'ordre de Perls, un des fondateurs de la Gestalt : « Loose your mind, come to your senses »[26] et se concentre autour de l'épreuve du « lâcher prise » où la personne abdique le contrôle rationnel de ses sentiments et de son comportement pour laisser libre cours aux forces primaires habituellement réprimées. Ce discours s'accompagne souvent d'une opposition entre la nature, porteuse de vérité et de santé, et le social, qui nous éloigne de notre vérité et du bien-être véritable. On ne peut être plus loin d'une ouverture vers la responsabilité politique et l'engagement. Notons cependant que, plus récemment, se sont développés des courants de thérapie intégrative ou de bioénergie analytique[27] où le travail proprement corporel n'est qu'un moment spécifique, qui est suivi systématiquement d'une élaboration verbale, sur le mode des thérapies communicationnelles que nous allons maintenant aborder.

Je regroupe sous ce terme les formes de travail thérapeutique où l'échange communicationnel entre le client et le thérapeute, mais aussi des clients entre eux, joue un rôle central dans le processus thérapeutique. Nous arrivons ici sur un terrain plus en harmonie avec l'éthique de la communication : les échanges respectent grosso modo les règles usuelles de la discussion, on tente de faire le lien entre l'expérience et des concepts plus abstraits, on se préoccupe de la cohérence des affirmations, on convoque volontiers des épreuves de réalité pour confirmer ou infirmer des hypothèses. Ces activités se déroulent assez souvent dans un contexte de groupe, où tout le monde participe au travail d'élaboration, en revoyant ses propres perceptions et croyances. L'Analyse Transactionnelle est la forme qui pousse le plus loin cette activité communicationnelle dans la direction de la rationalité : les clients sont rapidement informés des notions de base de la théorie de référence et sont invités à s'en servir pour éclairer leur propre cas ou ceux des autres membres du groupe et le travail prend parfois la forme d'un véritable atelier de recherche où l'on s'efforce de produire la compréhension la plus juste et la plus complète de la situation examinée. La pratique gestaltiste est assez différente. On l'exprime en disant qu'elle est davantage centrée sur le « comment » que sur le « pourquoi » : l'essentiel est que le client parvienne progressivement à être plus conscient de l'ensemble de son expérience sensorielle, émotionnelle, relationnelle, cognitive mais, là encore, la communication rationnelle jouera un rôle essentiel dans la construction de cette conscience juste et fine. Il me paraît clair que ces approches sont les plus susceptibles d'armer les personnes dans la construction d'une rationalité puissante et subtile, et donc de les préparer à prendre leur place de citoyens.

Bien entendu, on peut craindre que cette ouverture à la rationalité, positive du point de vue qui nous préoccupe ici, ne se paie d'une perte d'efficacité proprement thérapeutique : on peut imaginer qu'elle ne conduise qu'à renforcer les mécanismes de défense et à interdire la prise de contact avec les dimensions inconscientes, émotionnelles, les plus essentielles à la progression de la personne. Seuls des dispositifs effectivement en rupture avec les formes habituelles de l'échange social (transfert, règle fondamentale de la psychanalyse et interprétations inattendues, écoute non directive, exercices de libération émotionnelle) peuvent amener au jour ce qui est habituellement inaccessible et fait radicalement obstacle à la progression individuelle. L'interrogation est légitime, et il me semble qu'on peut y répondre de deux manières complémentaires. La première consiste à interroger l'utilité réelle des techniques «anti-rationnelles» (c'est-à-dire qui se proposent de déclencher ou rendre possibles des expériences échappant au contrôle conscient). Il ne fait aucun doute que certaines techniques et surtout certaines manières de les utiliser à certains moments ont une utilité décisive. Mais il est tout aussi indéniable qu'on peut parfois être tenté de rechercher ces moments pour eux-mêmes, indépendamment de leur utilité, simplement en raison de leur caractère inhabituel et surprenant : le thérapeute parce qu'il y trouvera la confirmation qu'il dispose d'un savoir professionnel bien spécifique et un peu «épatant», le client parce qu'il aura ainsi le sentiment de faire quelque chose de vraiment nouveau et vraiment intéressant, qui justifie ses espoirs de sortie de ses difficultés et les dépenses importantes auxquelles il consent. Nombreux sont les thérapeutes qui, après l'enthousiasme de leurs débuts, ont été amenés à mettre de l'eau dans leur vin à ce propos. À commencer par Freud, qui a finalement renoncé à guetter les expériences cathartiques, spectaculaires mais aux effets sans lendemain, au profit d'un patient et discret travail de perlaboration. Beaucoup de Gestalt-thérapeutes, de même, enthousiasmés au départ par les formes spectaculaires inspirées de Perls et de Reich, ont finalement évolué vers une version «côte-est» de leur discipline, plus verbale et conversationnelle. Une fois la part faite entre le spectaculaire et le réellement fécond, on pourra, dans un second temps, rechercher la meilleure manière d'associer, dans une même démarche, les moments d'ouverture à l'expérience brute et inattendue et les moments d'élaboration verbale par la communication : c'est ce que font aujourd'hui la plupart des praticiens de la psychothérapie intégrative, de la Gestalt thérapie ou de l'Analyse Transactionnelle. N'oublions pas, de toutes façons, pour finir, que dans toutes ces démarches reste un élément extrêmement puissant et échappant à tout contrôle rationnel, qui, à lui seul s'il est reconnu et travaillé, peut permettre d'éviter de s'enferrer dans la simple «conversation» non thérapeutique : le transfert.

LA QUESTION DU CONSTRUCTIVISME

Pour nous interroger sur la contribution possible de la psy à l'épanouissement de la rationalité indispensable au citoyen engagé, nous nous en sommes jusqu'à présent tenus à une vision assez générale de la raison, caractérisée par un certain type d'attitude vis-à-vis de la connaissance et de la communication. Je voudrais maintenant m'arrêter à une question plus précise, qui revêt une importance essentielle.

Depuis quelques dizaines d'années, le monde de la psy a été profondément affecté par la prise en compte d'une découverte issue des sciences sociales, le concept de *construction de la réalité*[28]. Le principe, en fait, est assez simple : le monde dans lequel vivent les hommes n'est pas, pour l'essentiel, un monde de choses matérielles, mais un monde symbolique, qu'ils ont eux-même produit. Tout ce qui a pour nous de la valeur, tout ce qui constitue pour nous le réel n'est pas une réalité au premier degré (qui existerait indépendamment de nous) mais une réalité de second degré, construite par nous et par les autres hommes. Bien sûr, il existe des choses et nous ne pourrions pas exister sans elles (ne serait-ce que parce que nous en sommes une : une réalité physique et biologique), mais ces choses n'existent pas directement pour nous : les seules choses que nous connaissions et auxquelles nous puissions attacher de l'importance, ce sont des choses symboliques, créées par l'homme, avec des mots ou des outils symboliques apparentés. Si nous considérons que certains aliments sont comestibles (le bœuf) et d'autres pas (le chien ou le rat), ce n'est pas en raison de leurs qualités objectives, mais parce que notre culture les a définis comme tels[29]. Si nous considérons qu'un objet a de la valeur (un billet de banque) et qu'un autre n'en a pas ou guère (une simple feuille de papier), ce n'est toujours pas en raison de ce qu'elles sont en fait, mais parce que nous leur avons donné ou non de la valeur. Le fait est particulièrement net quand on s'intéresse aux personnes et à leurs statuts : un président de la république n'est président, un fou n'est fou, un psy n'est psy que parce que nous les avons construits et validés comme tels, au lieu de les déclarer respectivement imposteur, génie et philosophe. L'histoire, l'ethnologie, la sociologie, la linguistique, la science politique, l'économie nous fournissent d'abondantes informations permettant de mettre à jour et de comprendre ces processus de construction sociale de la réalité.

Dans le domaine scientifique, cette vision est un acquis qui a ouvert des perspectives intéressantes à notre compréhension de la réalité humaine et sociale. Dans le monde psy, c'est aussi une découverte majeure : cela signifie que les difficultés que je rencontre dans ma vie, les souffrances qui sont les miennes, les impasses qui m'empêchent de progresser, sont elles aussi des constructions symboliques. Et ce que l'activité symbolique a fait, elle peut le défaire : elle peut renverser les difficultés en ressources, les souffrances en illusions dépassées, les impasses en voies de progression. Il suffit d'affirmer le caractère subjectif de ce qui constitue notre expérience de vie, et de se donner les moyens de changer cette perception subjective. Les thérapies cognitives vont largement exploiter cette piste, mais à peu près toutes les approches thérapeutiques ont été influencées, y compris la psychanalyse. Cela se traduit, par exemple, dans le discours psy contemporain, par l'omniprésence de la référence à la *croyance* : je *crois* que je suis incapable d'aimer et de travailler, que les autres ne m'aiment pas ou ne peuvent m'aimer qu'à telle ou telle condition, que je vais mourir de telle manière, que je suis victime d'un destin néfaste, que tel avantage ne peut que se payer de tel inconvénient, etc. Je peux simplement, grâce à la thérapie, m'affranchir de ces croyances et reprendre ainsi ma liberté.

Je ne m'interrogerai pas ici sur la portée thérapeutique d'une telle vision, mais sur ses retombées politiques. Elle débouche en effet le plus souvent sur une position *relativiste* : si je crois une chose et que quelqu'un d'autre croit le contraire, cela n'a rien de surprenant ni de problématique. Nous avons construit chacun la réalité à notre manière, voilà tout. Éventuellement, je peux être intéressé par la croyance de l'autre et décider de l'adopter, mais ce ne sera pas parce qu'elle est plus vraie, mais simplement parce qu'elle me convient mieux, pour une raison ou pour une autre, mais qui, en tout état de cause, ne regarde que moi. Cette position se concentre dans une affirmation qui est devenue le truisme le plus répandu dans l'univers psy : la vérité, ça n'existe pas.

Le problème, c'est que cette affirmation est incompatible avec le projet démocratique. Si nous nous proposons de nous gouverner nous-mêmes, collectivement, il faut bien que nous trouvions le moyen de nous mettre d'accord sur ce qu'est le monde, sur des valeurs et des projets, sur les moyens appropriés de les mettre en œuvre. Pour cela, il faut que nous discutions, mais il faut aussi que notre discussion soit ancrée dans un principe d'*objectivité* : que ladite discussion ne soit pas une simple confrontation de croyances, mais un processus dynamique et créatif d'accès à une réalité sur laquelle nous pourrons finalement nous mettre d'accord, pour de bonnes raisons. Sinon, la démocratie se réduira à l'alignement de points de vues différents, de croyances simplement juxtaposées ou opposées les unes aux autres, et l'on débouchera au mieux sur une tyrannie de la majorité, au pire sur une tyrannie tout court (car, après tout, comment nous mettrons-nous d'accord sur le fait que la majorité doit peser plus que la minorité ?). Rien de tout ce que nous avons dit, au chapitre 6, sur ce que la démocratie et la participation politique peuvent avoir de *bien* n'aura plus la moindre pertinence, et nous ferions sans doute mieux de nous occuper d'autre chose.

Donc, de deux choses l'une, ou bien la valeur de la démocratie, comme tout le reste, n'est qu'une croyance subjective parmi d'autres, que nous pouvons adopter ou rejeter, au hasard ou en fonction de ce qui nous convient, ou bien il y a quelque chose qui cloche dans le constructivisme. On me permettra de n'explorer que cette seconde hypothèse.

Je pense que le problème vient d'une confusion à propos de l'opposition objectivité/subjectivité. Il y a en effet deux manières de comprendre la distinction, qu'on peut nommer, à la suite de Searle[30], ontologique et épistémique. La question *ontologique* porte sur la nature des choses. C'est là que se situe la découverte essentielle du constructivisme en sciences sociales : les choses humaines ne sont pas *ontologiquement objectives* (elles n'existent pas indépendamment de l'activité symbolique humaine, ce ne sont pas des objets) mais *ontologiquement subjectives* (elles sont le produit de l'activité symbolique, elles n'existeraient pas si elles n'étaient pas pensées par des sujets). Ce qui fait la valeur d'un billet de banque ou d'un président de la République, ce n'est pas le papier ou la chair dont ils sont faits, mais le réseau de significations dans lequel ils sont insérés. Par contre, la question *épistémique* porte sur la possibilité de connaître les choses : un chose est *épistémiquement subjective* si la connaissance qu'on en a reste relative au sujet de la connaissance (chacun a sa manière de la voir, ou certains peuvent la voir et d'autres non). Elle est, au contraire, *épistémiquement objective* s'il est possible d'aboutir à un accord sur la connaissance qu'on en a, indépendamment du sujet de connaissance particulier. Par exemple, la douleur que je ressens est épistémologiquement subjective : personne d'autre que moi ne peut l'apprécier. Notons que, contrairement à la première, l'opposition épistémique n'est pas en tout ou rien : une chose peut être, épistémiquement, plus ou moins subjective, plus ou moins objective, et son objectivité, acquise à un moment donné de la discussion (on est tombés d'accord) peut être ultérieurement remise en cause par un nouveau participant à la discussion ou en raison de faits nouveaux. Le relativisme est une position épistémique : il affirme que toute connaissance est subjective. La démocratie suppose la possibilité d'une objectivité épistémique : nous pouvons nous mettre d'accord.

Le point est que les deux questions sont, en fait, totalement indépendantes. Si elles ne l'étaient pas, la découverte de la subjectivité ontologique des choses humaines déboucherait nécessairement sur le relativisme (notons d'ailleurs au passage que cette position subirait une objection radicale, vieille comme la pensée philosophique : comment le relativiste fera-t-il pour nous convaincre du caractère ontologiquement subjectif de la réalité sociale, lui qui pense qu'aucune connaissance objective n'est possible?). Mais il n'en est rien. En particulier, une réalité ontologiquement subjective (qui n'existe que sur un plan symbolique, dans la tête ou le langage des gens) peut néanmoins faire l'objet d'une connaissance épistémiquement objective. C'est même la situation la plus commune : le statut institutionnel d'un président de la république, la valeur d'un billet de banque ou la signification d'un signal du code de la route sont ontologiquement subjectifs mais, épistémiquement, ils sont parfaitement objectifs : il n'y a pas, ou presque pas, de désaccord à leur propos.

Il est donc tout à fait possible de reconnaître la valeur du constructivisme, et d'en tirer raisonnablement profit dans la pratique thérapeutique, sans rejeter pour autant en même temps toute possibilité d'objectivité épistémique : même si notre vie humaine est construite symboliquement, il n'y aucune raison de continuer à répéter, y compris dans le cadre de la pratique psy, que « la vérité n'existe pas ». Il est même primordial de cesser de le faire si l'on veut réellement aider les personnes à se construire comme acteurs conscients de leur propre vie et de la vie sociale.

L'OBJECTIVITÉ, AU-DELÀ DES CHOSES

Je pense qu'on m'accordera que, finalement, il n'est pas si indéfendable que cela de croire en la possibilité d'établir la vérité (au sens modeste, bien entendu, d'un accord incertain et toujours susceptible d'être remis en question[31]), en tout cas en matière de connaissances factuelles. Par contre, nous rencontrerons vite une nouvelle barrière, encore plus farouchement défendue, si nous prétendons aborder d'autres domaines, en particulier ceux de la connaissance des *valeurs* (morales ou esthétiques), ou de la connaissance de soi. Autant le mot d'ordre « la vérité n'existe pas », même s'il est répandu, garde toujours un petit parfum de provocation, autant c'est avec la plus grande des certitudes qu'on nous expliquera que, en matière de recherche du bien, du beau ou de l'authenticité, il ne saurait en aucun cas être question d'objectivité. Il va de soi que si nous reculons devant cette nouvelle barrière, le problème de compatibilité de la psy avec la démocratie restera entier : pour fonder ensemble un monde social que nous entreprendrons de réguler et de faire évoluer nous-mêmes, il est bien entendu nécessaire de se mettre d'accord sur un certain nombre de faits (physiques, matériels ou sociaux), mais il est tout aussi indispensable de pouvoir trouver un accord sur ce qu'est la justice, le bonheur, l'épanouissement humain, et éventuellement sur la beauté ou l'authenticité.

Je voudrais donc rapidement argumenter ici en faveur d'une position objectiviste ou réaliste (toujours au sens épistémique) dans ces dernières matières, principalement en matière de valeurs, et plus précisément de valeurs morales[32]. Il s'agit donc de voir dans quelle mesure est soutenable la position selon laquelle «les propositions portant sur ce qui nous donne des raisons d'agir peuvent être vraies ou fausses indépendamment de la manière dont les choses nous apparaissent»[33].

Il n'existe aucun moyen de démontrer directement la pertinence du réalisme moral (pas plus d'ailleurs que son contraire). La seule manière de la justifier est de faire remarquer que cette position est *a priori* la plus naturelle, celle qui correspond le mieux à nos intuitions et à nos comportements courants, et que donc la charge de la preuve revient à ceux qui la contestent. On pourra alors prendre en considération les différents arguments ou stratégies argumentatives susceptibles d'être employés dans cette contestation, pour montrer qu'elle ne débouche pas nécessairement sur le rejet du réalisme, qui reste donc la meilleure position, jusqu'à nouvel ordre.

En effet, notre manière habituelle de vivre la relation aux valeurs morales semble largement reposer sur une hypothèse d'objectivité. La *grammaire* de nos expressions est rigoureusement la même que celle qui nous sert à désigner des faits objectifs : la structure logique de «Sophie est courageuse» est la même que celle de «cette figure est carrée»; comme le second, le premier énoncé est susceptible d'être déclaré vrai ou faux, il peut être transformé au mode impératif, interrogatif, il peut être employé dans une argumentation, y compris en combinaison avec des énoncés factuels du second type, etc. D'autre part, le réalisme est aussi la position qui correspond le mieux à la *phénoménologie* de la vie morale : comme le remarque Williams[34], «la conscience d'un principe d'action qu'on a librement choisi n'a presque rien à voir avec la conscience d'un principe moral, qui est plutôt de l'ordre de ce qui doit être *reconnu*», et c'est bien, le plus souvent, cette expérience-là que nous avons de l'interrogation morale. La *pratique* de la communication interpersonnelle, enfin, semble également reposer sur une référence tacite à l'existence de valeurs objectives : nous posons des affirmations (ceci est bien, ceci est mal), nous les contestons (non, tu te trompes, c'est au contraire mal et bien), nous interrogeons (qu'en penses-tu ? Est-ce bien ou mal ?), nous introduisons des distinctions (cette réalité comporte deux aspects : le premier est un bien, le second est un mal), nous soulevons des contradictions (comment peux-tu dire que ceci est bien, alors que cela entraîne cela, qui est mal), etc.[35]

Ainsi, notre relation spontanée aux questions morales est réaliste. Bien entendu, il n'est pas exclu qu'elle soit erronée, qu'elle relève de l'illusion, mais, dans ce cas, c'est à ceux qui le prétendent d'en apporter la preuve. Or, aucun des arguments visant à démontrer la fausseté de la position réaliste ne semble pouvoir emporter la conviction. Passons-les rapidement en revue. *Premièrement*, on commencera par souligner le caractère socialement construit des valeurs morales : nous avons déjà vu que cette ontologie subjective (c'est une création de l'esprit humain) était indépendante de leur objectivité épistémique (tout le monde peut être d'accord à son propos). *Puis*, on affirmera la différence radicale entre les vérités de fait et les vérités normatives, les valeurs : certes, mais cela n'empêche pas que les unes et les autres soient réelles ; il y a certes des différences, par exemple dans le rapport à l'action et au désaccord : s'il y a un désaccord non tranché, je peux suspendre mon jugement dans le domaine des faits, pas de l'action (il faut bien que je fasse quelque chose) ; ou encore la découverte d'un désaccord entre croyances affaiblit généralement celles-ci, ce qui n'est pas le cas des valeurs, mais tout cela est compatible avec l'objectivité. *Troisièmement*, on exprimera des soupçons quant à l'existence objective d'entités, les valeurs, qui ne sont de toute évidence pas des choses au sens courant du mot, des entités qu'on ne peut ni voir, ni toucher. Mais c'est oublier que nous vivons dans un univers humain qui, même dans le domaine physique, est déjà abondamment peuplé de telles entités : qui a déjà vu un centre de gravité, un équateur ou une quantité d'énergie ? *Quatrièmement*, on remarquera que certaines valeurs ne sauraient en aucun cas faire l'objet d'un accord (les valeurs nazies, par exemple) ou que certaines valeurs sont de toute évidence le fruit du conformisme, de la manipulation, de complexes inconscients ou du calcul intéressé : mais cela veut simplement dire que ces valeurs sont fausses, ou que ce ne sont pas des valeurs mais des croyances, des préférences ou des stratégies ; les contester, c'est précisément se proposer de leur substituer des valeurs plus vraies. *Cinquièmement*, on fera remarquer qu'il existe de nombreux cas où une discussion sur la valeur d'un objet ne semble en aucune manière converger vers un accord, bien que cette discussion soit honnête et éclairée (c'est tout particulièrement le cas, semble-t-il, des discussions politiques) : mais c'est que, souvent, nous conduisons cette discussion à propos d'objets très complexes, qui comportent de nombreux sous-ensembles ; sur chacun d'entre eux, nous pourrions peut-être assez facilement tomber d'accord (et il peut être extrêmement important de savoir reconnaître ces accords) ; par contre, la manière dont les différents aspects doivent être pondérés dans un jugement global peut s'avérer pratiquement indécidable (c'est à peu près ce qu'on appelle un dilemme). Cela ne signifie pas que les valeurs n'existent pas ou qu'elles ne sont pas vraies, mais qu'elles ne suffisent pas toujours à déterminer nos choix[36] (et en cela, elles ne se distinguent en rien des vérités factuelles). *Sixièmement*, enfin, on exprimera la crainte que l'affirmation de l'existence de vérités morales ne débouche sur des attitudes dogmatiques et l'interdiction de la contestation. Mais c'est en réalité tout le contraire : c'est une invitation à la controverse et à l'échange (alors que la position subjectiviste renvoie chacun à la solitude de ses croyances plus ou moins arbitraires) et l'ouverture vers des expériences particulièrement risquées et enrichissantes : « lorsque nous adoptons un point de vue objectif, le problème n'est pas que les valeurs semblent disparaître, mais qu'il y en a un trop grand nombre qui proviennent de chaque vie et qui viennent submerger celles qui proviennent de la nôtre »[37].

Évidemment, tout cela est un peu ardu et expéditif, mais je voulais simplement montrer, aux psy comme aux politiques, que l'affirmation courante renvoyant les valeurs morales aux croyances subjectives de chacun n'est pas si évidente qu'il y paraît, et qu'elle pourrait être avantageusement remplacée par un réalisme éclairé. Et ceci y compris au sein même de la pratique psy : quand quelqu'un cherche comment il doit vivre et les voies qui lui permettront d'y accéder, les questions de valeur sont omniprésentes, et je ne suis pas sûr que l'attitude qui consiste à poser que ces valeurs n'ont aucune... valeur partagée, qu'elles ne renvoient qu'à des choix personnels, des illusions parasites ou à des héritages ininterrogeables soit une attitude très juste ni très aidante.

Il en est ainsi des différents types de perspectives morales, notamment les trois que nous avons passées en revue au chapitre 6 : qu'il s'agisse de déterminer quels sont nos devoirs, comment nous pouvons être heureux ou quelles sont les meilleures formes de réalisation de soi, la discussion est utile et l'accord est possible. La question du réalisme esthétique (l'objectivité des valeurs portant sur le beau) est encore plus disputée que celle du réalisme moral, mais l'ensemble du raisonnement précédent peut s'y appliquer. Enfin, la question de l'authenticité (dans quelle mesure la conscience que j'ai de moi et de ce qui se passe dans mon esprit est-elle juste?) relève elle-aussi de la même problématique : là où on aurait seulement tendance à aller rechercher cette capacité du côté de l'écoute de soi-même, d'un contact aussi direct et aussi peu déformé que possible avec nos expériences «profondes», une vision réaliste nous invitera au contraire à profiter de ce que les autres peuvent nous apporter en la matière par leurs accords et leurs désaccords.

PSY ET DÉVELOPPEMENT DE LA RAISON

Après avoir abondamment montré combien les pratiques psy pouvaient parfois négliger cette potentialité humaine qu'est la rationalité, voire la dégrader au profit de visions purement subjectivistes et relativistes, je voudrais terminer ce chapitre plus positivement : le travail psy peut aussi apporter une contribution décisive à la construction d'une véritable rationalité. C'est que nos capacités de raisonnement, de discussion, de recherche de la vérité, ne fonctionnent pas indépendamment des autres facettes de notre esprit. Le psychisme forme un tout, où s'entremêlent activité rationnelle, émotionnelle, affective, identitaire, relationnelle, etc. Il peut arriver que nos capacités rationnelles soient freinées ou biaisées par d'autres enjeux plus intimes : un travail psy dénouant ces enjeux pourra parfois permettre d'améliorer en retour notre rationalité.

Les analystes transactionnels ont forgé, pour désigner un tel travail, le terme de *décontamination*. Alors que, dans le schéma des États du moi, l'Adulte (qui représente notre capacité de contact authentique avec la réalité d'ici et maintenant) est relativement indépendant des deux autres, l'Enfant et le Parent, il arrive que ces derniers empiètent, ou *contaminent* son domaine : au lieu de réagir et de penser en fonction de la réalité d'aujourd'hui, j'en viens à me laisser guider par des préjugés (influence du Parent) ou par des illusions (influence de l'Enfant). Bien entendu, la présence de telles contaminations risque de me conduire dans une discussion (notamment politique) ou face à un choix (notamment d'engagement), à réagir d'une manière qui ne sera pas rationnelle dans la mesure où seront intervenus, d'une manière d'autant plus déterminante que ce sera à mon insu, des facteurs non pertinents car inactuels. D'un côté, il y a la présence, toujours maintenue en moi, des images des personnes qui ont contribué de manière décisive à ma formation, et bien sûr essentiellement mes parents. Il arrive que ce soient eux qui prennent les commandes de mon comportement et m'incitent à prendre telle position ou à faire tel choix, simplement en reproduisant leurs propres comportements ou valeurs, sans tenir compte de ma situation présente réelle. De l'autre, il y a les souvenirs conservés de mes expériences d'enfance, avec leur lot de douleurs non exprimées, d'événements ou de messages mal compris, de représentations fantasmatiques : là aussi, il arrivera qu'au lieu de réagir en fonction de ce que je suis aujourd'hui et de ce qui m'entoure aujourd'hui, j'agisse comme autrefois ou comme si j'étais encore dans la situation d'autrefois. Prendre conscience de telles contaminations, et surtout faire le travail qui doit être fait en direction de l'Enfant et du Parent pour en intégrer ce qui doit l'être et tenir à distance ce qui n'est plus pertinent ou est devenu néfaste, me permettra de développer une rationalité plus riche et plus pertinente.

Un tel travail de décontamination pourra être particulièrement intéressant pour éclairer les motifs de l'engagement ou du non-engagement politique. D'un côté, on pourra rencontrer des motivations qui renvoient non à une analyse rationnelle de la situation sociale ou à une analyse morale de ce que je dois y faire, mais à une influence de mon histoire relationnelle, à des comptes à régler avec telle ou telle dimension de l'existence, des blessures à réparer, des carences à combler, des modèles à imiter ou, au contraire, à combattre, etc. Contrairement à ce qu'on pourrait croire, l'analyse de ces motivations non pertinentes ne fera pas forcément disparaître le choix d'engagement, dans la mesure où cette analyse n'effacera pas les enjeux personnels inactuels : j'apprendrai au contraire à les reconnaître comme miens. Par contre, en en prenant conscience, je pourrais leur permettre d'intervenir de manière plus souple, plus avisée, en laissant plus de place au doute, à l'échange, à la découverte. En ce qui concerne l'abstention, on pourra rencontrer exactement les mêmes mécanismes et, cette fois, le travail d'analyse de la contamination pourra déboucher, si les motivations politiques et morales rationnelles sont au rendez-vous, sur une décision d'engagement. On rencontrera aussi de nombreux cas où le choix d'abstention renvoie à une image dégradée de ses propres capacités à penser, à être accepté, à exercer du pouvoir, à se faire comprendre. Ces dévalorisations, issues des décisions de l'enfant ou des messages ou modèles parentaux, pourront également être levées par un travail psy adapté.

Mais c'est parfois l'activité rationnelle elle-même qui fait l'objet d'un tel interdit : combien de personnes, en raison de leur histoire familiale, scolaire ou sociale, en sont venues à penser que «tout cela n'est pas pour eux» : affirmer des opinions, les exprimer par oral et plus encore par écrit, discuter celles des autres, inventer de nouvelles idées, en trouver par la lecture de livres savants, etc. Le travail psy pourra parfois permettre de «remettre la machine en route» en permettant une prise de conscience des enjeux et en contribuant à lever les inhibitions.

Une autre manière d'aborder la même question peut être de se centrer sur les situations de communication et notamment les discussions (politiques donc, pour ce qui nous intéresse ici). Tout le monde a pu en faire l'expérience : il nous arrive parfois d'avoir le sentiment que la manière dont se déroule une discussion prétendument rationnelle n'a que peu à voir avec le sujet, et encore moins avec une volonté des participants d'aboutir à un accord ou de produire ensemble de nouvelles positions supérieures à chacune de leurs positions de départ. C'est que, dans une discussion comme dans toute communication, deux enjeux interviennent à la fois : l'un concerne le *contenu* des échanges, l'autre la *relation* entre les protagonistes. Par exemple, si quelqu'un m'adresse une demande, il y a, d'une part, le contenu de cette demande et mon opinion quant au fait qu'il serait juste ou non de la satisfaire ; mais il a aussi la perception que j'ai de celui qui me parle, de la manière dont il me parle et de ce que cela semble vouloir dire de la perception qu'il a de moi ou de la relation entre nous, etc. Il arrivera ainsi couramment que je refuse d'accepter une demande, bien que j'en trouve le contenu juste et que rien ne s'opposerait rationnellement à ce que j'y satisfasse, simplement parce que l'enjeu relationnel prend le dessus et que je veux avant tout affirmer telle ou telle position dans cette relation (par exemple : «Je ne suis pas ton serviteur»). Il en va de même dans les discussions rationnelles : alors que, apparemment, on confronte des points de vue pour essayer de dégager le meilleur, chacun se préoccupe aussi de sa place dans la discussion, de l'image qu'il donne de lui-même, de l'image que les autres semblent avoir ou risqueraient d'avoir, etc.

Le cas le plus simple est celui où la prise de parole dans la discussion n'a que secondairement une fonction argumentative mais vise surtout à permettre à celui qui parle d'affirmer son droit à parler, à être écouté, ou sa capacité à parler bien ou à dire beaucoup de choses. Il peut être bon de rappeler, comme Nagel, que «il ne faut pas abandonner la recherche de la vérité, même si vous aurez bien moins à dire si c'est la vérité que vous cherchez, et non pas simplement quelque chose à dire»[38], mais, dans un premier temps, cela nous permettra surtout de prendre conscience du nombre de fois où, précisément, nous cherchons simplement à avoir quelque chose à dire.

Ensuite, quand commencera la discussion proprement dite, je serai confronté à la difficile question du changement d'avis : suis-je prêt à admettre, devant l'autre, que j'avais tort et que c'est lui qui avait raison ?

À l'évidence, cela ne dépend pas que du contenu... De même, dans quelle mesure est-il important pour moi de convaincre l'autre de changer d'avis, non en raison de l'importance que j'attache à mon opinion et des conséquences positives qu'aurait le fait qu'il l'adopte, mais simplement parce que je veux vérifier ma capacité à le faire, ou sa capacité à l'accepter ? Si plus de deux personnes interviennent dans la discussion, joueront des processus plus complexes : affirmations d'alliances, attitude vis-à-vis de l'un déterminée par la présence d'un troisième qui observe, etc. Interviendront aussi des questions d'appartenance : les opinions sont aussi des sortes d'insignes qui manifestent notre appartenance à des groupes pratiques (partis, institutions, corporations, courants...) ou symboliques (les générations, les groupes de genre, le «peuple de gauche», ou de droite...). Tenir une opinion, ce peut être affirmer sa fidélité à un groupe, changer d'opinion peut être vécu comme une trahison. Enfin, le contenu même des opinions pourra intervenir : je peux rester farouchement et passionnément attaché à une position parce que je tiens à m'affirmer comme «le type de personne qui n'en démordra pas sur ce point» et qu'il serait grave pour moi qu'on puisse en douter. On le voit, la complexité peut vite devenir très grande. D'autant que, une fois fait un premier travail de désintrication des enjeux de contenu et des enjeux de relation, ces derniers renverrons à la totalité de l'histoire personnelle, que le travail psy pourra tenter de démêler.

Un dernier type de travail qui pourra contribuer à l'élaboration d'une rationalité plus puissante et ouverte, que j'inclus dans la psy parce qu'il prend la forme d'un travail clinique, mais qui renvoie à des cadres théoriques différents, c'est l'exploration de l'histoire sociale, personnelle et familiale. Vincent de Gaulejac mène depuis quelques années une exploration systématique de ces questions dans le cadre de ses séminaires *Roman familial et trajectoire sociale*, que j'ai déjà évoqués et dont je me suis moi-même inspiré pour animer de telles explorations sur les deux thèmes voisins de l'engagement politique et du rapport au savoir[39]. On y voit se déployer toute la complexité, la richesse et les tourments de l'expérience que chacun a de la diversité des positions sociales, des inégalités entre ces positions, des relations entre les détenteurs de ces positions et, enfin, des processus de déplacement d'une position à l'autre (notamment entre le point de départ, la position de ma famille d'origine, et mon point d'arrivée actuel, ma propre position sociale). On voit aussi de quelle manière les traces de ces histoires se transmettent de génération en génération, surtout quand elles sont restées inachevées («les enfants héritent des contradictions non résolues de leurs parents», dit Gaulejac) et peuvent peser lourd dans la vie des héritiers, mais aussi constituer de précieuses ressources. Et, enfin, on y voit combien ces expériences éclairent la manière dont chacun se voit lui même, dont il voit le monde et notamment le monde social, les convictions qui seront mises en jeu dans les discussions sociopolitiques ou la manière dont chacun pratiquera, ou ne pratiquera pas, les différentes composantes de l'activité rationnelle (lecture, écriture, discussion, raisonnement).

NOTES

[1] Carl Schmitt, *Parlementarisme et démocratie*. Voir les présentations et commentaires critiques de Renaut et Mesure, *La guerre des dieux*, p. 109 sq.
[2] Cité par Guillebaud, *La refondation du monde*, p. 162.
[3] Voir l'analyse de ces différents besoins au chapitre 6.
[4] Thème notamment développé par C. Castoriadis, par exemple, dans *L'institution imaginaire de la société*.
[5] Certes, il faut être capable de douter, y compris de ce qui semble sauter aux yeux. Mais il faut aussi savoir arrêter de douter quand la piste ainsi ouverte ne débouche sur rien de plausible.
[6] C'est ce que Thomas Nagel a remarquablement montré dans le livre auquel il a donné ce titre.
[7] J. Piaget, *Six études de psychologie*.
[8] J. Piaget, *L'équilibration, problème central du comportement*.
[9] Je ne peux que renvoyer ici collectivement à l'ensemble des travaux du MAUSS (Mouvement Anti-Utilitariste en Sciences Sociales) et à la revue du même nom, publiée par les éditions de la Découverte.
[10] R. Boudon, *L'idéologie*, p. 53 sq.
[11] D. Lecourt. *L'ordre et les jeux*.
[12] Rawls, *Théorie de la justice*, p. 73 sq.
[13] Voir par exemple l'ensemble de travaux de Bruno Latour en sociologie des sciences, en particulier *La science en action*.
[14] L. Ferry, *L'éthique reconstructive*, p. 63.
[15] Bien entendu, il est essentiel de le préciser à nouveau, cela ne signifie pas que tous les doutes doivent faire l'objet d'une exploration approfondie : il faut être capable d'identifier rapidement ceux qui ne déboucheront sur aucun progrès significatif de la connaissance.
[16] Larmore, *Modernité et morale*, p. 88.
[17] *Les organisations*, p. 133 sq.
[18] *L'institution imaginaire de la société*.
[19] Damasio, *L'erreur de Descartes*. Voir aussi Dumouchel, *Émotions*.
[20] Je me réfère ici bien entendu aux célèbres analyses de Habermas sur la raison communicationnelle.
[21] Il ne s'agit ici, pour l'instant, que de l'impact direct de la pratique psy sur la rationalité. L'effet thérapeutique lui-même peut avoir finalement des retombées positives quant aux capacités de pensée rationnelle : nous les examinerons dans la dernière section de ce chapitre.
[22] M. Lacroix, *Le développement personnel*.

[23] C'est ainsi qu'il attribue à Serge Ginger la phrase «l'important n'est pas ce qu'on a fait de moi mais ce que je fais de ce qu'on a fait de moi», dont tout le monde, dans le métier, sait qu'elle est due à... Jean-Paul Sartre (p. 41).
[24] Je reviendrai longuement sur cette notion dans la section suivante.
[25] *Le développement personnel*, p. 32. Bien entendu, une telle affirmation n'a aucun fondement.
[26] «Oubliez votre pensée, ouvrez-vous à vos sensations.»
[27] M. Pagès, *Psychothérapie et complexité*.
[28] Watzlawick *et al.*, *L'invention de la réalité*.
[29] Voir, par exemple, l'amusante analyse de Sahlins dans *Au cœur des sociétés*, p. 216 *sq*.
[30] Searle, *La construction de la réalité sociale*, p. 21 *sq*.
[31] Voir plus haut les contours de la «rationalité modeste».
[32] On trouvera dans Ogien, *Le réalisme moral*, un dossier très complet pour la question. Pour une présentation plus rapide, on peut aussi se reporter à Nagel, *Le point de vue de nulle part*, p. 166 *sq*., et à Tappolet, *Emotions et valeurs*, p. 39 *sq*.
[33] Nagel, *Le point de vue de nulle part*, p. 167.
[34] *La fortune morale*, p. 34.
[35] C. Tappolet, *Émotions et valeurs*, p. 70-72.
[36] Prenons le cas d'une personne qui, pour se consacrer à la participation politique, est amenée à négliger l'éducation de ses enfants. Si nous tentons de porter un jugement moral global sur ce choix, la discussion risque effectivement de ne pas aboutir. Par contre, nous tomberons facilement d'accord sur le fait que la participation est une bonne chose et que la carence éducative en est une mauvaise. Le constat de l'impossibilité de synthétiser ces jugements en un jugement global ne remet pas en cause notre conviction du caractère fondé des deux jugements particuliers : le problème réside dans la structure même du système d'action dans lequel est prise cette personne. Cela devrait donc nous conduire à rechercher des solutions politiques permettant de mieux concilier les deux valeurs.
[37] Nagel, *Le point de vue de nulle part*, p. 176.
[38] *Le point de vue de nulle part*, p. 14.
[39] Les premiers dans le cadre de la formation de médiateurs, au CUEEP de Lille, les seconds dans le cadre d'un séminaire «histoire de savoir/histoires de savoirs» à l'Institut d'Analyse Transactionnelle de Lille.

Conclusion

Comme d'autres, je cherche qui je suis. En la matière, chacun se débrouille comme il peut, et il y a beaucoup de façons de s'y prendre. La mienne relève en grande partie de l'identité narrative[1] : je me raconte des histoires sur mon histoire, je me les répète et je les propose aux autres, avec d'infinies variations, j'en crée de nouvelles et j'en oublie certaines, en tentant peu à peu de constituer une forme qui, à la fois, fasse sens et m'aide un peu à vivre.

Ces temps derniers, une de ces histoires s'est imposée comme un cadre possible pour toutes les autres. Elle a l'avantage (et les risques) de la simplicité : quatre périodes de même durée, quatre fois quinze ans, nettement contrastées. J'ai passé la première dans un bourg agricole du Nord de la France, dans un milieu de petits artisans et commerçants, où régnaient sans partage les principes de «l'extérieur comme norme et l'immuable comme règle»[2], et auprès duquel tout ce dont il a été question dans ces pages ne pouvait parvenir qu'à l'état de rumeurs improbables, difficilement compréhensibles et vaguement scandaleuses. Une nouvelle période commence avec mon arrivée «à la ville», pour le lycée : le premier souvenir que j'en garde est celui de la rencontre, devant la grille, de jeunes gens barbus et chevelus qui distribuaient des tracts aux élèves, pratique dont j'ignorais jusque-là l'existence et la fonction, et documents dont le contenu s'avéra évidemment indéchiffrable pour moi. Mais j'étais attiré et, pendant les quinze années qui suivront, une bonne part de mon existence sera consacrée à différentes formes d'activité politique. Jusqu'à ce qu'une crise personnelle me conduise à me tourner vers de toutes autres préoccupations : le monde de la psychothérapie et du développement personnel, comme client, d'abord, puis peu à peu aussi comme praticien. J'y ai mis, pendant la même durée, la même passion que précédemment pour l'activité militante, et j'en ai retiré également beaucoup d'enrichissements personnels. Enfin, j'ai eu 45 ans il y a trois ans, et ces derniers temps j'ai commencé à retrouver un grand intérêt pour le politique, j'ai recommencé à y consacrer du temps et de l'énergie.

C'est dire combien la réflexion dont ce livre est le résultat a été en grande partie animée par les enjeux de ma propre recherche identitaire, combien les questions que j'y traite sont d'abord des questions pour moi. Et dans une double perspective. Diachronique, d'abord : est-il possible de trouver une unité, voire une valeur à cette histoire ? Quelle peut-être la personnalité de celui qui, ainsi, a partagé l'essentiel de sa vie d'adulte entre deux voies qu'apparemment tout oppose : incohérence ou, sous l'apparence du changement, continuité d'une recherche essentielle ? Synchronique, ensuite : puisqu'aujourd'hui, je me propose (pour quinze ans ?) de revenir vers le politique, tout en continuant à travailler sur moi et à accompagner les autres dans cette voie, vais-je devoir le vivre sur le mode du dédoublement de personnalité, psy la journée, militant le soir, ou puis-je trouver à ces deux pratiques un sens commun ? Bien entendu, à cette double interrogation, je désirais trouver une réponse qui aille dans le sens de la consistance plutôt que du clivage, et c'est bien la thèse qui sous-tend tout ce qu'on vient de lire.

Quant à la solidité de cette thèse, je suggère qu'on en juge d'après l'argumentation : après tout, ce n'est pas parce que cette recherche était ouvertement intéressée que son résultat en est moins fiable. Mais à quoi bon, dira-t-on, si ce résultat n'a de pertinence que pour moi, s'il répond à des questions que je suis le seul à me poser ?

Mais justement, je suis convaincu de ne pas être le seul. C'est que mon histoire, si l'on y regarde à nouveau, est moins singulière que je ne pourrais être tenté de le croire. Si j'ai été accueilli à mon arrivée au Lycée par des diffuseurs de tracts gauchistes, c'est parce que nous étions dans l'immédiat après-68, et l'imprégnation de toute ma vie par les questions politiques a été celle de toute une génération, marquée par le gauchisme et la perspective du socialisme, mais aussi par le féminisme et la libération sexuelle, le tiers-mondisme et le régionalisme, les débuts de la prise de conscience écologiste et des luttes pour les droits des homosexuels, etc. Certains y ont cru et se sont battus pour tout cela, d'autres en ont eu peur, d'autres encore se sont contentés de profiter des progrès obtenus, mais personne ne pouvait ignorer le « nous sommes tous concernés » si caractéristique de l'époque. Et lorsque, quinze ans plus tard, j'ai tourné le dos à tout cela pour m'occuper de moi, de mes amours, de ma santé, de mes enfants et de ma réussite professionnelle, je n'ai pas non plus été le seul : c'était le début des « années Mitterrand », le tournant de la rigueur, la fin d'un certain nombre d'illusions et le repli vers les valeurs du privé, de l'intérêt personnel et de l'entreprise. Enfin, si, aujourd'hui, je suis à la recherche d'une manière de pratiquer la politique qui ne tourne pas le dos à tout ce que m'a appris mon chemin personnel, mais redonne toute sa place aux enjeux historiques et collectifs, aux valeurs propres à la vie publique, je ne suis toujours pas isolé : on sait, pour ne prendre qu'un symptôme, combien le thème de la citoyenneté a connu, depuis quelques années, un regain de fortune, et je ne suis pas de ceux qui veulent n'y voir cyniquement qu'une mode ou un tour de passe-passe idéologique. Parler du citoyen, c'est bien une manière de parler à nouveau du politique, mais en l'ancrant cette fois, non plus dans des lois de l'histoire ou des mécanismes structurels, mais dans les êtres qui la portent et en constituent l'enjeu ultime : les hommes et les femmes que nous sommes, avec leur histoire singulière et commune, leurs peurs et leurs joies, leurs valeurs et leur part d'ombre.

Je pense donc que beaucoup d'hommes et de femmes d'aujourd'hui pourraient se retrouver dans la forme actuelle de ma quête : comment associer dans un même projet de vie et une même personnalité le souci du politique et le souci de soi, non dans une simple juxtaposition, mais dans une relation forte et signifiante, « sans fusion, sans séparation et sans subordination »[3]? Nombreux sont ceux en effet qui, aujourd'hui, décident ou envisagent de faire appel à l'aide d'un psy pour les accompagner dans la conduite de leur vie ; tout aussi nombreux ceux qui pensent que, au stade où en est le monde, il est temps que davantage de citoyens se mobilisent. Ma conviction est que, à l'avenir, ce pourrait bien de plus en plus souvent être les mêmes, et qu'il y a lieu de s'en réjouir.

NOTES

[1] Le concept a été développé par Paul Ricœur au fil de toute son œuvre, notamment dans *Soi-même comme un autre*, p. 137-198 ; on la trouve aussi chez Alasdair MacIntyre, dans *Après la vertu*, p. 199-218.
[2] Marcel Gauchet, *Le désenchantement du monde*, p. 20.
[3] Formulation adoptée par le concile du Latran pour décrire la relation entre les deux natures, humaine et divine, dans la personne du Christ.

Références bibliographiques

NB : pour les œuvres historiques citées d'après une édition moderne, la première date est celle de la première édition, la seconde celle de l'édition utilisée.

Alberoni, Francesco (1981). *Le choc amoureux. L'amour à l'état naissant.* Paris : Ramsay.
Anatrella, Tony (2001). *Non à la société dépressive.* Paris : Flammarion.
Ancelin Shutzenberger, Anne (1997). *Aïe mes aïeux!* Paris : Desclée de Brouwer.
Angot, Christine (1997). *Les autres.* Paris : Fayard.
Ansart, Pierre (1997). *Les cliniciens des passions politiques.* Paris : Seuil.
Anzieu, Didier (1981). *Le groupe et l'inconscient. L'imaginaire groupal.* Paris : Dunod.
Aron, Raymond (1994). *Études politiques.* Paris : Gallimard.
Atlan, Henri (1986). *À tort et à raison. Intercritique de la science et du mythe.* Paris : Seuil.
Audry, Colette (1976). *Les militants et leur morale.* Paris : Flammarion.
Barber, Benjamin R. (1997). *Démocratie forte.* Paris : Desclée de Brouwer.
Barret, Robert (1999). *La Traite des fous. La construction sociale de la schizophrénie.* Le Plessis-Robinson : Synthélabo.
Barthélemy, Martine (2000). *Associations : un nouvel âge de la participation?* Paris : Presses de Science Po.
Bary, B.B., Hufford, F.M. (1991). Les six « avantages » des jeux psychologiques et leur utilisation en thérapie, *Actualités en Analyse Transactionnelle*, 17(65), 10-16.
Baubérot, Jean (1997). *La morale laïque contre l'ordre moral.* Paris : Seuil.
Beauvois, Jean-Léon (1984). *La psychologie quotidienne.* Paris : PUF.
Beauvois, Jean-Léon (1994). *Traité de la servitude libérale.* Paris : Dunod.
Belorgey, Jean-Michel (2001). *Cent ans de vie associative.* Paris : Presses de Science Po.
Benveniste, Émile (1966). *Essais de linguistique générale.* Paris : Gallimard.
Bergeret, Jean (1974). *La personnalité normale et pathologique. Les structures mentales, le caractère, les symptômes.* Paris : Dunod.
Bergeret, Jean (2000). *La violence fondamentale.* Paris : Dunod.
Berten, André, Da Silveira, Pablo, Pourtois, Hervé (éd.) (1997). *Libéraux et communautariens.* Paris : PUF.
Besnard, Philippe (1987). *L'anomie, ses usages et ses fonctions dans la discipline sociologique depuis Durkheim.* Paris : PUF.
Bidou, Catherine (1984). *Les aventuriers du quotidien. Essai sur les nouvelles classes moyennes.* Paris : PUF.
Billing, Michael (1984). Racisme, préjugés et discrimination. In Moscovici (éd.) *Psychologie sociale*, 449-472. Paris : PUF.
Birnbacher, Dieter (1994). *La responsabilité envers les générations futures.* Paris : PUF.
Boal, Augusto (1990). *L'arc-en-ciel du désir. Méthode Boal de théâtre et de thérapie.* Paris : Ramsay.

Boltanski, Luc (1990). *L'Amour et la justice comme compétences. Trois essais de sociologie de l'action*. Paris : Métailié.

Borillo, Daniel, Fassin, Éric, Iacub, Marcela (éd.) (1998). *Au-delà du PACS. L'expertise familiale à l'épreuve de l'homosexualité*. Paris : PUF.

Boudon, Raymond (1985). *L'idéologie. L'origine des idées reçues*. Paris : Fayard.

Boudon, Raymond (1977). *Effets pervers et ordre social*. Paris : PUF.

Boudon, Raymond (1984). *La place du désordre*. Paris : PUF.

Bourdieu, Pierre (1979). *La distinction*. Paris : Éditions de Minuit.

Bourdieu, Pierre (1980). *Le sens pratique*. Paris : Éditions de Minuit.

Bourdieu, Pierre (1989). *La noblesse d'État. Grandes écoles et esprit de corps*. Paris : Éditions de Minuit.

Bourdieu, Pierre (éd.) (1997). *La misère du monde*. Paris : Seuil.

Bourdieu, Pierre, Boltanski, Luc, Castel, Robert & Chamboredon, Jean-Claude (1965). *Un art moyen*. Paris : Éditions de Minuit.

Braud, Philippe (1991). *Le jardin des délices démocratiques*. Paris : Presses de Science Po.

Bruckner, Pascal (2000). *L'euphorie perpétuelle. Essai sur le devoir de bonheur*. Paris : Grasset et Fasquelle.

Caillé, Alain (1986). *Splendeur et misères des sciences sociales*. Genève/Paris : Droz.

Canto-Sperber, Monique (2001). *L'inquiétude morale et la vie humaine*. Paris : PUF.

Castel, Françoise, Castel, Robert & Lovell, Anne (1979). *La société psychiatrique avancée. Le modèle américain*. Paris : Grasset.

Castel, Robert (1973). *Le psychanalysme*. Paris : Maspero. Aujourd'hui disponible chez Flammarion.

Castel, Robert (1976). *L'ordre psychiatrique. L'âge d'or de l'aliénisme*. Paris : Éditions de Minuit.

Castel, Robert (1981). *La gestion des risques. De l'anti-psychiatrie à l'après-psychanalyse*. Paris : Éditions de Minuit.

Castel, Robert (1995). *Les métamorphoses de la question sociale. Une chronique du salariat*. Paris : Fayard.

Castoriadis, Cornelius (1975). *L'institution imaginaire de la société*. Paris : Seuil.

Chalier, Catherine (1998). *Pour une morale au-delà du savoir. Kant et Levinas*. Paris : Albin Michel.

Chalier, Catherine (1999). *De l'intranquillité de l'âme*. Paris : Payot.

Comte-Sponville, André (1988). *Vivre (Traité du désespoir et de la béatitude, II)*. Paris : PUF.

Comte-Sponville, André (1995). *Petit traité des grandes vertus*. Paris : PUF.

COPAS (2001). *Agir ensemble. Pouvoir et reconnaissance dans l'intervention sociale*. Paris : Fondation de France.

Coquelle, Claude (1994). Attention, projet! *Formation Emploi*, no 45, 25-32.

Coquelle, Claude (1997). Tu vas pas aller où?! *COPAS*, no 13 & 14.

Crozier, Michel, Friedberg, Erhard (1977). *L'acteur et le système*. Paris : Seuil.

Cyrulnik, Boris (2001). *Les vilains petits canards*. Paris : Odile Jacob.

Damasio, Antonio R. (1995). *L'erreur de Descartes. La raison des émotions*. Paris : Odile Jacob.

Debray, Michel (1981). *Critique de la raison politique*. Paris : Gallimard.

Deconchy, Jean-Pierre (1984). Systèmes de croyances et représentations idéologiques, in Moscovici, Serge (dir.), *Psychologie sociale*. Paris : PUF, p. 331-355.

Delacampagne, Christian (1974). *Antipsychiatrie. Les voies du sacré*. Paris : Grasset.

Delphy, Christine (1998 et 2001). *L'ennemi principal*. Paris : Syllepse (2 vol.).
Despret, Vinciane (1999). *Ces émotions qui nous fabriquent. Ethnopsychologie des émotions*. Le Plessis-Robinson : Synthélabo.
Doise, Willem, Mugny, Gabriel (1981). *Le développement social de l'intelligence*. Paris : InterÉditions.
Ducrot, Oswald (1972). *Dire et ne pas dire. Principes de sémantique linguistique*. Paris : Hermann.
Dufour, Dany-Robert (1996). *Folie et démocratie. Essai sur la forme unaire*. Paris : Gallimard.
Dumont, Louis (1983). *Essais sur l'individualisme. Une perspective anthropologique sur l'idéologie moderne*. Paris : Seuil.
Dumouchel, Paul (1999). *Émotions. Essai sur le corps et le social*. Le Plessis-Robinson : Synthélabo.
Durkheim, Émile (1912/1985). *Les formes élémentaires de la vie religieuse*. Paris : PUF.
Durkheim, Émile (1897/2000). *Le suicide. Étude de sociologie*. Paris : PUF.
Elias, Norbert (1939/1994). *La civilisation des mœurs*. Paris : Calmann-Lévy.
Estroff, Sue (1998). *Le Labyrinthe de la folie. Ethnographie de la psychiatrie en milieu ouvert et de la réinsertion*. Le Plessis-Robinson : Synthélabo.
Favret-Saada, Jeanne (1977), *Les mots, la mort, les sorts*. Paris : Gallimard.
Ferry, Jean-Marc (1996). *L'éthique reconstructive*. Paris : Cerf.
Finkielkraut, Alain (1984). *La sagesse de l'amour*. Paris : Gallimard.
Finkielkraut, Alain (1999). *L'ingratitude. Conversations sur notre temps*. Paris : Gallimard.
Fisch, R., Weakland, J.H., Segal, L. (1986). *Tactiques du changement. Thérapie et temps court*. Paris : Seuil.
Flanagan, Owen (1996). *Psychologie morale et éthique*. Paris : PUF.
Foucault, Michel (1976). *Histoire de la folie à l'âge classique*. Paris : Gallimard.
Foucault, Michel (1976). *La volonté de savoir. Histoire de la sexualité, I*. Paris : Gallimard.
Foucault, Michel (1984). *L'usage des plaisirs. Histoire de la sexualité, II*. Paris : Gallimard.
Foucault, Michel (1984). *Le souci de soi. Histoire de la sexualité, III*. Paris : Gallimard.
Frémion, Yves (1980). *Les orgasmes de l'histoire*. Paris : Encre.
Freud, Sigmund (1924/1989). Psychologie collective et analyse du Moi, in *Essais de psychanalyse*. Paris : Payot.
Freud, Sigmund (1930/2000). *Malaise dans la civilisation*. Paris : PUF.
Gauchet, Marcel (1985). *Le désenchantement du monde*. Paris : Gallimard.
Gauchet, Marcel (1998). Essai de psychologie contemporaine. *Le Débat*, *99*, 164-181 et *100*, 189-206.
Gauchet, Marcel, Swain, Gladys (1980). *La pratique de l'esprit humain. L'institution asilaire et la révolution démocratique*. Paris : Gallimard.
Gaulejac, Vincent de (1987). *La névrose de classe*. Paris : Hommes et groupes.
Gaulejac, Vincent de (1996). *Les sources de la honte*. Paris : Desclée de Brouwer.
Gaulejac, Vincent de (1999). *L'histoire en héritage*. Paris : Desclée de Brouwer.
Gaxie, Daniel (1978). *Le cens caché. Inégalités culturelles et ségrégation politique*. Paris : Seuil.
Gaxie, Daniel (2000). *La démocratie représentative*. Paris : Montchrestien.
Gentis, Roger (1980). *Leçons du corps*. Paris : Flammarion.

Giust, Annie-Charlotte (1997). *La réplique du sujet*. In N. Aubert, V. de Gaulejac & K. Navridis (éds). *L'aventure psychosociologique*, 319-328. Paris : Desclée de Brouwer.

Goffman, Erving (1973). *La mise en scène de la vie quotidienne*. Paris : Éditions de Minuit (2 vol.).

Goldstein, Jan 1997). *Consoler et classifier. L'essor de la psychiatrie française*. Le Plessis-Robinson : Synthélabo.

Guillebaud, Jean-Claude (1999). *La refondation du monde*. Paris : Seuil.

Habermas, Jurgen (1987). *Théorie de l'agir communicationnel*. Paris : Fayard, 2 vol.

Hacking, Ian (1998). *L'âme réécrite. Étude sur les personnalités multiples et les sciences de la mémoire*. Le Plessis-Robinson : Synthélabo.

Haley, Jay (1998). *Un thérapeute hors du commun : Milton Erikson*. Paris : Desclée de Brouwer.

Hergé (1953). *Objectif Lune*. Bruxelles : Casterman.

Hess, Rémi (2000). *L'analyse institutionnelle*. Paris : PUF.

Hirschman, Albert O. (1983). *Bonheur privé, action publique*. Paris : Fayard.

Hirschman, Albert O. (1991). *Deux siècles de rhétorique réactionnaire*. Paris : Fayard.

Hirschman, Albert O. (1995). *Défection et prise de parole*. Paris : Fayard.

Honneth, Axel (2000). *La lutte pour la reconnaissance*. Paris : Cerf.

Ion, Jacques (1997). *La fin des militants?* Paris : L'Atelier.

Jasper, Karl (1946 / 1990). *La culpabilité allemande*. Paris : Éditions de Minuit.

Joule, Robert, Beauvois, Jean-Léon (1987). *Petit traité de manipulation à l'usage des honnêtes gens*. Grenoble : Presses Universitaires de Grenoble.

Kardiner, Abram (1969). *L'individu dans sa société. Essai d'anthropologie psychanalytique*. Paris : Gallimard.

Kaufmann, Jean-Claude (1992). *La trame conjugale. Analyse du couple par son linge*. Paris : Nathan.

Kaufmann, Jean-Claude (1997). *Le cœur à l'ouvrage. Théorie de l'action ménagère*. Paris : Nathan.

Kaufmann, Jean-Claude (2001). *Ego. Sociologie de l'individu*. Paris : Nathan.

Lacroix, Michel (2000). *Le développement personnel*. Paris : Flammarion.

Larmore, Charles (1993). *Modernité et morale*. Paris : PUF.

Latour, Bruno (1989). *La science en action*. Paris : La Découverte.

Le Goff, Jean-Pierre (1998). *Mai 68, l'héritage impossible*. Paris : La Découverte.

Le Goff, Jean-Pierre (1999). *La barbarie douce. La modernisation aveugle des entreprises et de l'école*. Paris : La Découverte.

Lecourt, Dominique (1981). *L'ordre et les jeux. Le positivisme logique en question*. Paris : Grasset.

Lefort, Claude (1986). *Le travail de l'œuvre. Machiavel*. Paris : Gallimard.

Lévi-Strauss, Claude (1962). *La pensée sauvage*. Paris : Plon.

Leyens, Jacques-Philippe (1983). *Sommes-nous tous des psychologues?* Bruxelles : Mardaga.

Lipietz, Alain (2001). *Pour le tiers secteur. L'économie sociale et solidaire. Pourquoi et comment*. Paris : La Découverte.

Lourau, René (1972). *L'analyse institutionnelle*. Paris : Éditions de Minuit.

MacIntyre, Alasdair C. (1984). *L'inconscient. Analyse d'un concept*. Paris : PUF.

MacIntyre, Alasdair C. (1997). *Après la vertu*. Paris : PUF.

March, J.G., Simon, H.A. (1958/1979). *Les organisations*. Paris : Dunod.

Marx, Karl, Engels, Friedrich (1846/1998). *L'idéologie allemande*. Paris : Nathan.

Maslow, Abraham M. (1972). *Vers une psychologie de l'être*. Paris : Fayard.

Massin, Marianne (2001). *Les figures du ravissement. Enjeux philosophiques et esthétiques*. Paris : Grasset/Le Monde.

Meheust, Bertrand (1998). *Somnanbulisme et médiumnité*. Le Plessis-Robinson : Synthélabo (2 vol.).

Mendel, Gérard (1998). *L'acte est une aventure. Du sujet métaphysique au sujet de l'acte-pouvoir*. Paris : Payot.

Mer, J. (1977). *Le parti de Maurice Thorez ou le bonheur communiste français*. Paris : Payot.

Milgram, Stanley (1994). *La soumission à l'autorité*. Paris : Calmann-Lévy.

Mongin, Olivier (1991). *La peur du vide. Essai sur les passions démocratiques*. Paris : Seuil.

Moreno, Jacob Levi (1934/1970). *Fondements de la sociométrie*. Paris : PUF (épuisé).

Morin, Edgar (1965). *Autocritique*. Paris : Seuil.

Nagel, Thomas (1993). *Le point de vue de nulle part*. Combas : L'éclat.

Nathan, Tobie (1994). *L'influence qui guérit*. Paris : Odile Jacob.

Nathan, Tobie 1995). Manifeste pour une psychopathologie scientifique. In Stengers & Nathan, *Médecins et sorcier*. Le Plessis-Robinson : Synthélabo.

Nietzsche, F. (1887/2001), *Généalogie de la morale*. Paris : Garnier-Flammarion.

Ogien, Ruwen (1993). *La faiblesse de la volonté*. Paris : PUF.

Ogien, Ruwen (dir.) (1999). *Le réalisme moral*. Paris : PUF.

Olivier, Christiane (1998). *Les enfants de Jocaste*. Paris : Denoël.

Olson, Mancur (1978). *Logique de l'action collective*. Paris : PUF.

Pagès, Max (1993). *Psychothérapie et complexité*. Paris : Hommes et perspectives.

Perrin, Eliane (1985). *Cultes du corps*. Lausanne : Favre.

Piaget, Jean (1975). *L'équilibration des structures cognitives, problème central du comportement*. Paris : PUF.

Piaget, Jean (1987). *Six études de psychologie*. Paris : Gallimard.

Pichot, Pierre, Nathan, Tobie (1998). *Quel avenir pour la psychiatrie et la psychothérapie ?* Le Plessis-Robinson : Synthélabo.

Pignarre, Philippe (1999). *Puissance des psychotropes Pouvoir des patients*. Paris : PUF.

Pignarre, Philippe (2001). *Comment la dépression est devenue une épidémie*. Paris : La Découverte.

Pinguet, Maurice (1984). *La mort volontaire au Japon*. Paris : Gallimard.

Prokhoris, Sabine (2000). *Le sexe prescrit. La différence sexuelle en question*. Paris : Aubier.

Quiniou, Yvon (1993). *Nietzsche ou l'impossible immoralisme*. Paris : Kimé.

Ranjard, Patrice (1972). Groupite et non-directivite. *Sociopsychanalyse*, 2, 209-235. Paris : Payot.

Rawls, John (1987). *Théorie de la justice*. Paris : Seuil.

Renault, Emmanuel (2000). *Mépris social. Éthique et politique de la reconnaissance*. Bègles : Éditions du Passant.

Renaut, Alain (1989). *L'ère de l'individu. Contribution à une histoire de la subjectivité*. Paris : Gallimard.

Renaut, Alain (1995). *L'individu. Réflexions sur la philosophie du sujet*. Paris : Hatier.

Renaut, Alain, Mesure, Sylvie (1996). *La guerre des dieux. Essai sur la querelle des valeurs*. Paris : Grasset.

Revault d'Allonnes, Myriam (1999). *Le dépérissement du politique. Généalogie d'un lieu commun*. Paris : Aubier.

Richelle, Marc (1977). *B.F. Skinner ou le péril behavioriste*. Bruxelles : Mardaga.

Ricœur, Paul (1990). *Soi-même comme un autre*. Paris : Seuil.

Rifkin, Jeremy (1996). *La fin du travail*. Paris : La Découverte.

Rogers, Carl (1996). *Le développement de la personne*. Paris : Dunod.

Rogers, Carl (1998). *Relation d'aide et psychothérapie*. Paris : ESF.

Rogers, Carl (2001). *L'approche centrée sur la personne* (recueil de textes). Lausanne : Randin.

Rondeau, Roger (1980). *Les groupes en crise ?* Bruxelles : Mardaga.

Rosenhan, David L. (1988). Être sain dans un environnement malade. In Watzlawick (éd.), *L'invention de la réalité. Contributions au constructivisme*, 131-160. Paris : Seuil.

Rougemont, Denis de (1946/2001). *L'amour et l'occident*. Paris : 10/18.

Rouget, Gilbert (1990). *La musique et la transe*. Paris : Gallimard, avec une préface de Michel Leiris.

Roustang, François (1991). *Influence*. Paris : Éditions de Minuit.

Sahlins, Marshall (1976). *Au cœur des sociétés. Raison utilitaire et raison culturelle*. Paris : Gallimard.

Sandler, Joseph, Dreher, Anna Ursula (1998). *Que veulent les psychanalystes ? Le problème des buts de la thérapie psychanalytique*. Paris : PUF.

Sartre, Jean-Paul (1939-40/1995). *Les carnets de la drôle de guerre*. Paris : Gallimard.

Searle, John R. (1972). *Les actes de langage. Essai de philosophie du langage*. Paris : Hermann.

Searle, John R. (1995). *La construction de la réalité sociale*. Paris : Gallimard.

Sénèque (1er siècle ap JC/1988). *De la tranquillité de l'âme*. Paris : Rivages. Avec une préface de Paul Veyne.

Shiff, A. & Shiff, J. (1987). Passivité, in *Classiques de l'Analyse Transactionnelle*, I, 139-146. Bruxelles : CFIP.

Skinner, B.F. (1971). *L'analyse expérimentale du comportement. Un essai théorique*. Bruxelles : Mardaga.

Smail, David (1990). *Illusion et réalité. La signification de l'anxiété*. Paris : Aubier.

Spitz, Jean-Fabien (1995). *La liberté politique*. Paris : PUF.

Steiner, Claude (1984). *Des scénarios et des hommes*. Paris : Hommes et groupes.

Steiner, Claude (1984). *Le conte doux et chaud des Chaudoudoux*. Paris : InterEditions.

Steiner, Claude (2000). *L'ABC des émotions*. Paris : Dunod.

Stengers, Isabelle (1996). *La volonté de faire science. A propos de la psychanalyse*. Le Plessis-Robinson : Synthélabo.

Stengers, Isabelle (éd.) (1993). *Importance de l'hypnose*. Le Plessis-Robinson : Synthélabo.

Stern, D.N. (1989). *Le monde interpersonnel du nourrisson*. Paris : PUF.

Stewart, Ian, Joines, Vann (1991). *Manuel d'Analyse Transactionnelle*. Paris : InterÉditions.

Sue, Roger (2001). *Renouer le lien social : liberté, égalité, association*. Paris : Odile Jacob.

Tappolet, Christine (2000). *Émotions et valeurs*. Paris : PUF.

Taylor, Charles (1992). *Multiculturalisme. Différence et démocratie*. Paris : Aubier.

Taylor, Charles (1998). *Les sources du moi. La formation de l'identité moderne*. Paris : Seuil.

Taylor, Charles (1999). *La liberté des modernes*. Paris : PUF.

Théry, Irène (1993). *Le démariage. Justice et vie privée*. Paris : Odile Jacob.

Thomas, Chantal (1998). *Comment supporter sa liberté ?* Paris : Payot.

Tisseron, Serge (éd.) (2000). *Le psychisme à l'épreuve des générations.* Paris : Dunod.

Tocqueville, Alexis de (1840/1968). *De la démocratie en Amérique.* Paris : Gallimard.

Trotski, Léon (1938/1994). *Leur morale et la nôtre.* Paris : Éditions de la passion.

Watzlawick, P., Helmick Beavin, J., Jackson, Don D. (1972). *Une logique de la communication.* Paris : Seuil.

Watzlawick, Paul (1984). *Faites vous-même votre malheur.* Paris : Seuil (épuisé).

Watzlawick, Paul (éd.) (1988). *L'invention de la réalité. Contributions au constructivisme.* Paris : Seuil.

Williams, Bernard (1990). *L'éthique et les limites de la philosophie.* Paris : Gallimard.

Williams, Bernard (1994). *La fortune morale. Moralité et autres essais.* Paris : PUF.

Worms, Jean-Pierre (1994). Reconquérir le citoyenneté pour reconquérir l'État. *Esprit*, n° 12, décembre 1994, p. 114-137.

Zadje, Nathalie (1998). Le traumatisme, in Nathan, T. (éd.), *Psychothérapies*, 221-279. Paris : Odile Jacob.

Table des matières

Introduction 5

PREMIÈRE PARTIE
LA DISPUTE

Chapitre 1. Critique 19
Négligence 20
Aveuglement 22
Assujetissement 30
Normalisation 35

Chapitre 2. Défense 39
La citoyenneté attrape tout 40
Le militant, figure de l'archaïque 41
Pathologie de l'engagement politique 45
D'autres valeurs, pour une autre citoyenneté 48

Chapitre 3. Conciliation 53

DEUXIÈME PARTIE
S'ENGAGER

Chapitre 4. L'embarras du choix 61
Dans la sphère politique 61
Dans la sphère civile 64
Dans la sphère privée 66
Quatre tensions 68

Chapitre 5. L'improbable engagement 79
Faiblesse du politique 79
L'engagement difficile et inutile 86
Autocensure 91

Chapitre 6. L'engagement est-il un bien ? 97
Faire le bien par devoir 100
Le bonheur 105
L'épanouissement 113
Maturation de l'engagement 119

TROISIÈME PARTIE
CONVERGENCES

Chapitre 7. Qu'est-ce que le Psy ? 125
Guérir 127
A la recherche de la normalité 131
Construction et développement 134
Bonheur et équilibre 136
Changer 138
Une voie éthique 143
Le trouble, la douleur et le lien 146

Chapitre 8. Morale 153
Morale et politique : le divorce 153
Le psy contre la morale 156
Quelques remarques sur le retour de la morale 160
Petits aperçus sur notre situation morale 162
La psy, l'égoïsme et l'hédonisme 164
Au cœur de la vie morale, l'engagement 166
La psy au service de l'éthique 168

Chapitre 9. Autonomie 171
L'indispensable autonomie du citoyen 171
La psy et l'autonomie 173
Travail psy, politique et autonomie 176
Autonomie, liberté négative et indépendance 184
Construire l'autonomie dans le lien 187
L'institution, l'héritage 190
Le nouveau combat de la psy 194

Chapitre 10. Passions 199
Comment s'en débarrasser 199
Le monde (politique) est passionnant 202
Le travail sur l'émotion 209
Apprendre le conflit 212
Nous devons être un peu pleurards 215
Retour sur l'opposition entre émotion et raison 218

Chapitre 11. Raison 223
Le citoyen rationnel 223
L'épouvantail 226
Une raison raisonnable 230
La mise à l'écart du rationnel dans la pratique psy 233
La question du constructivisme 238
L'objectivité, au-delà des choses 241
Psy et développement de la raison 245

Conclusion 251

Références bibliographiques 255

CHEZ LE MÊME ÉDITEUR

PSYCHOLOGIE ET SCIENCES HUMAINES
collection publiée sous la direction de MARC RICHELLE

1 Dr Paul Chauchard : LA MAITRISE DE SOI. *9ᵉ éd.*
7 Paul-A. Osterrieth : FAIRE DES ADULTES. *21ᵉ éd.*
9 Daniel Widlöcher : L'INTERPRETATION DES DESSINS D'ENFANTS. *13ᵉ éd.*
11 Berthe Reymond-Rivier : LE DEVELOPPEMENT SOCIAL DE L'ENFANT ET DE L'ADOLESCENT. *13ᵉ éd.*
22 H.T. Klinkhamer-Steketée : PSYCHOTHERAPIE PAR LE JEU. *4ᵉ éd.*
24 Marc Richelle : POURQUOI LES PSYCHOLOGUES? *6ᵉ éd.*
25 Lucien Israel : LE MEDECIN FACE AU MALADE. *5ᵉ éd.*
27 B.F. Skinner : LA REVOLUTION SCIENTIFIQUE DE L'ENSEIGNEMENT. *3ᵉ éd.*
38 B.-F. Skinner : L'ANALYSE EXPERIMENTALE DU COMPORTEMENT. *2ᵉ éd.*
40 R. Droz et M. Rahmy : LIRE PIAGET. *7ᵉ éd.*
42 Denis Szabo, Denis Gagné, Alice Parizeau : L'ADOLESCENT ET LA SOCIETE. *2ᵉ éd.*
43 Pierre Oléron : LANGAGE ET DEVELOPPEMENT MENTAL. *2ᵉ éd.*
49 T. Ayllon et N. Azrin : TRAITEMENT COMPORTEMENTAL EN INSTITUTION PSYCHIATRIQUE
59 Jacques Van Rillaer : L'AGRESSIVITE HUMAINE
64 X. Seron, J.L. Lambert, M. Van der Linden : LA MODIFICATION DU COMPORTEMENT
65 W. Huber : INTRODUCTION A LA PSYCHOLOGIE DE LA PERSONNALITE. *7ᵉ éd.*
66 Emile Meurice : PSYCHIATRIE ET VIE SOCIALE
68 P. Sifnéos : PSYCHOTHERAPIE BREVE ET CRISE EMOTIONNELLE
69 Marc Richelle : B.F. SKINNER OU LE PERIL BEHAVIORISTE
70 J.P. Bronckart : THEORIES DU LANGAGE
71 Anika Lemaire : JACQUES LACAN. *8ᵉ éd. revue et augmentée.*
72 J.L. Lambert : INTRODUCTION A L'ARRIERATION MENTALE
73 T.G.R. Bower : DEVELOPPEMENT PSYCHOLOGIQUE DE LA PREMIERE ENFANCE. *4ᵉ éd.*
74 J. Rondal : LANGAGE ET EDUCATION
75 Sheila Kitzinger : PREPARER A L'ACCOUCHEMENT
76 Ovide Fontaine : INTRODUCTION AUX THERAPIES COMPORTEMENTALES
77 Jacques-Philippe Leyens : PSYCHOLOGIE SOCIALE. *nouvelle édition 1997*
78 Jean Rondal : VOTRE ENFANT APPREND A PARLER *3ᵉ éd.*
79 Michel Legrand : LE TEST DE SZONDI
80 H.J. Eysenck : LA NEVROSE ET VOUS
81 Albert Demaret : ETHOLOGIE ET PSYCHIATRIE
82 Jean-Luc Lambert et Jean A. Rondal : LE MONGOLISME. *4ᵉ éd.*
84 Xavier Seron : APHASIE ET NEUROPSYCHOLOGIE
85 Roger Rondeau : LES GROUPES EN CRISE?
86 J. Danset-Léger : L'ENFANT ET LES IMAGES DE LA LITTERATURE ENFANTINE
87 Herbert S. Terrace : NIM. UN CHIMPANZE QUI A APPRIS LE LANGAGE GESTUEL
88 Roger Gilbert : BON POUR ENSEIGNER?
89 Wing, Cooper et Sartorius : GUIDE POUR UN EXAMEN PSYCHIATRIQUE
90 Jean Costermans : PSYCHOLOGIE DU LANGAGE
91 Françoise Macar : LE TEMPS, PERSPECTIVES PSYCHOPHYSIOLOGIQUES
92 Jacques Van Rillaer : LES ILLUSIONS DE LA PSYCHANALYSE. *4ᵉ éd.*
93 Alain Lieury : LES PROCEDES MNEMOTECHNIQUES
94 Georges Thinès : PHENOMENOLOGIE ET SCIENCE DU COMPORTEMENT
95 Rudolph Schaffer : COMPORTEMENT MATERNEL
96 Daniel Stern : MERE ET ENFANT, LES PREMIERES RELATIONS. *3ᵉ éd.*
98 Jean-Luc Lambert : ENSEIGNEMENT SPECIAL ET HANDICAP MENTAL
99 Jean Morval : INTRODUCTION A LA PSYCHOLOGIE DE L'ENVIRONNEMENT

100 Pierre Oleron *et al.* : SAVOIRS ET SAVOIR-FAIRE PSYCHOLOGIQUES CHEZ L'ENFANT
101 Bernard I. Murstein : STYLES DE VIE INTIME
102 Rondal/Lambert/Chipman : PSYCHOLINGUISTIQUE ET HANDICAP MENTAL
103 Brédart/Rondal : L'ANALYSE DU LANGAGE CHEZ L'ENFANT. 2ᵉ *éd.*
104 David Malan : PSYCHODYNAMIQUE ET PSYCHOTHERAPIE INDIVIDUELLE
105 Philippe Muller : WAGNER PAR SES REVES
106 John Eccles : LE MYSTERE HUMAIN
107 Xavier Seron : REEDUQUER LE CERVEAU
108 Moreau/Richelle : L'ACQUISITION DU LANGAGE. 5ᵉ *éd.*
109 Georges Nizard : ANALYSE TRANSACTIONNELLE ET SOIN INFIRMIER
110 Howard Gardner : GRIBOUILLAGES ET DESSINS D'ENFANTS, LEUR SIGNIFICATION. 3ᵉ *éd.*
111 Wilson/Otto : LA FEMME MODERNE ET L'ALCOOL
112 Edwards : DESSINER GRACE AU CERVEAU DROIT. 9ᵉ *éd.*
114 Blancheteau : L'APPRENTISSAGE CHEZ L'ANIMAL
115 Boutin : FORMATION ET DEVELOPPEMENTS
116 Húsen : L'ECOLE EN QUESTION
117 Ferrero/Besse : L'ENFANT ET SES COMPLEXES
118 R. Bruyer : LE VISAGE ET L'EXPRESSION FACIALE
119 J.P. Leyens : SOMMES-NOUS TOUS DES PSYCHOLOGUES?
120 J. Château : L'INTELLIGENCE OU LES INTELLIGENCES?
121 M. Claes : L'EXPERIENCE ADOLESCENTE
122 J. Hayes et P. Nutman : COMPRENDRE LES CHOMEURS
123 S. Sturdivant : LES FEMMES ET LA PSYCHOTHERAPIE
124 A. Pomerleau et G. Malcuit : L'ENFANT ET SON ENVIRONNEMENT
125 A. Van Hout et X. Seron : L'APHASIE DE L'ENFANT
126 A. Vergote : RELIGION, FOI, INCROYANCE
127 Sivadon/Fernandez-Zoïla : TEMPS DE TRAVAIL, TEMPS DE VIVRE
129 Hamers/Blanc : BILINGUALITE ET BILINGUISME
130 Legrand : PSYCHANALYSE, SCIENCE, SOCIETE
131 Le Camus : PRATIQUES PSYCHOMOTRICES
132 Lars Fredén : ASPECTS PSYCHOSOCIAUX DE LA DEPRESSION
133 Mount : LA FAMILLE SUBVERSIVE
135 Dailly/Moscato : LATERALISATION ET LATERALITE CHEZ L'ENFANT
136 Bonnet/Tamine-Gardes : QUAND L'ENFANT PARLE DU LANGAGE
137 Bruyer : LES SCIENCES HUMAINES ET LES DROITS DE L'HOMME
138 Taulelle : L'ENFANT A LA RENCONTRE DU LANGAGE
139 de Boucaud : PSYCHOLOGIE DE L'ENFANT ASTHMATIQUE
140 Duruz : NARCISSE EN QUETE DE SOI
143 Debuyst : MODELE ETHOLOGIQUE ET CRIMINOLOGIE
144 Ashton/Stepney : FUMER
145 Winkel *et al.* : L'IMAGE DE LA FEMME DANS LES LIVRES SCOLAIRES
146 Bideau/Richelle : PSYCHOLOGIE DEVELOPPEMENTALE
147 Schmid-Kitsikis : THEORIE CLINIQUE ET FONCTIONNEMENT MENTAL
148 Guggenbühl/Craig : POUVOIR ET RELATION D'AIDE
149 Rondal : LANGAGE ET COMMUNICATION CHEZ LES HANDICAPES MENTAUX
150 Moscato *et al.* : FONCTIONNEMENT COGNITIF ET INDIVIDUALITE
151 Château : L'HUMANISATION OU LES PREMIERS PAS DES VALEURS HUMAINES
152 Avery/Litwack : NEE TROP TOT
154 Kellens : QU'AS-TU FAIT DE TON FRERE?
155 Rondal/Henrot : LE LANGAGE DES SIGNES. 2ᵉ *éd.*
156 Lafontaine : LE PARTI PRIS DES MOTS
157 Bonnet/Hoc/Tiberghien : AUTOMATIQUE, INTELLIGENCE ARTIFICIELLE ET PSYCHOLOGIE
158 Giovannini *et al.* : PSYCHOLOGIE ET SANTE
159 Wilmotte *et al.* : LE SUICIDE
160 Giurgea : L'HERITAGE DE PAVLOV

161 Ionescu : MANUEL D'INTERVENTION EN DEFICIENCE MENTALE N° 1
162 Ionescu : MANUEL D'INTERVENTION EN DEFICIENCE MENTALE N° 2
163 Pieraut-Le Bonniec : CONNAITRE ET LE DIRE
164 Huber : PSYCHOLOGIE CLINIQUE AUJOURD'HUI
165 Rondal et al. : PROBLEMES DE PSYCHOLINGUISTIQUE
166 Slukin : LE LIEN MATERNEL
167 Baudour : L'AMOUR CONDAMNE
168 Wilwerth : VISAGES DE LA LITTERATURE FEMININE
169 Edwards : VISION, DESSIN, CREATIVITE. 3ᵉ éd.
170 Lutte : LIBERER L'ADOLESCENCE
171 Defays : L'ESPRIT EN FRICHE
172 Broome Walace : PSYCHOLOGIE ET PROBLEMES GYNECOLOGIQUES
173 Aimard : LES BEBES DE L'HUMOUR
174 Perruchet : LES AUTOMATISMES COGNITIFS
175 Bawin-Legros : FAMILLES, MARIAGE, DIVORCE
176 Pourtois/Desmet : EPISTEMOLOGIE ET INSTRUMENTATION EN SCIENCES HUMAINES. 2ᵉ éd.
177 Sloboda : L'ESPRIT MUSICIEN
178 Fraisse : POUR LA PSYCHOLOGIE SCIENTIFIQUE
179 Ruffiot : PSYCHOLOGIE DU SIDA
180 McAdams/Deliège : LA MUSIQUE ET LES SCIENCES COGNITIVES
181 Argentin : QUAND FAIRE C'EST DIRE...
182 Van der Linden : LES TROUBLES DE LA MEMOIRE
183 Lecuyer : BEBES ASTRONOMES, BEBES PSYCHOLOGUES : L'INTELLIGENCE DE LA 1ʳᵉ ANNEE
184 Immelmann : DICTIONNAIRE DE L'ETHOLOGIE
186 Fontana : GERER LE STRESS
187 Bouchard : DE LA PHENOMENOLOGIE A LA PSYCHANALYSE
188 Chanceaulme : MOURIR, ULTIME TENDRESSE
189 Rivière : LA PSYCHOLOGIE DE VYGOTSKY
190 Lecoq : APPRENTISSAGE DE LA LECTURE ET DYSLEXIE
191 de Montmolin/Amalberti/Theureau : MODELES DE L'ANALYSE DU TRAVAIL
193 Grégoire : EVALUER L'INTELLIGENCE DE L'ENFANT
194 Gommers/van den Bosch/de Aguilar : POUR UNE VIEILLESSE AUTONOME
195 Van Rillaer : LA GESTION DE SOI
196 Lecas : L'ATTENTION VISUELLE
197 Macquet : TOXICOMANIES ET FORMES DE LA VIE QUOTIDIENNE
198 Giurgea : LE VIEILLISSEMENT CEREBRAL
199 Pillon : LA MEMOIRE DES MOTS
200 Pouthas/Jouen : LES COMPORTEMENTS DU BEBE : EXPRESSION DE SON SAVOIR ?
201 Montangero/Maurice-Naville : PIAGET OU L'INTELLIGENCE EN MARCHE
202 Colin A. Epsie : LE TRAITEMENT PSYCHOLOGIQUE DE L'INSOMNIE
203 Samalin-Amboise : VIVRE A DEUX
204 Bourhis/Leyens : STEREOTYPES, DISCRIMINATION ET RELATIONS INTERGROUPES
205 Feltz/Lambert : ENTRE LE CORPS ET L'ESPRIT
206 Francès : MOTIVATION ET EFFICIENCE AU TRAVAIL
207 Houziaux : EDUCATION DU PATIENT ET ORDINATEUR
208 Roques : SORTIR DU CHOMAGE
209 Bléandonu : L'ANALYSE DES REVES ET LE REGARD MENTAL
210 Born/Delville/Mercier/Snad/Beeckmans : LES ABUS SEXUELS D'ENFANTS
211 Siguan : L'EUROPE DES LANGUES
212 de Bonis : CONNAITRE LES EMOTIONS HUMAINES
213 Retschitzki/Gurtner : L'ENFANT ET L'ORDINATEUR
214 Leyens/Yzerbyt/Schadron : STEREOTYPES ET COGNITION SOCIALE
215 Tiberghien : LA MEMOIRE OUBLIEE
216 Wynants : L'ORTHOGRAPHE, UNE NORME SOCIALE
217 Rondal : L'EVALUATION DU LANGAGE
218 Moreau : SOCIOLINGUISTIQUE, CONCEPTS DE BASE

219 Rouquette : LA CHASSE À L'IMMIGRÉ
220 Grubar/Duyme/Cote et al. : LA PRÉCOCITÉ INTELLECTUELLE DE LA MYTHOLOGIE À LA GÉNÉTIQUE. 2ᵉ éd.
221 Pomini et al. : THÉRAPIE PSYCHOLOGIQUE DES SCHIZOPHRÉNIES
222 Houdé et al. : DESCARTES ET SON ŒUVRE AUJOURD'HUI
223 Richelle : DÉFENSE DES SCIENCES HUMAINES
224 Leclercq : POUR UNE PÉDAGOGIE UNIVERSITAIRE DE QUALITÉ
225 Gillis : L'AUTISME ATTRAPÉ PAR LE CORPS
226 Pithon : LES TENDANCES ACTUELLES DE L'INTERVENTION PRÉCOCE EN EUROPE
227 Montangero : RÊVE ET COGNITION
228 Stern : LA FICTION PSYCHANALYTIQUE
229 Grégoire : L'ÉVALUATION CLINIQUE DE L'INTELLIGENCE DE L'ENFANT
230 Otte : LES ORIGINES DE LA PENSÉE
231 Rondal : LE LANGAGE : DE L'ANIMAL AUX ORIGINES DU LANGAGE HUMAIN
232 Gauthier : POUVOIR ET LIBERTÉ EN POLITIQUE - ACTUALITÉ DE SPINOZA
233 Zazzo : UNE MÉMOIRE POUR DEUX
234 Rondal : APPRENDRE LES LANGUES
235 Keller : PERCEVOIR : MONDE ET LANGAGE
236 Richard : PSYCHIATRIE GÉRIATRIQUE
237 Roussiau/Bonardi : LES REPRÉSENTATIONS SOCIALES
238 Liénard : L'INSERTION : DÉFI POUR L'ANALYSE, ENJEU POUR L'ACTION
239 Santiago-Delefosse : PSYCHOLOGIE DE LA SANTÉ
240 Grosjean : VICTIMISATION ET SOINS DE SANTÉ
241 Edwards : DESSINER GRÂCE AU CERVEAU DROIT
242 Borillo/Goulette : COGNITION ET CRÉATION
243 Ranwet : VICTIMES D'AMOUR
244 Bénesteau : MENSONGES FREUDIENS
245 Jacob : LA CURIOSITÉ

Manuels et Traités

Droz-Richelle : MANUEL DE PSYCHOLOGIE. 5ᵉ éd.
Rondal-Esperet : MANUEL DE PSYCHOLOGIE DE L'ENFANT. Nlle éd.
Rondal-Seron : LES TROUBLES DU LANGAGE. Nlle éd.
Fontaine-Cottraux-Ladouceur : CLINIQUES DE THÉRAPIE COMPORTEMENTALE. 2ᵉ éd.
Godefroid : LES CHEMINS DE LA PSYCHOLOGIE. 2ᵉ éd.
Seron-Jeannerod : NEUROPSYCHOLOGIE HUMAINE. 2ᵉ éd.